KB079750

작은 학교
행복한
아이들

**작은 학교
행복한 아이들**

———

ⓒ 작은학교교육연대, 2009
2009년 12월 1일 처음 펴냄
2015년 11월 15일 1판 7쇄

지은이   작은학교교육연대
펴낸곳   (주)우리교육
펴낸이   신명철
디자인   the DNC
등록   제313-2001-52호
주소   (04000) 서울특별시 마포구 월드컵북로 43
전화   02-3142-6770
전송   02-3142-6772
홈페이지 www.uriedu.co.kr
인쇄제본 천일문화사

이 책의 내용을 쓰고자 할 때는 저작권자와
출판사의 허락을 받아야 합니다.
잘못된 책은 바꾸어 드립니다.

ISBN 978-89-8040-660-9 03370

이 도서의 국립중앙도서관 출판시도서목록(CIP)은
e-CIP 홈페이지(www.nl.co.kr/cip.php)에서
이용하실 수 있습니다.
(CIP제어번호: CIP2009003770)

학교 희망 보고서

작은 학교 행복한 아이들

작은학교교육연대 지음

우리교육

책 을 펴 내 며

겨울이 오는 숲은 서늘하고 차다.

남한산초에서 살았던 9년 동안 매일 아침 아이들과 산책을 한 덕에 나도 이제 나무의 이름을 조금씩 알아 간다. 참나무의 종류들, 이를테면 상수리, 굴참, 떡갈, 신갈, 갈참, 졸참 등은 이제 눈으로 척 보고도 구분할 줄 안다. 활엽수들은 고만고만해서 그 미세한 차이를 가지고 이름을 다 기억하기가 쉽지 않다. 잎이 피어나는 시기와 그 모양, 열매와 꽃이 맺히는 위치, 향과 수피의 모습이 조금씩 다르다. 나는 그 나무들의 차이를, 그 이름을, 끊임없이 숲을 다닌 덕에 조금씩 겨우 분별해 내기 시작했다.

참 이상한 것은 분별을 하면서 나무 하나하나가 꼭 그 이름으로 보이기 시작했다는 것이다. 그전에는 그냥 숲에 있는 '나무'로 뭉뚱그려진 대상이었는데 나무의 이름들을 알아 나가고 차이를 알아 나가면서는 나무 하나하나가 각각의 얼굴과 표정을 지니고 있음을 보기 시작한 것이다. '숲만 보고 나무를 보지 못한다'라든가 '나무만 보고 숲을 보지 못한다'는 관용적 표현을 빌려 보자면 나는 개개의 숲과 나무를 향한 이해의 품을 벌린 것이리라.

나무들이 자라는 숲도 때론 투쟁의 현장이다. 얼핏 고요한 숲도 그 속내를 따지고 보면 나무와 나무끼리, 나무와 풀끼리, 풀과 풀끼리 끊임없이 세력을 다투며 살아간다. 어느 시에서 '큰 나무는 작은 나무를 위해 자리를 비껴 서고 / 또 작은 나무는 풀잎을 향해 물러설 줄 알아'

하면서 숲의 미덕을 이야기한 것을 읽은 기억이 있으나 이것은 대상에 대한 문학적 감성일 뿐, 나무들 삶의 현실은 아니다.

그러나 그렇다고 하더라도 숲은 나름의 질서를 가지고 살아간다. 투쟁한다 하여도 끝내는 자력으로 평화를 만드는 방법을 안다. 평화롭다 하여도 투쟁을 멈추지 않는다. 그래서 유지되는 평화이다. 그래서 숲이 아름다운 것이다. 잘 가꾸어진 어떤 인공 정원보다 숲이 아름다운 이유는 스스로의 리듬으로 살아가기 때문이다. 투쟁이든 평화든 스스로 맺고 스스로 풀기 때문에 적어도 허위는 없다는 것이다.

세상에는 사람이 손을 대서 아름다워지는 것이 있고, 사람의 손을 타서 추해지는 것도 많다. 이는 매우 무서운 말이다. 결국 잘 살아간다는 것은 손을 대야 하는 것과 손이 타는 것의 경계를 아는 일이리라. 더욱이 싱싱한 생명력으로 아름답고 행복한 유년의 삶을 보낼 마땅한 권리를 지닌 우리 '아이' 들의 '삶' 과 '교육' 을 앞에 두고 그 경계를 이야기하는 일은 우리 사회 전체의 참으로 무거운 지성과 책무성을 전제해야 한다.

지금 우리 사회의 교육은 모두에게 절박한 고통이다.

공부를 잘하는 아이와 학부모도, 그렇지 않은 아이와 학부모도, 거대한 시스템의 톱니에 끼여 우리가 또는 내가 '무엇을' '어떻게' 가르칠 것인가에 대한 고민은 멀찍이 미뤄 둔 채 그저 주어진 '일' 만 해야 하는 교사들도 모두 다 '불행' 을 호소한다.

학벌 중심 사회가 만들어 낸 과도한 입시 경쟁 사회에서 아이들은 참

작은 학교 행복한 아이들

되고 행복한 공부는 아예 꿈꾸지 못한다. 매일 매일 새로운 교육정책들이 쏟아지지만 '교육' 때문에 고통스러운 학생과 학부모, 교사들, 그리고 무엇보다 우리 삶과 사회의 미래는 그것에 더 이상 '믿음과 기대'를 보내지 않는다.

배움은 인간이 지닌 본능 중의 하나다. 어린아이들이 놀이를 익히고 즐기는 과정을 가만히 들여다보라. 얼마나 창의적이고 즐겁게 배우는가? 자기가 맘에 가는 공부와 일과 놀이를 할 때 아이들 눈빛과 몸짓은 얼마나 눈부시게 아름다운가? 그런 아이들이 교실 속에 들어오면 '본능'을 잃는다. 관료주의와 어른들의 무모한 이기심이 빚어 낸 학교 문화 속에서 아이들은 본능적으로 배움을 두려워하며 도망가려 한다. 손을 대면 댈수록 자꾸만 엉켜 가는 지금의 교육현장은 우리 사회의 가장 슬픈 자화상이다.

제도 교육을 거의 받지 못했던 《톰 소여의 모험》을 쓴 미국 작가 마크 트웨인은 이렇게 말했다.

"신은 태초에 (감히 신의 경지를 넘보는 인간들을 경계하며) 바보를 만들었다. 그러나 그것은 연습용이었다. 보다 진화한 신은 본격적으로 학교와 교육청을 창조했다."

이 책에 실린 '작은 학교' 이야기는 우리 공교육의 절박한 슬픔을 우리 스스로 넘고자 하는 사람들이 학교 개혁의 새로운 희망을 꿈꾸며 살아온 세월의 이야기를 담은 작은 보고서이다. 이 보고서는 2001년 남한산초를 시작으로 한, 은밀하고도 작은 몸짓들의 땀과 눈물, 절망과 희망을 담은 서정시이기도 하다. 우리는 이 책에서 그동안 우리가 일군 성과는 무엇이고, 끝내 극복하지 못한 채 어깨에 드리워진 무거운 한계가 무엇인지를 이야기한다.

우리들 작은 학교가 출발한 토대는 특정한 철학이나 이념이 아니다. 우리나라 대부분의 학교가 경험하고 있는 교육 현실의 다종다양한 문제를 어떻게 극복해 나갈 것인가 하는 상식선의 문제의식이었다. 보통의 상식과 일반의 교육적 상상력에 기초하여 무엇이 교육의 본질에 가까운 것인가를 되물으며 우리 힘으로 가능한 부분부터 고쳐 나가려 애쓴 것이 전부이다. 그러나 우리는 결국 학교교육 전반에 손을 대면서 매일 허덕일 수밖에 없었다.

우리는 진정한 학교 개혁은 제도의 변화나 개인적 각성을 통해서만 이루어지는 것이라 여기지 않는다. 한국 교육은 단순히 제도나 정책의 문제를 넘어, 삶과 교육에 대한 가치와 문화의 문제이며, 따라서 우리들 각자의 '살아가는 생각과 방식'의 변화를 요구하는 문제이다.

우리는 이 교육 문화를 개혁하는 힘은 이제 그 학교에 몸담고 있는 사람들의 건강한 철학과 열정에 바탕한 교육 공동체의 실천에서 찾는 수밖에 없다고 믿는다.

경쟁에 바탕한 수월성만을 고집하는 교육은 수월성도, 교육의 평등성도 모두 잃는다. 그 속에서 살아가는 사람들의 건강한 자발성과 상호 협력의 힘은 단순한 경쟁 교육보다 더 큰 '경쟁력'이 있다는 것이 우리들의 경험적 신념이다.

이 책에서 말하는 우리들 작은 학교의 떨리는 움직임들이 사실은 이제 흐를 길이 없이 막혔던 거대한 호수에서 억지로 비집고 흘러나온 작은 실개천에 지나지 않음을 우리는 잘 알고 있다. 학교 개혁이 흐름을 가지고 공교육 전반을 개혁하는 에너지로 작용하게 하려면 무엇보다 교사들과 학부모들의 건강한 교육적 연대가 실핏줄처럼 퍼져 나갈 때 가능할 것이다. 이것은 작은 학교만의, 초등학교만의, 시골 학교만의 화두가 아니다. 대한민국 학교는 모두 아픔의 부위와 정도가 다를 뿐 병으로 신음하기는 다 마찬가지이기 때문이다.

이제 수많은 실개천과 시냇물이 흐르게 하자. 각각의 영역에서 진정으로 소통하는 '우리의 힘'으로 교육 네트워크를 만들고 서로가 서로에게 길을 묻자. 어떻게 만들어서 어떤 내용과 방식으로 소통하고 협력하며 '행복한 학교'라는 큰 강물을 흐르게 할지, 우리 마음속에 시내가 모여들고 강물이 흘러갈 지도를 함께 그려야 할 때다.

우리 아이들 하나하나가 저 나무들처럼 '이름'으로 불려지고, 그들이 모여 평화롭고 아름다운 숲을 이룰 수 있도록 이제 우리 '어른 노릇' 좀 하며 살기를 부디 약속하자.

2009년 12월, 글쓴이들을 대신하여

안순억

차례

아이를
꽃처럼 나무처럼 자라게 하라

남한산초등학교

안순억

본문 사진 제공 남한산초등학교 황영동

새로운 학교의 꿈,

문 닫는 학교에서 새 문을 여는 학교로

우리 학교는 경기도 광주에 있는 남한산성 안에 자리 잡은 작은 학교이다. 성남이나 광주에서 꼬불꼬불한 산길 공원 도로를 따라 자동차로 10여 분을 달려 해발 400m 정도에 이르면 몇 채의 음식점이 나타나고, 그 뒤편에 있는 500년 된 느티나무 두 그루와 울창한 솔숲 아래 아담한 단층 한옥 건물이 우리 학교이다. 올해 97회 졸업식을 마쳤으니 역사가 매우 오래된 학교임에는 틀림이 없고, 공원 구역 안에 있는 학교인 만큼 수려한 주변 자연환경이 탄성을 자아내는 곳이다. 또한 복원된 남한행궁을 비롯해서 병자호란 전후의 수많은 유물 유적이 아이들 발길 닿는 곳마다 흩어져 있는 천혜의 교육 환경을 지닌 곳이다.

지난 2000년, 공원 정비 계획과 맞물려 더 이상 인구 유입이 불가능한 상황에서 전교생 26명의 복식 3학급 학교는 문을 닫을 준비를 하고

작은 학교 행복한 아이들

있었다. 폐교 위기에 처해 있던 이 학교가 극적으로 살아나게 된 계기는 성남 지역 학부모들의 학교 살리기 운동이었다. 이분들 생각의 출발은 우리 사회에서 매우 중요한 의미를 담고 있다. '두밀분교'로 상징되는 지역사회 문화 구심으로서 학교, 혹은 농촌공동체의 붕괴에 대한 위기의식에서 기인한 폐교 반대가 아니라 우리나라 교육 모순의 '대안'을 공교육 안에서 찾고자 했던 도시 학부모들의 최초의 움직임이기 때문이다. 근대화가 만들어 낸 도시로, 도시로의 행렬, 큰 학교와 명문 학교에 대한 강렬한 선망을 뒤로하고, 도시에 살면서도 만남과 교감의 교육을 생각하며 시골의 작은 학교를 찾아 나선, 당시로서는 '보기 드문' 현상이었다. 대도시의 학교 환경뿐 아니라 학교교육 전반에 대한 문제의식이 강렬했던 이들 학부모들은 남한산초가 지닌 빼어난 교육 환경에 주목하면서 단순히 작은 학교를 살리는 차원을 넘어, 기존 학교와 차별화된 새로운 학교를 꿈꾸게 되었다. 뜻이 모아지자 곧바로 전입학추진위원회가 구성되어 함께할 사람들을 규합하게 되었다.

그들은 곧 산성 내 지역 주민을 비롯한 각계의 인사들을 접촉하고,

안순억 threeday@hanmail.net

평생 '선생'으로 살아가야 할 팔자를 타고 난 사람입니다. '섬마을 선생님'을 꿈꾸던 순정(?)했던 교사가 거친 세상에서 긴 세월 싸우다가, 2000년 운명처럼 남한산초를 만나 9년을 '행복하게' 살았습니다.
현재는 경기도교육청에서 김상곤 교육감과 함께 혹시 가능할지 모를 '모두가 행복한 학교'를 만드는 일에 다시 온몸을 섞으며 살아가고 있습니다.

전체 회원을 대상으로 자체 세미나와 교육을 20회 이상 실시하면서 학교교육의 꿈을 매우 구체적으로 그려 나가기 시작했다. 여기에 당시 초임 교장으로 부임한 정연탁 교장의 폐교 막아 내기의 행보가 학부모들의 생각과 만나면서 이들의 '로맨틱'한 꿈은 현실 속에서 급물살을 탔다. 정 교장과 학부모들은 파격적인 행보를 펼쳤다. 대도시 학교를 방문하여 학생들의 전입을 위한 학부모 홍보에 직접 나서는가 하면 새로운 교육에 대한 구체적인 그림과 함께 공동체 학교에 대한 굳건한 신념을 제공했다.

내가 이 학교에 합류하자는 제안을 받은 것은 2000년 10월이었다. 개인적인 이야기를 좀 하자면 나는 그 무렵 학교교육에 대한 절망과 교사라는 존재 자체에 대한 무력감이 극에 달해 있었다. 긴 세월 교육운동에 몸담아 왔지만 학교와 교육에 대한 희망은 '그저 꿈이었을 뿐'이라는 절망감으로 하루하루를 버겁게 살고 있었다. 그 탈출구로, 부끄럽지만 사표를 포함한 외국 유학을 구체화시키고 있었던 때였다.

나는 그때 전교조 경기지부의 참교육실천위원장 일을 하고 있었던 인연과 성남 지역 학부모들과 교감이 있었던 서길원 교사의 제안으로 이분들과 조우하게 되었다. 이분들은 앞뒤 설명 없이 자신들이 만들고 싶은 남한산초의 꿈을 '빛나는 눈빛'과 '설레는 맘'으로 나에게 이야기하며 함께하자고 제안했다. 운명이란 그런 것이다. 기시감이라고도 한다. 첫 만남에서 나는 특별한 논리적 근거나 판단을 접으며, 이분들과 함께 '모질게 행복한' 한 세월을 살 수밖에 없을 것이라는 예감이 들었다. 이들의 꿈은 정당하게 아름다웠고, 나는 지쳐 있었다. 학부모

작은 학교 행복한 아이들

들의 뜻과 열정에 공감하고 정 교장과의 첫 만남에서 믿음을 굳힌 나는 서둘러 모든 것을 접고 부족한 안목과 경험을 바탕으로 새 학교의 그림을 떨리는 가슴으로 그려 나갔다.

나는 아직도 선명히 기억한다. 11월 19일 스산한 늦가을 일요일, 그날은 전입학 예정 학부모 전원에게 '새로운 학교, 남한산학교'라는 주제로, 우리 학교의 향후 교육에 대해 오로지 나의 무모한 상상력에 기댄 거친 발제가 이루어지던 날이었다. 학습관을 꽉 메운 학부모들은 숨죽이며 내 어설픈 그림을 경청했고, 이어진 토론에서는 학교교육 전반에 대한 그들의 생각과 새 학교에 대한 기대가 거침없이 드러났다. 나는 그것을 통해 막연히 머릿속에만 있던 교육 주체들의 새로운

*
남한산초는 수려한 주변 자연환경이 탄성을 자아내고 수많은 역사 유적이 아이들 발길 닿는 곳마다 흩어져 있는 천혜의 교육 환경을 지닌 곳이다. 아이들은 1년에 한 번, 8km에 이르는 남한산성 길을 따라 '남한산성 걷기순례'를 한다.

교육에 대한 갈망이 어떤 것인지 몸으로 느낄 수 있었다. 서둘러 함께 할 교사들을 찾아 나섰다. 구리에서 동화를 쓰는 김영주 교사가 흔쾌히 동참해 주었고 최지혜 교사가 합류했으며, 전교조 경기지부의 정책실장으로 파견 근무 중이던 서길원 교사가 2001년 1일 1일자로 근무 만료가 되어 우리 학교에 먼저 부임하게 되었다. 남한산초에 근무하던 선생님 세 분 중 한 분은 전근을 갔지만 나머지 두 분은 우리보다 더 깊은 교육적 열정과 힘을 지닌 분들이어서 아무런 문제가 되지 않았다.

교사 팀이 꾸려지고, 아이들의 전입이 세 차례에 걸쳐 이루어졌다. 교사와 학부모의 공동 연수가 이어졌고, 마침내 2001년 3월 2일, 교문에서

✳
해발 400m에 위치한 남한산초에는 3월 중순까지 눈이 내린다.
눈이 내린 날 운동장은 온통 강아지처럼 뛰어다니는 아이들 차지
다. 3월의 어느 아침, 눈이 내린 운동장을 쓸고 있는 교장 선생
님과 등교하는 교사들과 아이들이 인사를 나누고 있다.

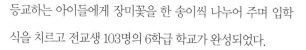

등교하는 아이들에게 장미꽃을 한 송이씩 나누어 주며 입학
식을 치르고 전교생 103명의 6학급 학교가 완성되었다.

　우리는 우리 학교를 '참삶을 가꾸는 작고 아름다운 남한
산초등학교'라고 부르기로 했다. 교육을 구호화하는 것에
대한 거부감이 있었지만 학교의 지향점을 합의하는 구체적
인 언어가 필요하다는 것을 서로 인정했기 때문이다. 그리고
1학년부터 학년별로 꽃마을, 나무마을, 산마을, 들마을, 강마
을, 하늘마을이라고 이름을 붙여 주었다. 모든 새로운 것들
이 그렇듯이 '내가 그의 이름을 불러 주었을 때 그는 나에게
로 와서 꽃이 되기' 때문이라는 것을 우리는 감각적으로 알
았던 것 같다.

'작은 학교'의 아름다움

나는 올해 156명인 우리 학교 모든 아이들의 얼굴과 이름을 다 알고 있다. 내가 가진 아이들에 대한 정보는 이에 그치지 않고 집안 형편이나 부모의 성향, 아이의 성격 특징이나 학습 발달 상태에까지 두루 걸쳐 있다. 아이들끼리도 서로 모르는 사이가 없다. 1, 2학년 아이들이 점심시간이나 놀이 시간이면 6학년 교실에 와서 어울려 논다. 모든 학년을 망라한 동아리들이 옹기종기 모여 활동하는 모습은 날마다 보는 일이다. 한 아이의 문제가 전체 교사회의에서 중요한 의제로 다뤄지기도 하고, 학부모들 또한 끊임없이 모여서 교육을 이야기한다.

좋은 교육의 기본은 서로의 인격이 만나는 것이다. 인격의 만남을 통한 관계 위에서 건강한 상호작용이 일어나야 한다. 이것은 작은 학교에서만 가능한 일이다. 작은 학교는 그 규모 자체로 이미 '교육'을 할 수 있는 필요조건을 갖추고 있는 것이다.

우리 학교는 자연 발생적인 작은 학교가 아니라 인위적으로 만들어진 작은 학교이다. 대도시 거대 학교가 갖는 교육적 한계를 느낀 사람들이 폐교 직전의 학교에 모여들어 학교와 교육의 꿈을 새롭게 펼쳐 가는 학교이다. 그리고 조금씩 다르기는 하지만 우리 학교와 비슷한 상황의 학교들이 전국 곳곳에서 계속해서 만들어지고 있다. 이것은 우리 교육 현장의 변화를 가늠할 수 있는 매우 의미 있는 현상이다. 도시화에 밀려 학생 수가 줄어든 탓에 어쩔 수 없이 만들어진 작은 학교가 아니라 교육의 주체들이 어떤 절박감으로 애타게 찾아 나선 작은 학교인 것이다. 이것은 지역공동체의 문화적 구심인 학교가 살아야 지역이 산다는 식의 논리적 기반 위에 서 있지도 않다. 자연 속의 작은 학교에서 그에 걸맞은 새로운 학교교육 프로그램에 의하여 더 좋은 교육이 이루어질 수 있을 것이라는 확신에 바탕을 둔 '교육적 기대'만으로 만들어진 학교이다.

한때 성장과 개발의 논리가 세상을 지배하던 시대에는 무조건 큰 것이 미덕이라고 생각했다. 크다는 것만으로 경쟁의 우위에 있는 것처럼 보였다. 전교생이 몇 천 명에 이르고 수십 개의 학급이 있는 대도시 거대 학교에 아이를 보내는 것을 자랑으로 여겼다. 이러한 거대 학교에서 수많은 경쟁을 뚫고 입신출세하는 것이 개인의 행복한 삶을 보장받는 길이며 이것을 잘 수행하는 학교가 '교육을 잘하는' 학교로 인정받았다. 그리고 이러한 현상은 지금도 여전하다. 그러나 한편에서는 이러한 학교교육의 기능에 대해 근본적인 의문을 던지면서 아이들의 자유와 자발성, 행복한 배움, 전체보다는 개인에 대한 시선과 관심, 자연이나 사람 관계의 감수성을 더 중시하는 교육적 요구들이 등장하기 시작했다. 이러한 요구가 단순히 생각이나 말에 그치지 않고 이를 충족시키고자 하는 다양한 형태로, 또한 이를 실현하기 위한 구체적인 움직임으로 나타나고 있는 것이다. 이러한 움직임은 자연스럽게 작은 학교에 대한 기대로 모아진다. 작은 학교는 이러한 가치를 담아내기 위한 전제 조건이 된다.

7차 교육과정이 적용되면서 많은 사람들이 그것의 비현실성을 이야기했다. 그러나 다른 것은 제쳐 두고 7차 교육과정이 추구하는 학습 전개 방식만 염두에 둔다면 우리 학교는 7차 교육과정과 너무도 잘 어울리는 학교이다. 체험 중심, 활동 중심 교육과정은 20명 남짓한 학급에서 펼쳐 내기에 전혀 무리가 없으며 오히려 학습의 자발성을 끌어내는 중요한 장치가 된다. 재량활동과 특별활동은 소규모 학교 교수 인력의 한계를 극복하며 모두의 힘으로 학교교육 프로그램을 만들어 나갈 수 있는 좋은 기회를 제공한다. 이 단면만으로 거칠게 이야기한다면 우리나라 교육의 지향은 작은 학교에서 실현할 수 있다는 말이 될 수도 있다. 우리 학교는 이러한 사회적 기대와 요구가 일어나는 과정에서 태어난 학교로 볼 수 있을 것이다.

아이들의 시계에 맞춘 학교 시계

학교는 '교육 공간'이어야 한다. 너무도 당연한 이 말이 새삼스럽다면 우리는 무엇인가를 되돌아보아야 할 필요가 있다. 학교가 아이들 각자의 삶과 배움에 대한 사랑과 신뢰, 그리고 그것을 가능하게 하는 인격적인 인간관계, 즉 교육적인 관계를 중심에 놓고 생각하지 않거나 못한다면 학교는 '교육 공간'이 되기 어렵다. 그저 '교육'하는 것처럼 보이기 위한 온갖 형식적인 시늉들 속에서 정작 아이들의 발달과 정서, 교육학적인 관계를 중심에 둔 '교육'은 어디에 둥지를 틀 것인가?

우리 학교 프로그램은 우리 교육 현실에 대한 대안적인 시도들이다. 기존의 교육 현실, 학교 현실에 주목하면서 현실적인 대안을 찾는 와중에 얼굴을 내민 것들이다. 물론 전체적인 얼개나 맥락이 없는 것은 아니지만 특정한 교육의 지향점에서 나온 것이라기보다는 현실의 타개책을 찾는 과정에서 조금씩 형상을 갖추어 나가는 중이라고 해야 할

작은 학교 행복한 아이들

것이다. 따라서 끊임없이 다듬어질 것을 명령받고 있는 것이다.

아이들의 하루 생활에 조금만 변화를 주어도, 약간 다른 규칙만 생겨도 아이들의 움직임은 분명히 달라진다. 하루 학교생활은 이러한 상호작용을 세밀하게 살피면서 짜야 한다. 이는 아이들뿐만 아니라 그 속에서 함께 살아가는 교사나 학부모의 생활 방식에까지 일정하게 영향을 준다. 좋은 교육은 아이들뿐만 아니라 그들과 함께하는 부모와 교사들 역시 그들의 삶을 돌아보게 하면서 아이들의 발달과 더불어 내적 성장을 이뤄 나가도록 자극하는 것이다.

실제로 우리 학교에 발령받은 교사들은 처음에는 새로운 하루 일과에 매우 당혹해하지만 시간이 지나면서 자신의 수업 방식을 비롯한 교육 태도 전반에 전면적인 변화를 겪는다. 나 역시 그러한 변화를 심하게 겪었다. 우리 학교의 하루 생활은 아이들의 생활 리듬과 학습 리듬을 고려하여 규칙적인 안정감을 중시한다. 놀이를 통한 자유로운 활동과 지적 사고를 유발하는 정적인 활동 등을 적절히 배치하는 것이다.

우리 아이들의 하루, 학교에서의 '삶'의 대강은 이러하다.

처음 몇 해 '도시에서 사는' 아이들이 중심이 되던 때와 달리 지금 아이들은 대부분 산성 내 학구에 산다. 전 가족이 실제로 거주하지 않으면 전입학을 허락하지 않는 학교의 '권력'은 새로운 학교가 만들어진 첫해, 몇 달이 지나고 바로 생긴 규정이다. 요즘처럼 언론에 오르내리던 때가 아닌 시절에 오로지 입소문만으로도 학교에 들어오기 위하여 '미어터지는' 상황이 발생했기 때문이다. 그냥 상식적이고 소박한 학교에 이렇게 사람들의 마음이 몰린다는 것은 역으로 지금의 학교교육에 대한 사람들의 고통의 정도를 정직하게 반영한다는 말이 될 것이다.

아이들은 학교에 오는 과정에서 온갖 '해찰'을 하며 등교한다. 심지어 어떤 아이들(특히 저학년 아이들)은 1분이면 족한 교문 앞에서 교실까지 들어오는 시간에 무려 20~30분을 할애한다. 운동장의 모래, 떨어진 나뭇잎, 사육장의 토끼 등 온갖 사소한 변화들 앞에서 '호기심 천국'을 경험하며 등교한다. 등교하는 아이들의 움직임 속에 그 아이의

*
◎ 남한산초의 학교 뒷마당은 울창한 소나무 숲으로 곧장 이어진다. 대부분의 아이들이 등교를 마치면 학급별로 숲 산책을 나간다. 나무마을(2학년) 아이들이 아침 숲 산책을 마치고 나서 숲 속 교실에서 이야기를 나누고 있다. ◎ 아이들은 학교 뒷산에 자기 나무를 하나씩 정하고 숲 산책을 할 때마다 이야기를 나누고 나무의 소리를 듣는다.

모든 특성이 다 들어 있다. 9시 10분에 시작하는 첫 블록 수업 전까지는 아이들과 담임의 재량에 의해 움직이지만 자연과 함께 교실 밖에서 활동이 이루어진다는 큰 골격은 있다. 먼저 온 아이들은 자유롭게 놀거나 도서관에서 책을 읽거나 친구들과 이야기를 나눈다. 대부분의 아이들이 등교를 마치면 학급별로 숲 산책을 나간다. 다행스럽게도 우리 학교 뒷마당은 울창한 소나무 숲으로 곧장 이어진다. 교사와 함께하기도 하고 끼리끼리 가기도 한다.

숲이 지닌 신비한 숨결은 그대로 아이들의 감성이나 사고와 만난다. 규칙적인 숲 산책의 원칙은 천천히 걷기, 자세히 보거나 듣고 느끼기 등 오감을 통하여 자연과 교감하게 하는 것이다. 나무에 올라가 눕기, 비 오는 날 우산 쓰고 걸으며 느끼기, 흙 냄새 맡기, 매직아이로 숲과 만나기, 내 나무 정하고 사랑하기 등 그때그때 상황 변화에 따른 수많은 장면이 때론 계획적으로 때론 즉흥적으로 만들어진다.

자연을 느끼는 일은 저절로 이루어지지 않는다. 그것은 새로운 눈으로 세계를 배우는 일이다. 아이들은 자연의 변화에 새삼 놀라워하며 점점 숲 산책을 즐기게 된다. 때로는 산책이 첫 블록 수업과 자연스레 연결되기도 한다. 김원희 선생님은 쓰기 시간이 그날의 첫 수업으로 배정되어 있으면 숲 산책을 더욱 꼼꼼히 한다. 아이들의 글이 달라진다는 것이다. 서길원 선생님은 더욱 적극적이었다. 첫 블록 수업 과목에 따라 아침 숲 체험을 다른 방법으로 꾸민다. 슬기로운생활이 첫 시간인 수요일은 자세히 보기와 연결하고, 즐거운생활의 표현 학습이 있는 금요일은 숲에서 보고 듣는 것을 다르게 체험시킨다. 이렇게 하는 것은 교과와 학급운영이 따로 돌면 그만큼 힘들어진다는 것을 경험으로 알고 있기 때문이다. 이러한 적극적인 결합은 아이들의 감성과 정서를 발달시킬 뿐만 아니라 교육과정의 구성과 운영을 더욱 풍요롭고 질 높게 하는 힘이 있다.

숲 산책 활동에 대한 아이들의 반응은 전체적으로 매우 긍정적이다. 대부분의 프로그램이 아이들의 자발적인 흥미와 관심, 그리고 적극적인 참여 속에서 이루어지기 때문에 더욱 그러하다. 흥미가 높으면 만족도와 성취감도 따라서 높아진다. 또한 몇몇 예외를 제외하고는 일반적으로 교과 학습 능력이 부진한 아이들은 다른 활동 역시 부진한 경우가 많은데, 이러한 놀이와 자연체험 활동을 전개하다 보면 이러한 아이들 중에 잠재된 재능이 속속 드러나는 장면도 어렵지 않게 보게 된다. 이는 교과 학습 부진의 원인이 그 아이가 지닌 학습 지능이나 집중력 등의 학습 습관 때문이기도 하지만 교과 학습을 통해 형성된 학습에 대한 막연한 두려움이 모든 영역으로 확산되면서 자신감을 빼앗긴 탓도 있음을 증명하는 것이기도 하다. 체험 중심의 학습은 이렇듯 한 줄로 세우기라는 우리 교육의 오래된 악행에서 벗어나는 기회를 제공하기도 한다. 지난 9년 동안 난 특별한 며칠을 제외하고는 매일 아침 아이들과 숲을 걸었다. 그 숲에서 나와 아이들은 진짜 '공부'를 했다.

숲 산책을 다녀오면 차 마시는 시간이 있다. 여기서 마시는 차는 토요 체험학습 시간을 이용하여 아이들이 구례, 하동 등으로 가서 직접 만들어 온 것이다. 이 시간은 매우 차분하게 진행된다. 차를 나누면서 자유 이야기 시간이 열린다. 담임교사가 하고 싶은 이야기나 광고 등을 하고, 아이들끼리 하고 싶은 이야기를 나누기도 한다. 칭찬하는 이야기, 부탁하는 이야기, 광고하는 이야기 등 생활과 관련한 대부분의 이야기를 얼굴을 마주 보고 앉은 이 시간에 공유한다.

우리 학교는 일반 학교와 달리 80분 블록 수업 시간제를 운영하며 이를 매우 중요하게 생각한다. 교육 내용을 조직하는 방법에서 80분을 요구한 측면도 있고, 80분의 시간이 수업 내용과 방식을 새롭게 여는 측면도 있다. 40분 수업, 10분 쉬는 시간의 학습 골격은 여러모로 개선할 필요가 있다는 문제의식 때문이다. 40분 수업 후에 10분 쉬는 지금의 수업 시간 배정은 근대적 지식 생산의 효율성을 근간으로 탄생한 것이다. 아이들의 학습 리듬이나 체험 활동이 중심이 아니라는 이야기이다. 이러한 시간표를 벗어나면 새로운 학습을 다양하게 열 수 있다.

물론 꼭 80분이어야 한다는 것은 아니다. 다만 기존의 불합리한 시간 배분을 아이들 중심으로 바꾸고자 할 때 현실적으로 만들 수 있는 시간 배분 방식이기 때문이다. 국어, 수학, 과학, 사회 등 인지적 사고 활동이 중요한 과목이나 미술, 영어 등 충분한 활동 시간이 필요한 과목들이 모두 여기에 해당한다.

80분의 수업 시간은 단순 지식을 전수하는 수업 방식에서 벗어나 통합적인 체험 활동을 중심으로 수업을 꾸릴 수 있게 해 준다. 교사나 아이들 모두 더욱 느긋하고 여유 있게 교수학습 활동을 전개할 수 있다. 스스로 학습 계획을 설정하여 진행하는 주제 학습을 가능하게 하기도 한다.

긴 수업 시간 때문에 아이들과 교사들이 힘들지 않겠느냐는 우려도 있지만 전혀 그렇지 않다. 수업 방식 자체가 달라지기 때문이다. 80분 내내 교사가 떠들고 아이들이 수용하는 수업은 초등학교에서 감당하기 어렵다. 당연히 아이들의 움직임과 활동이 중심에 놓이게 된다. 저학년 교사들은 이 제도를 매우 반긴다. 7차 교육과정 과목의 편제나 운영 방식에 매우 적합하다는 견해가 대부분이다. 실제로 과학 수업에서 맥박에 대한 공부를 40분 단위 수업으로 진행하는 것은 매우 힘들다. 운동 전과 운동 후의 맥박이 어떻게 달라지는지는 직접 뛰어 보고 맥박을 재어 보는 과정을 통하여 체험적으로 익혀야 하기 때문이다. 80분 수업은 이러한 경험 중심의 수업을 가능하게 한다.

이렇게 수업을 진행하면 교과 진도는 어떻게 감당하느냐는 질문도 뒤따른다. 해결은 간단하다. 불필요하게 수업 시간을 잡아먹는 각종 행사를 없애는 것이다. 꼭 필요하다면 시간표상으로 아예 제도화하여 운영하면 된다. 실제로 우리 학교에서는 수업 결손이라는 개념이 없다. 학교 시작 초기부터 지금까지 단 몇 분도 다른 사유로 수업 시간을 침해받은 적이 없다. 따라서 이 문제는 학교 전체의 문화로 접근해야 한다. 교과 내용을 적극적으로 재구성하는 교사들의 수업 준비 과정으로 극복할 수도 있다. 흩트리고 묶고 통합하는 교육과정의 개발과 운영은 학습의 구체성을 더욱 높일 뿐 아니라 교사들을 교과 진도의 부담에서 자유롭게 한다.

첫 번째 블록 수업이 끝난 10시 30분부터 11시까지 30분 동안은 아이들의 중간놀이 시간이다. 10분 쉬는 시간 3개를 모아 놓은 것뿐이지

작은 학교 행복한 아이들

만 아이들은 이 시간 때문에 우리 학교를 아이들이 마음껏 즐겁게 놀수 있게 하는 학교라고 생각한다.

중간놀이 시간은 자체 동아리 활동 시간으로 쓰이기도 한다. 따라서이 시간을 통해 학년 개념이 많이 깨진다. 놀이나 동아리 활동은 학년을 넘나드는 관계 속에서 이루어지기 때문이다. 아이들에게 놀이는 그자체로 '삶'이고 '공부'이다. 아이들은 어른들이 짜 준 교실 속 시간표속에서만 배우고 성장하는 것이 아니다. 그들의 힘으로 놀이를 조직하고 놀 수 있는 기회를 제도적으로 제공하는 것은 그들을 더 잘 크게 한다는 것을 우리는 안다.

중간놀이 시간 동안 그 주의 봉사 담당 교사는 아이들의 안전을 살피는 일과 학교 종을 치는 일을 맡고 나머지 교사들은 모여서 차를 마시며 하루 생활에 대한 이야기를 나눈다.

대부분의 학교가 그렇지만 우리 학교는 좀 더 적극적으로 오전과 오후에 각각 활동하기 알맞은 과목을 배치했다. 오전에는 인지적 활동을 중심으로 하는 교과를, 오후에는 신체적 활동이나 예술적 활동을 중심으로 하는 교과를 전면적으로 배치한 것이다.

전교생 대부분이 참여하는 특기적성 활동도 영어를 제외하고는 대부분 오후에 배치했다. 특기적성교육은 접근 방법에서 일반 학교와 차이가 있다. 현재 우리 학교의 특기적성교육은 크게 선무도와 국악, 그리고 영어로 구분되는데 여기에는 거의 전교생이 참여한다. 선무도는 신체적 활동을 중심에 둔 정신수련 무예이며 국악은 전교생이 자기 분야를 전문 선생님에게 배우는 시간이다. 해금, 대금, 피리, 가야금, 거문고, 사물, 민요반 등이 개설되어 있다.

방과 후에 아이들의 활동은 크게 두 가지로 나뉜다. 학교에서 친구들과 어울려 놀거나 곧바로 집으로 돌아가는 아이들이 있는가 하면 방과후활동이나 동아리 활동에 참여하는 아이들도 있다.

방과후활동은 학부모나 기타 자원 인사가 무료로 담당하지만 아이들에게 큰 인기가 있는 것은 아니다. 대신 동아리 활동은 활발하다. 동아리 중에는 연극이나 인형 만들기, 축구, 독서 토론처럼 전문적인 도움을 주는 강사가 배정된 동아리들도 있지만 그렇지 못한 동아리들도 있다. 이 동아리들은 자체 모임 시간을 설정하고 대부분 방과 후 시간을 활용하여 활동을 한다. 따라서 다른 학교에 비해 아이들이 학교에 머무르는 시간이 매우 긴 편이다.

관행에서 벗어난 학교 틀 만들기

아이들을 중심에 둔 학교의 하루 일과나 연간 학사 일정을 어떻게 만들 것인가는 상황에 따라 매우 다양할 수 있다. 우리가 학교의 틀을 만들면서 가장 중요하게 생각했던 것은 교사나 학교의 편의, 또는 기존 관행에서 과감히 벗어나서 진정 아이들이 중심이 되는 학교 문화를 어떻게 만들 것인가 하는 문제였다. 80분 블록 수업도 '열린교육'을 통하여 이미 충분히 살폈고 아침 시간 운영이나 중간놀이 시간도 우리 학교에서 처음 도입한 것이 아니다. 이렇게 좋은 새로운 시도들이 왜 성공적으로 정착하지 못했을까? 그것은 교육 주체들의 자발적인 참여를 일으키는 데 실패한 관료적 접근 방식, 또는 그러한 제도를 올곧게 구현할 학교 문화의 부재 때문이다. 생각해 보자. 교육청, 교장, 교감, 교사로 이어지는 획일과 통제의 관료적 풍토와 아이들을 관리의 대상으로 보는 관행이 지배하는 학교의 틀을 그대로 둔 상태에서 어떻게 자율과 창의를 중심에 둔 교육 프로그램이 성공할 수 있을 것인가? 땡볕 아래서 몇십 분씩 열중쉬어 자세로 교장 선생님의 훈화를 들어야 하는 애국 조회가 온존하는 상황에서 이렇게 아이들의 감성과 개별성을 존중할 것인가?

애국 조회나 반성 조회와 같은 일방통행식 행사는 우리 학교가 새롭게 정비되자마자 가장 먼저 사라졌다. 교장 선생님의 훈화는 특별활동 시간을 활용하여 만든 다모임 시간에 전교생이 실내에 모여 앉아 교장 선생님과 이야기를 나누는 것으로 대체했다. 교장, 교감 선생님은 전교생의 도덕 수업을 담당하면서 아이들에게 주고자 하는 메시지를 수업을 통해 각 교실에서 직접 전달한다. 다시 말하지만 교육은 건강한 관계를 바탕으로 이루어진다. 교육행정가로서가 아니라 아이들 하나하나와 직접적인 상호 관계를 맺는 속에서 이루어지는 '훈화'의 힘은 애국 조회에 비할 바 아니다.

교육행정의 편의를 위하여 회람을 돌리는 일부터 전시적이거나 관행적으로 이루어지던 대부분의 제도도 다 버렸다. 누군가를 감시하거나 강제적으로 봉사하게 만들었던 교사, 어린이 주번 제도는 실제 생활의 편의에 맞게 축소, 변형시켰다. 공동체 정신을 위협할 수 있는 경쟁 중심의 각종 선발 제도와 시상 제도도 대부분 버렸다. 글짓기, 그리기, 표어 짓기로 대변되는 형식적인 계기교육도 대안이 없는 한 버렸다. 아이들의 신발장은 가장 편리한 곳에 두었고 중앙 현관에는 새로운 인테리어의 북카페를 만들어 아이들이 놀 수 있게 꾸몄다. 사물함을 설치하여 신발주머니와 책가방을 필요 없게 했고, 학습 준비물은 질 좋은 것으로 학교에서 일괄적으로 제공했다.

우리는 기존의 관행이나 학교의 편의보다 아이들의 편의와 교육적 가치를 중심에 두고 학교 문화를 정착시키려는 노력이 없는 한 제 아무리 좋은 형식이 도입되어도 '빛 좋은 개살구'가 될 수밖에 없다는 데 늘 생각을 같이한다.

교육적 필요로 만들어 가는 학교 환경

새삼스러운 말 같지만 학교는 아이들이 살아가는 공간이다. 잠자는 시간을 뺀다면 아이들이 살아가는 시간은 집보다 학교가 훨씬 더 길다. 따라서 학교는 '살아가기'에 편리하고 아름다우며 교육적으로 쾌적한 환경이어야 한다. 내가 다녀 본 영국과 프랑스, 덴마크 등 유럽의 학교들과 우리 학교들의 차이점은 학교 시설과 환경에서 처음 느껴졌다. 우리나라의 학교가 대부분 일제시대부터 시작된 '표준화'되고 '관리하기 용이'한 시설과 권위적이고 전시적인 내부 환경이라면 유럽의 학교들은 다양하고 편리하며 무엇보다 아이들의 시선에 눈을 맞춘 아름다운 공간 구성이었다.

남한산초는 참으로 축복받은 자연환경 속에 포근히 안겨 있다. 학교 건물은 뒷산 숲으로 곧장 이어지고 느티나무들과 수많은 꽃들과 아름다운 전통 건축물들과 문화재가 곳곳에 널려 있다. 그러나 2000년 내가 처음 들여다본 학교 안은 그야말로 '귀곡산장'이었다. 근 20여 년 동안 학생 수가 50명 미만이었던 학교, 언제나 복식수업이 진행되었던 학교, 따라서 폐교를 염두에 둔 43㎡(약 13평) 미니 교실로 이루어진 학교였던 탓에 금방이라도 허물어질 것 같은 황폐한 공간이었다.

부임하기 얼마 전부터 우리 교사들과 학부모들은 몇 날 며칠을 '부역'을 하며 살았다. 그 수많은 먼지와 낡고 더러운 집기들을 걷어 내는 '막노동'을 통해, 일단 아이들이 들어올 공간을 만들었다. 교실이 부족했던 탓에 새로운 건물을 짓기 전까지 교장실을 교실로 써야 했으며 그 작은 교실 하나는 다시 칸막이를 해서 둘로 나누어야 했다.

아이들을 중심에 둔 새로운 학교 환경 만들기 작업을 본격적으로 시작한 것은 2001년 9월부터였다. 교실 공사가 마무리되면서 3개 학년이 새 교실로 입주하고 과학실과 컴퓨터실이 마련되어 어느 정도 구색이 갖추어졌기 때문이다. 마침 새로운 학교 환경에 관심을 갖고 있던 건축학과 교수와 설계사 등 전문가 두 분이 자청해서 학교를 도와주었다. 우리 교사들과 학부모, 그리고 두 분의 전문가가 함께 모여 '커뮤니티 학교 환경 만들기 워크숍'을 매주 열면서 우리는 학교 환경 구성의 큰 원칙을 합의해 나갔고 아이들이 공부하고 살아가는 학교 환경에 대해 새로운 눈을 뜨기 시작했다. 그때 그린 밑그림은 지금도 여전히 진행 중에 있다.

일단 교실은 아이들이 하루의 반 이상의 시간을 보내는 공간이다. 따라서 머물고 싶은 가정 같은 교실 만들기는 학교 환경 개선의 첫 번째 과제가 될 수밖에 없었다. 우선 교사와 아이들 사이를 가르는 교수

＊
학교 뒷산 평평한 곳에 벤치를 놓아 숲 속 교실을 만들었다. 숲 속 교실에서 공부하면 공부가 더 잘 된
다. 특히 시나 문학 수업은 분위기가 참 좋다. 9월, 햇살이 내리는 숲 속 교실에서 아이 한 명이 시를
읽고 있고 다른 아이들이 시를 들으며 감상하고 있다.

용 책상을 치우고 멀티미디어 기기들을 다시 배치해 아이들의 공간을
넓혀 주었다. 책가방과 신발주머니가 필요 없는 교실 환경을 위해 아
이들마다 개인용 책상과 개인용 사물함, 개인 신발장을 주문 제작하여
지급했다. 그 밖에도 이중창으로 창호를 교체하는 일, 교실 조도를 바
꾸는 일, 벽면을 새롭게 채색하는 일, 곡면 칠판으로 교체하는 일 등
기존의 교실을 전면적으로 리모델링하는 수준의 작업을 진행했다. 교
사용 화장실을 털어 내어 작은 도서관(옹달샘)을 꾸몄고, 3년이 지난
후부터는 본관의 모든 교실을 온돌방으로 교체했다.

우리 아이들은 운동장과 놀이터와 뒷산 숲을 참 좋아한다. 아이들에
게 학교를 그려 보라고 하면 대개 건물은 작게 그리고 놀이터는 크게 그

린다. 제 마음에 가는 공간이 그림에서 커지는 것은 당연한 일이다. 운동장 가장자리를 따라 일렬로 늘어서 있던 철제 미끄럼틀, 그네, 철봉 등을 철거하고 그 자리에 밤나무와 느티나무, 전나무로 빽빽한 작고 아늑한 숲 속에 온갖 놀이 기구와 나무 벤치, 정자, 연못, 흙 놀이장 등을 갖춘 작은 놀이 공원을 만들었다. 공모를 통해 '숲 속 햇빛마을'이라는 이름을 지었고 아이들이 직접 서각으로 새긴 현판이 지금도 걸려 있다. 건물 앞의 흉물스러웠던 스탠드는 잔디 언덕과 긴 나무 벤치로 바꾸고 곳곳에 사시사철 아름다운 꽃들이 피어나게 하는 등의 생태적 아름다움을 갖춘 학교 외부 환경을 만들기 위한 노력은 지금도 계속되고 있다.

또한 아이들이 가장 좋아하는 뒷산 숲으로 오르는 산책 길에 굄돌을 놓아 나무 계단을 만들고 작은 오솔길을 내 매일 아침 아이들이 거닐 수 있도록 했다. 뒷산 평평한 곳에는 벤치를 놓고 숲 속 교실을 만들었다. 뒷산 언덕에 있는 큰 느티나무에는 그네와 외줄 타기, 나무 오르기

※
남한산초에 들어가 관심을 기울인 일 중 하나는 학교 환경을 아이들이 공부하고 살아가는 데 아름답고 편리하게 바꾸는 일이었다. 아이들이 좋아하는 뒷산 언덕에 있는 큰 느티나무에는 그네와 외줄 타기, 나무 오르기 등을 매달아 숲 속 놀이터를 만들었다. 아이들은 숲 속 놀이터에서 놀기도 하고 숙제도 한다.

줄 등을 매달아 숲 속 놀이터를 만들었다. 아이들은 숲 속 깊은 곳곳에 자기들만의 비밀스런 아지트를 만들고, 찔레꽃 새순과 산딸기 열매를 따 먹거나 사슴벌레를 찾아 숲을 헤맨다.

모든 '대안적' 교육을 생각하는 사람들이 그렇듯이 우리 학교에서도 아이들의 노동을 중요한 교육으로 생각한다. 오랫동안 방치되어 관광객들의 주차장으로 쓰이던 400여 평의 학교 땅을 되찾아 학부모들의 도움으로 새 흙과 퇴비를 받아 넣고 경운기로 땅을 갈아 밭을 일구었다. 이렇게 다듬어진 땅을 학년별로 배분하고, 남는 땅은 학부모들에게 가족 주말농장으로 분양했다. 아이들은 이 농장에서 땀을 흘리며 노동과 수확의 기쁨을 배운다.

살아 있는 공부, 만들어 가는 체험교육과정

학교는 결국 교육과정으로 말한다. 잘 짜여진 교육과정과 여러 물적, 인적 조건이 구비되었다고 하여 모두 좋은 학교가 되는 것은 아니겠지만, 우리 학교에 맞는 새로운 교육과정과 그 운영 방식을 끊임없이 고민하는 학교와 교사로부터 기계적인 교육과정이 태어날 리는 없다. 다시 말하면 교육과 학교를 통째로 사고하면서 '무엇을' '어떻게' 가르칠 것인가에 대한 의미와 해답을 되묻지 않고는 살아 있는 교육과정을 만날 수 없는 것이다.

우리는 처음부터 학교 교육과정의 조직과 운영을 '체험 중심 교육과정'에 두고 학교 그림을 그려 왔다. 여기서 '체험'이란 단순히 일회적 경험이나 행사를 의미하지 않는다. 이것은 '앎'의 과정이 '삶'의 과정

작은 학교 행복한 아이들

과 분리되지 않도록 하는 것이고, '참삶'을 가꾸는 학습의 중요한 키워드이며, 교사와 학생 모두를 능동적인 학습의 주체로 바로 서게 하는 교육의 본질적인 지향을 가리키는 말이다. 그리고 이것은 그동안 우리 교육이 아이들에게 느끼지 못하는 공부, 선택이 없는 공부, 스스로의 필요에 의해 움직이지 않는 공부, 교사와 아이들 간에 상호 교감이 없는 공부, 그리고 안다는 것과 잘 살아간다는 깃의 연관성을 놓치는 공부를 강요해 온 것이 가장 큰 문제라는 인식을 전제하는 것이다. 체험 중심 교육과정을 중심에 두고 사고하면 많은 부분에서 우리 교육이 가진 이러한 문제들의 해법이 보인다. 이것은 단지 교수 기법상의 문제가 아니라 교육철학과 밀접하게 관련을 맺고 있는 것이므로 교과를 포함한 학교 교육과정의 모든 영역에서 효과적인 적용 방식을 고민해야 한다.

우리 학교 아이들은 교실에서만 공부하지 않는다. 뒷산, 텃밭, 지역에 흩어져 있는 역사 유적, 인근 대도시의 공연장 등이 모두 학습장이다. 수업 시간도 40분으로 고정되어 있지 않다. 계절학교 기간에는 일주일 내내 한 주제에 대해서만 학습하기도 한다. 교사들은 자신의 학급만 가르치지 않는다. 다른 학년에 가서 가르치기도 하고, 여러 학년을 섞어서 가르치기도 하며, 외부의 전문가들이 수시로 학교에 와서 수업을 진행하기도 한다. 모두가 체험을 중심에 둔 교육과정을 운영하기 위한 다양한 방편들이다.

7차 교육과정을 비롯한 우리 교육정책 또한 체험 중심 학습을 새로운 교육의 대안적 방법론으로 권장하고 있는데 비록 질감은 다르지만

우리의 발걸음을 가볍게 해 준다. 우리뿐 아니라 다른 나라들의 교육 개혁의 핵심이 '체험 중심'을 비껴가지 않는 것도 당연한 일이라 생각한다. 미국 학교들의 'Block Scheduling' 또한 이에 맞닿아 있으며, 발도르프를 비롯한 대안학교 교육과정의 근간에 '체험'이 들어가 있는 것을 우리는 알고 있다. 이것은 결국 '교육'과 '학력'을 바라보는 시선이 근본적으로 변화하는 징후이며, 그 대안의 하나가 '체험 중심 교육

남한산초는 처음부터 학교 교육과정의 조직과 운영을 '체험 중심 교육과정'에 두고 학교 그림을 그려 왔다. 남한산초의 계절학교는 통합교과적 주제를 설정해 체험 중심으로 운영한다. 여름 계절학교는 여름방학을 앞둔 일주일 전쯤에 개강하여 종강이 이루어지는 날 방학식과 전시회를 겸하는 형태로 이루어지는데 생활 기능, 역사와 자연, 전시 성격의 예술 장르를 두루 포함한 영역으로 기획, 운영된다. 가을 계절학교는 온전한 예술적 체험을 중시하는 공연예술 중심의 학습 공간이다. 왼족 위에서부터 시계 방향으로 도예, 퀼트, 음식 만들기, 사진부, 마당극, 국악 합주.

과정' 임을 시사하는 듯하다.

　그러나 체험을 중심에 둔 이러한 교수학습 운영 방식이 크게 새로울 것은 없다. 우리는 이미 한때 열린교육의 이름으로 이러한 교수 기법이 강권되기도 한 것을 기억한다. 그러나 지금은 모두들 그 이름을 사용하는 것조차 꺼릴 만큼 실패한 교육정책의 상징이 되어 버렸다. 왜 그럴까? 우리는 그 이유를 학교교육의 철학 속으로 녹여 내지 못한 채 단순히 교수 기법의 측면만으로 접근한 데서 찾는다. 경직된 학교 교육과정 운영 체제는 그대로 둔 채 단순히 수업만을 따로 떼어 놓고 열린교육의 방식을 따르라고 말하는 것은 옳지 않다. 체험 중심의 '열린' 수업 방식이 되기 위해서는 교사들에게 다양한 인적, 물적 자원을 활용하여 가치 있다고 생각하는 학습을 구성할 수 있는 자율성을 주어야 하고, 이는 유연한 학교 체계와 긴밀하게 상호작용할 수 있어야 한다. 정해진 학습 내용을 정해진 시간 내에 정해진 사람들로만 운영해야 하는 현실 속에서 삶과 철학이 있는 체험 중심 교육과정 운영이 어떻게 가능할 것인가? 서울대 조용환 교수가 말한 것처럼 체험 중심 교육과정을 '삶을 살아가는 하나의 형식' 으로서 '교육' 을 일컫는 것으로 받아들일 때, 그 뜻과 방식이 보다 온전해진다.

　앞서 말한 것처럼 우리 학교는 모든 교육과정을 운영할 때 '체험' 을 중시한다. 그러나 이러한 의도와는 달리 그 적용 과정이 결코 호락호락하지 않다. 표준화된 국가 교육과정이 주는 압력 때문만은 아니다. 체험학습으로 상징되는 교육적 지향을 교육과정으로 구체화할 수 있는 우리의 능력이 모자란 탓도 있다.

　　　　　　　　　　　　　　　　작은 학교 행복한 아이들

우리는 여전히 거시적인 관점에서 스스로 가치 있다고 여기는 것들을 교육과정으로 조직하고 그에 적합한 방식으로 운영해 본 경험이 부족하다. 그런 까닭에, 학급 단위에서 이루어지는 교과 학습은 체험 중심 학습의 의미와 방식에 대하여 토론하고 개별 교사들이 학급에서 적용한 각각의 수업 사례들을 공개수업이나 연수를 통해 공유하고 있다. 욕심과는 달리 현재 상태에서 가능한 것부터 덤벼 나갈 수밖에 없는 게 현실이다. 따라서 학교 전체가 움직이는 체험학습은 교육과정 전 영역에서 이루어지기보다 연중 전일제 토요 체험학습과 여름과 가을의 계절학교, 그리고 봉사 체험이나 전교생 공동 작업의 날 등 부분적으로만 이루어지게 된다. 이런 사정 탓에 우리 학교의 체험학습 역시 행사 중심적이라는 비판에서 자유롭지 못한 것도 사실이다.

어린이가 행복한 학교를 어떻게 만들어 갈 것인가

교육 본질에 충실한 교육철학이 분명한 작은 학교

근본적으로 가치 있는 삶과 교육, 아이들 배움의 행복을 깊게 생각한 교육철학이 분명한 학교를 가꾸어 나갑니다. 사람이 보이는 작은 학교를 꿈꿉니다.

자율과 자유, 그리고 창의적 삶을 생각하는 자주적인 학교

우리 교육 현실, 사회 현실의 바탕 위에서 자율과 자유, 창의적 삶의 원리를 교육의 힘으로 구현하고자 합니다. 아이들은 두려움 없이 배우고 자신 있게 행동하며, 학교와 교사는 기다림과 여유 속에서 어린이들의 자발적인 움직임을 중시합니다. 학교 개혁을 생각하는 교육 주체들의 자주적 의지로 새로운 학교를 만들어 나갑니다.

위 글은 우리 학교가 새롭게 만들어지던 2001학년도를 준비하면서 우리가 만들어 가고자 하는 '학교의 상'을 표현한 첫 번째 문구들이다. 부분적으로 거칠고, 다소 '운동적'인 표현 방식이 동원된 이 문구들은 그때의 우리들에게는 우리의 절실한 교육적 지향을 담은 '강령'이었다. 그리고 그 중심에는 어린이들의 '행복'과 '자유'가 있었다. 그로부터 9년이 다 되어 가는 지금, 이 학교에 과연 어린이들의 행복과 자유가 있는가라는 질문에 우리는 어떤 답을 내놓을 수 있을까?

몇 년 전 6학년 하늘마을 아이들과 살아갈 때의 기억이다. 그 아이들이 벌써 고3이 되었고 며칠 전에 수능을 치렀다. 수능을 치르기 전날 아이들과 통화 혹은 '문자질'을 하면서 그때의 기억이 고스란히 떠올랐고 그 시절의 자료를 찾아보았다.

그때 하늘마을 아이 20명은 모두 다른 학교에서 전학 온 아이들이었다. 대부분은 4학년 때 전학을 왔고, 몇 명의 아이들만 5, 6학년 때 남한산초로 왔다. 대부분 대도시에서 학교를 다니다 온 아이들이라서 그 경험을 바탕으로 이전 학교와 우리 학교를 비교하면서 판단할 수 있었다.

나는 수시로 아이들에게 물었다. 학교생활에 대하여 어떻게 느끼냐고, 무엇이 좋고 무엇이 불안하냐고, 학교 오는 것이, 남한산 사람들과 어울려 놀고 공부하며 살아가는 것이 행복하냐고……. 학교생활에 대하여 대부분 만족스러워하고 있다는 '감'을 갖고 있으면서도 끊임없이 이런 질문을 던진 것은 소아병적인 기대 심리 때문이 아니다. 우리의 평가와는 별개로 아이들이 자신의 존재가 충분히 존중받고 있다고 느끼는지, 학교 프로그램과 공부 방식 등에 대하여 어떻게 느끼고 있는지를 확인하고 싶었다.

나는 아이들의 직관을 믿는다. 물론 그들의 표현은 '재밌어요' '좋아요'를 넘지 않는다. 하지만 그 속에 감춰져 있는 마음은 읽을 수 있다. 그것은 아이들이 가벼워서 표피적으로 반응한 언어가 아니다. 아이들의 직관의 언어는 그 한마디 속에 모든 판단을 담고 있는 법이다. 고학년 아이들이 '혼나지도 않고 놀기만 해도 되는 상황', '학교가 가진 교육적 기능을 상실한 상황'을 '재밌다'라고 표현할 리는 없기 때문이다.

나는 그때 아이들과 정색을 하고 마주 앉았다. 그리고 '내가 생각하는 우리 학교'에 대하여 느낀 대로, 생각한 대로 정직하게 말해 달라고, 또 우리 학교에 와서 공부하고 생활하는 것을 통해 스스로 달라진 점이 있다고 느낀다면 그것이 좋은 것이든, 나쁜 것이든 모두 말해 달라고 간곡하게 부탁했다. 다음은 그때 우리 마을(반) 아이들이 느낀 남한산초에 대한 단상들 중 일부를 옮긴 것이다.

이 학교는 내가 다니던 서울의 학교랑은 정반대이다. 이 학교는 내가 처음 왔을 때 웃음이 가득하고 절대 싸우지 않았다. 서울은 틈만 나면 싸움이 일어났다. 지금 생각해 보니 이것은 엄청난 차이가 있다. 또 하나 이 학교에 와서 좋은 것은 공부의 방식이다. 여기서는 재미있게 노는 것도 공부라고 한다. 아이들이 별로 없어서 복잡하지도 않다. 바로 꿈의 학교인 것 같다. 불만과 바람을 얘기하라고 하는데 나는 그런 거 전혀 없다. 그냥 여기서 계속 다니고 싶은 마음뿐이다. _ **태훈**

우리 학교는 서로 경쟁하지 않기 때문에 친해진다. 경쟁하면 공부야 잘하게 될지 모르지만 우리 학교는 스스로 하는 집중력을 중요시한다. 그래서 우리 반에는 학원을 다니는 아이는 한 명도 없다. _ **유선**

우리 학교에 왕따, 폭력, 욕설 등이 다른 학교에 비해 없는 것은 학생 수가 적기 때문이다. 학생 수가 적으니까 선생님들이 학생 하나하나에 관심을 쏟는다. 그리고 학생 수가 적기 때문에 잘못을 하면 금방 드러나게 되고, 또 다모임 시간을 통하여 전교생에게 그 사건이 낱낱이 밝혀지기 때문에 잘못을 저지르기가 쉽지 않다. 무엇보다 우리 학교에는 어린이들의 '자유'가 있다. 그래서인지 어떤 것에도 두려움이 없고 무엇이든지 도전하려고 한다. 자유 때문에 문제가 발생할 거라고 걱정하기도 하지만 나는 그렇다고 생각하지 않는다. _ **찬울**

일부만 옮긴 것이지만 아이들은 학교에 대하여 전적으로 긍정적인 평가를 내렸다. 학교에 대한 불만을 얘기해 달라고 했지만 그런 것들에 대하여 생각해 본 적이 없다고 한다. 우리 학교에 와서 달라진 점이 무엇인지 물어도, '많이 웃는다', '활발해졌다', '사람들 앞에 나서는 것이 부끄럽지 않다', '편안하게 이야기한다', '이기적인 태도가 없어진 것 같다', '학원과 문제지 중심의 공부에서 학교 수업 중심의 공부로 변했다', '늘 아팠는데 이 학교에 온 뒤로 아프지 않다' 등의 긍정적인 변화만을 이야기했다. 물론 그 당시 아이들과 지금의 아이들은 약간의 차이가 있다. 그 당시의 아이들이 이야기하는 기준은 대부분 '이전' 학교에 있었고, 지금 아이들은 1학년 때부터 남한산초에 다녀

작은 학교 행복한 아이들

＊
7월의 어느 날, 아침부터 남녀가 섞여서
말뚝박기를 한다. 치마 입고도 한다.

서 이전 학교의 기억을 갖고 있는 아이가 드물다. 비교하면서 바라보니 상대적인 행복감을 느끼게 되는 것이다. 그러나 이런 이야기만으로 우리 학교가 어린이의 '자유'와 '행복'을 보장해 주고 있다고 말할 수는 없는 일이다. 그렇다면 진정 학교가 줄 수 있는 '자유'와 '행복'은 어떤 것인가?

'학교는 아이들에게 무엇인가?' '아이들은 왜 학교에 다녀야 하는가?' 많은 이들이 이러한 근원적 질문 앞에서 당황하게 된다. 그 질문에 대한 분명한 답이 있어서가 아니라 거대한 제도적 관성, 학교에 대한 막연한 믿음, 그러한 제도에 편입하지 않았을 때 감당해야 하는 수많은 어려움 등의 이유로 아이를 학교에 보내는 경우가 더 많기 때문이다. 그리고 그러한 선택의 과정에서 아이들의 생각이나 느낌은 고려되지 않는다. 아이들은 깊은 교감과 소통의 과정 없이 주어진 교육목표에 맞추어 교육시켜야 하는 대상일 뿐이다. 불행하게도 우리 남한산초 교사들 또한 이러한 원론적 질문에 대하여 충분히 고민하고 토론한

＊
2004년 여름 계절학교
기간, 덥다는 아이들에
게 등목을 쳐 주었다.

작은 학교 행복한 아이들

바탕 위에서 학교와 교육의 그림을 그린 것은 아니다. 그것보다는 우선 눈에 보이는 교육 현장의 안타까운 질곡만이라도 풀어 가는 학교를 만들고 싶었다.

문제의 중심에는 '존중받지 못하는 아이들'이 있었다. 누구나 다 어린이를 위하는 교육을 말하지만 정작 학교와 교육의 중심에는 아이들이 없었다. 그리고 아이들이 중심에 있는 교육을 가능하게 하는 시스템을 한 교사의 능력이나 열정, 그리고 도덕성만으로 구현하는 것은 버거운 일이다. 이것이 새로운 학교가 필요하다고 여겼던 이유이다. 왕따와 폭력 때문에 고통받는 아이, 공부가 늘 두려운 아이, 학교가 싫은 이유를 살피기보다는 무조건 학교에는 가야 한다고 윽박지르는 학부모와 교사, 경쟁에 조금이라도 뒤처지면 사회적 낙오자가 될 것이라고 협박하는 학교와 학부모, 왜 지켜야 하는지도 잘 모르지만 무조건 따라야 하는 강요된 규칙과 질서, 예절…… 한마디로 아이들에게 학교는 끊임없이 긴장하면서 경쟁에서 이겨 나가야 하는 작은 전쟁터라고 말한다면 지나친 독설일까?

우리는 교사가 아이들의 느낌과 정서를 이해하고, 아이들은 스스로의 존재가 '학교와 교사와 친구'들에게 존중받고 있다는 느낌을 주는 학교를 만들고 싶었다. 아이들이 어른들의 보상심리나 상업주의에 희생되거나 시늉뿐인 교육의 대상으로 '취급'되지 않는 학교를 만들고자 했다.

우리 학교는 교장, 교감 선생님은 물론, 학부모, 교사 대부분이 이러한 인식에 공감하고 있었고, 그것은 큰 행운이었다. 앞에서 이야기한 것처럼 우리는 먼저 아이들을 불편하고 불안하게 만드는 학교 문화를 새롭게 바꾸는 것부터 시작했다. 불필요한 관행이나 경쟁 기제를 없애고 아이들의 삶을 중심에 두고 학교 시스템을 변화시켜 간 것이 그에 해당한다. 그러나 그것들보다 먼저 요구되는 것은 교사들 스스로의 노력이었다. 어린이들에게 친절할 것, 어린이들의 자유와 판단을 존중할 것, 성급하게 규칙과 질서를 강요하지 않을 것, 아이들과 함께 놀고 함께 생활할 것 등은 교사들 사이의 묵계가 되었다. 그리고 실제로 대부분의 어린이들이 학교생활에서 느끼는 즐거움과 만족은 학교 시스템보다 교사들의 태도에서 비롯된 것이었다.

아이들의 특성이 한 학교의 교육 방침만으로 만들어진다고 보는 것은 무리이다. 학교는 엄청나게 다양한 형태로 아이들에게 다가가며, 아이들 또한 그 특성이 매우 다양하기 때문이다. 또한 사회의 문화나 부모의 양육 방식 등도 아이의 특성을 만들어 내는 중요한 기제가 되며, 한 학교 내에서도 담임교사와 학급 구성원의 특성에 따라 그 양상은 매우 달라진다. 따라서 '이 아이들은 이런 학교에 다니기 때문에 이러한 특성을 지니는 것'이라고 섣불리 단정할 수는 없다. 그러나 미세한 부분들은 접어 두고 남한산초가 만들어 낸 특성이라고 공감하는 것들을 중심으로 우리 학교 아이들을 살펴보면 다음과 같은 공통점이 보인다.

가장 많이 이야기되는 특성은 아이들이 '밝다'는 것이다. 또한 여러 형태의 표현에 두려움이 없고 자신감이 넘친다는 것, 잘 놀 줄 안다는 것, 꾸밈이 없고 촌스럽다는 것(실제로 산과 운동장을 마구 헤집고 놀아야 하는 아이들 놀이 문화의 특성상 좋은 옷을 입고 다니는 아이는

✳
남한산초에 처음 왔을 때, 교사는 아이들의 느낌과 정서를 이해해 주고 아이들은 스스로의 존재가 '학교와 교사와 친구' 들에게 존중받고 있다는 느낌을 주는 학교를 만들고 싶었다. 아직도 부족한 점은 많지만 우리 학교 아이들은 자신이 학교에서 존중받고 있다고 느끼며 학교에 대해서도 대체로 긍정적인 평가를 내린다. 2009년 9월, 산마을(3학년) 아이들의 생일 파티.

거의 없다), 학습이든 놀이든 또는 다른 무엇이든 스스로 필요하다고 인정할 경우에는 깊이 몰입하며 높은 집중력을 보인다는 것, 자신에 대하여 비교적 긍정적이며 학교에 강한 자부심을 느낀다는 것 등이 이야기된다. 그러나 한편에서는 아이들이 지나치게 동적이어서 차분함이 없다는 것, 스스로 받아들여지지 않는 규칙이나 질서는 잘 지키려 하지 않는다는 것, 기본적인 예절을 지키는 데 소홀하다는 것 등의 문제점을 지적하기도 한다.

우리 학교에 새로 부임한 교사들은 처음에 약간의 문화적 충돌을 경험한다. 기존에 보아 왔던 아이들과 다른 아이들을 만나면서 이 아이들을 어떻게 바라볼 것인가를 고민하게 되는 것이다. 똑같은 모습에 대해서도 얼마 전에 가졌던 생각과 지금 가지는 생각이 달라진다. 이는 나처럼 초창기부터 남한산초에 있었던 사람도 마찬가지로 겪는 일이다. 학교와 교육에 대한 새로운 관점을 만들어 가는 과정에서 필연적으로 부딪힐 수밖에 없는 문제라고 생각한다.

그러나 우리는 이런저런 시행착오에도 불구하고 끝까지 버리지 말아야 할 것이 있다고 믿는다. 학교는 아이들에게 기쁘고 즐거운 공간이어야 하고, 비록 어른의 눈에는 미숙한 점이 보인다 하여도 그들의 의견과 생각은 충분히 존중되어야 하며, 어린이들이 배우는 것을 두려워하지 않는 분위기를 만들어 주어야 한다는 것이다. '행복한 학교'는 어떠한 당위적 인식이나 몇 가지 교육 프로그램에 의하여 이루어지지 않는다. 학교는 아이들에게 무엇이며, 학교와 교사는 그들의 행복한

*
2005년 3월 꽃마을(1학년) 입학식. 남한산초에 입학하는 아이들에게는 꽃을 한 송이씩 준다. 꽃처럼 아름답게 살라고. 참 평화롭고 따뜻한 분위기 속에서 입학식이 치러진다..

작은 학교 행복한 아이들

삶을 위하여 무엇을 할 것인가에 대한 근본적인 성찰을 통해서만 '행복한 학교'는 어렴풋하게나마 그 모습을 드러낼 것이기 때문이다. 우리는 여전히 길을 찾는 중이다.

학부모와 함께 만드는 학교, 어른들이 함께 커 가는 학교

남한산초는 학부모들이 먼저 길을 찾고, 교사들과 학부모들이 한마음으로 작고 아름다운 학교공동체를 꿈꾸며 벅찬 마음으로 시작한 학교였다. 그러나 지난 9년 동안 학교를 '가꾸는' 과정은 결코 만만치 않았다. 남한산초 학부모들은 일단 학교와 교사들을 신뢰하는 것에서 출발한다. 그러나 그것만으로 모든 것이 '행복'해지지는 않는다.

남한산초 학부모들은 '학부모'로 살기도 하지만 많은 부분은 그 '사람'으로 살아간다. 공동체의 특성상 학교와 학부모, 교사와 학부모, 아이들과 학부모, 학부모와 학부모의 수많은 관계가 촘촘한 그물망으로 서로의 삶을 지배한다. 따라서 그들 역시 때로는 행복해하고 때로는 절망한다.

남한산초 학부모들은 늘 '자발적으로' 바쁘다. 수많은 학부모 동아리가 있고, 아이들과 함께하는 수많은 여행을 비롯한 자체 활동, 축구 모임, 학교 수업 및 행사 지원, 방과후활동 자원봉사, 인문사회 아카데미, 크고 작은 술자리 모임 등이 끊임없이 열린다. 그러나 공립학교라는 법적, 제도적 특성은 학교의 지속성에 대한 불안감을 언제나 지우지 못하게 한다. 아이와 학부모, 교사들의 긴밀성을 높여 주는 작은 학교라는 장점이 때론 모든 것이 전면 노출되는 구조로 인한 불협화음으로 나타나 사람들을 힘들게 하는 측면도 강하다.

전혀 경험이 없는 독특한 학교 분위기에 적응하지 못해 몇 달 만에 다시 전학을 가는 사례도 있었다. 토론과 조정을 거쳐 합일을 찾아가는 문화를 받아들이지 못하거나 개인적인 상처를 안고 학교를 떠난 학부모도 있고 교사도 있었다. 처음 학교에 들어올 땐 기존 틀에서 벗어난 열린 학교 구조와 아이의 행복에 그저 감사했는데 차츰 갈등과 회의에 휩싸이는 학부모도 있다. 교육 방법이나 학교 운영에 대한 문제 제기로 교사와 학부모 간에 예민한 대립이 일어나는 일도 있다. 비교적 교육적 신념이 비슷한 학부모들이 모이는 일반적인 대안학교의 분위기와 달리 남한산초는 학부모의 구성이 매우 다양해 그로 인한 어려움도 적지 않다. 교육 문제를 매우 이성적으로 '운동적'으로 접근하는 부모들은 남한산초의 교육적 이상이 좀 더 명확해야 한다고 주장하고, 산성 안에 사는 토착민들과 자유주의적 교육관을 가진 부모들은 대체로 학교에 대한 그들의 그런 목소리를 낯설어한다.

고르지 않은 각 가정의 경제 사정, 교육에 대한 부모의 철학과 태도, 아이에 대한 부모의 기대 수준 등이 아이들의 모습을 통해 고스란히 드러나기도 했다. 남한산초는 한 학년에 한 반, 스무 명 남짓한 아이들이 6학년까지 그대로 유지되기 때문에 다른 학교에선 적당히 숨겨지고 넘어갈 수 있는 문제도 아주 구체적으로 표면화되는 일이 많다. 시간이 흐르면서 서로가 조금씩 양보하고 조정하는 힘이 생기긴 했지만, 전에 없던 새로운 문제들이 늘 불거진다. 지금까지도 남한산초는 학부모와 학부모, 학부모와 교사, 교사와 교사 사이에 미처 해결되지 못한 문제들을 안고 있고, 앞으로도 힘겹게 갈등하는 지난한 과정을 피할 수 없을 것이다.

남한산초는 작은 공동체라는 특성상 사소한 듯한 문제도 크게 부각되고 쉽게 수면 위로 떠오르는 곳이다. 그러나 그것이 고통스럽기도 하지만 그런 고통이 오히려 함께 만나고 같이 잘 살아가기 위한 문화적 훈련의 기회를 주는 것이라고 생각할 수도 있다.

2008년 초에도 나는 그런 문제로 몹시 피곤한 날들을 보냈다. 우리 반에는 장난이 심하고 좀 공격적인 성향을 가진 사내아이가 있었다. 그 아이는 어른들의 눈에 거슬리는 행동을 하고, 무심결에 다른 아이에게 고통을 주기도 했다. 그 아이가 툭툭 던지는 말에 상처 입고, 매사 지나치게 공격적인 태도에서 폭력의 두려움을 느끼는 또 다른 아이가 생겼다. 이런 상황을 해결해야 한다고 생각한 아이의 부모는 장난꾸러기 아이의 부모를 만나서 '아이를 그렇게 키워서는 안 된다'고 말하고 싶어 했다.

나는 밤늦게까지 여러 사람들을 만나면서 해결 방향을 모색했다. 그리고 두 가족을 한자리에 모았다. 조심스럽게 대화를 끌어갔지만 때때로 화살처럼 뾰족한 말들이 오고 갔다. 자기 자식의 문제 앞에서 끝까지 객관적인 시선을 견지하고 지혜롭게 대처하기가 정말 어렵다는 걸 새삼 확인한 시간이었다.

두 아이의 문제를 놓고 부모들 사이엔 힘겨운 대화들이 계속됐다. 그러나 사실 문제 자체만 놓고 보면 별일 아닐 수도 있었다. 산 아래의 일반 학교에서 벌어지는 아이들의 공격성과 폭력성의 문제에 비하면 조금 우스운 논란일 수도 있다. 하지만 남한산초에선 모든 문제가 그리 간단치가 않다. 아이의 공격성이 성장 과정에서 동반될 수 있는 개인의 특성인지, 상대에게 상처와 고통을 주는 태도 뒤에 뭔가 숨겨진 아이의 결핍이 있는 건 아닌지, 널리 퍼져 있는 자극적인 문화가 아이를 그렇게 만든 건 아닌지 등 많은 논란과 의견이 뒤따랐다.

이번 일 역시 남한산초 사람들에게 금세 알려졌고, 여러 사람이 다양한 의견을 내놓는 사이에 학교 전체의 문제로 확대됐다. 명백한 폭력의 문제로 바라보는 시선이 있는가 하면, 아이들의 사소한 문제에 부모들이 지나치게 개입하는 것이라는 시선도 있었다. 언제나 그랬듯

*
2008년 5월, 남한산 놀이한마
당. 왼쪽 아래부터 시계 방향으
로 차전놀이에서 인사를 나누
는 청군과 백군, 학부모와 아이
들이 어우러진 사자놀이, 그리
고 마지막으로 학부모와 교사,
아이들 모두가 어울려 강강술
래를 하고 있다.

이 아이들을 둘러싼 작은 하나의 장면 속에서 교육을 바
라보는 각자의 시선들이 여과 없이 드러났다.

그리고 결국엔 한 아이의 특성을 어떻게 이해할 것인
가, 커 가는 아이들의 문제에 대해 누가 무엇을 고쳐야
하고 그 방법은 과연 정당한가, 부모가 자식을 바라보는
시선은 어디까지가 객관적이고 어디까지가 주관적인 건
가, 그리고 학부모와 교사들, 그리고 학교는 현명하게 대

처하고 있는가 등 교육을 둘러싼 첨예한 물음이 오가는 단계에까지 이르렀다.

다행히도 긴 시간 힘든 과정을 거치며 현상은 잘 봉합되었지만, 1년 내내 나는 그 두 아이와 부모의 감춰진 상처를 보고 지내야 했다. 결론은 늘 과정에 따라 달랐고, 누구도 정답을 갖고 있는 게 아니었다. 그저 정답에 가깝게 찾아가는 노력만 있을 뿐이다.

어디라도 문제가 없는 곳은 없다. 남한산초도 마찬가지다. 이곳에서 모든 것이 좋기만 했고 마냥 행복하기만 했다는 사람은 아무도 없을 것이다. 겉에서 볼 땐 유토피아처럼 보이기도 하지만 그 속엔 갈등과 고통, 원망과 미움도 존재한다. 그럼에도 불구하고 지금까지 남한산초가 존재할 수 있었던 것은 소통하는 노력을 중단하지 않았기 때문이다. 공동체 구성원 간의 갈등이 때로 거칠기도 했지만 '아이들이 행복한 새로운 학교'라는 대전제에서 벗어나지 않았다는 점도 남한산초를 존재하게 만든 힘이었다. 문제를 해결하는 구체적인 힘은 언제나 진정성과 작은 실천들에서 나온다. 이기심이나 공명심을 버리고 다시 한번 스스로를 돌아보고 껴안는 진정성, 불편을 감수하고라도 같이 살아가는 인생이 더 아름답다는 믿음을 버리지 않는 사람들의 소박하지만 의미 있는 실천. 남한산공동체의 건강성도 그런 것들에 의해 유지될 수 있었다.

남한산의 교사나 학부모들은 아이들을 행복한 곳에서 배우고 자라게 하자며 모였지만 자신들이 사람답게 사는 법을 먼저 배웠다는 말을 자주 한다. 그 말 속엔 새로운 것을 희망하는 사람들에게 필수적으로 따르는 일정한 절망까지도 담겨 있을 것이다.

　아주 진부한 말 같지만 고민과 고통이 우리를 성장시켜 준다는 건 부인할 수 없는 진실이다. 사소하고 내밀한 문제들이 자주 드러나는 남한산에선 그걸 아주 실감나게 경험한다. 이런 경험은 거창한 교육 이론이나 교육적인 구호보다 더 소중하고 의미 있다고 나는 생각한다. 아이들을 통해 어른의 삶도 풀어헤치고 재조정하는 것, 결국 그렇게 해야만 해결되는 아이들의 문제를 놓고 머리를 맞댈 수 있는 것이 남한산의 진정한 힘이라 믿기 때문이다.

교사들의 갈등과 협력

남한산 교사들은 늘 바쁘다. 퇴근 시간도 방학도 주말도 자진 반납해야 하는 일이 다반사다. 그렇듯 바쁜 시간들을 보내면서 잠시도 머리를 떠나지 않는 생각이 몇 가지 있다. 다행스럽게도 우리의 '바쁨'은 대부분 '일' 때문이 아니라 '교육' 때문이라는 것이다. '반 컵의 물'의 논리일지는 모르나 우리는 우리가 하는 일에 늘 '교육적 의미'를 부여하고 움직이려는 관성을 가지고 있다. 이는 우리 교육의 위기가 단순히 제도의 문제에서 비롯된 것이 아니라 교육과 학교가 서 있는 철학적 토대에 대해 진지하게 반성하고 학교가 스스로 진정한 교육의 주체로 다시 태어나야 한다는 인식이 바닥에 있기 때문이다. 이 작업을 위해 다양한 형태의 만남과 교류가 활발히 일어나는 와중에 교육공동체의 자발성과 자율을 바탕으로 이루어진 우리 학교 사례가 주목받고 있는 것 같다. 그러나 또 한편에서는 여전히 무거운 마음을 놓을 수 없었다. 학교 개혁의 중심은 무엇보다 건강한 교육철학에 바탕한 그 학교만의 '교수학습 행위'로 구체화된 교육과정 편성·운영과, 그것을 중심으로 건강한 교사공동체를 이루기 위한 역량과 열정의 결집에 있을 것이다. 그렇다면 우리 남한산은 과연 그런 힘을 가지고 있는가? 불행하게도 우리는 여전히 확신을 갖고 있지 못한다. '남한산 교육과정'에는 여전히 풀어야 할 숙제가 산더미처럼 있으며 교사들은 여전히 갈등하고 힘겨워하고 있다. 우리가 새로운 학교를 만들기 위해 벌여 온 활동은 매우 전면적이고 총체적인 개혁의 성격을 띠며 진행되어 왔다. 그것은 우리 사회에서 학교가 지닌 문제가 특정한 부분의 문제가 아니라 학교와 교육을 바라보는 철학이나 학교 조직 구성원들 간의 관계의 문제, 그리고 경직된 학교 문화에 있기 때문에 학교와 교육과 관련된 제도와 형식들을 전면적으로 다시 생각하고 학교 구성원들의 삶의 양식까지도 변화시켜야 한다는 시각이 전제되어 있기 때문이다. 그러나 우리가 펼쳐 온 활동이 전면적인 개혁성을 담아냈는가는 확신할 수 없다. 새로운 철학, 새로운 문화, 새로운 양식에 대한 생각과 실천은 기존 학교와 교육이 지닌 한계로부터 출발한 상대적인 접근의 측면이 강했기 때문이다. 그러나 그것만으로도 우리는 늘 바쁘고 힘들었다. 물리적으로 바쁘고 힘든 것도 있었지만 그것보다는 우리 능력의 문제, 새로운 관계의 형식과 내용, 교육 내용의 형식과 구성 방식, 정당성에 대한 근원적인 질문 앞에서 어쩌면 쩔쩔 매면서 살아온 세월이 아닌가 싶기도 하다. 쉽게 말하면 현재의 학교와 교육이 지닌 문제에 대한 현상적 인식은 있지만 새로운 대안에 대한 확신이 쉽게 생기지 않았다는

작은 학교 행복한 아이들

것이다. 그리고 그러한 과정을 통하여 역으로 '정말 그게 문제였을까?'라고 문제 상황 자체를 회의하거나 '그 대안이 이것밖에 없을까'라고 끊임없이 의심하면서 살아온 것이다. '세상에 쉬운 것이 어디 있겠는가' 하면서 넘겨 버리기에는 너무 큰 문제이다. 물론 나는 적어도 남한산에 사는 사람들이 갈등을 하든, 환희에 젖든 자신의 생각과 느낌을 드러내면서 교육의 장을 구성해 온 것이 대단한 일이라는 생각에는 변함이 없다. 그리고 이것은 남한산 사람들의 삶과 교육에 대한 성찰까지도 어느 수준까지는 강제해 내는 힘이었다고 생각한다. 그러나 끝끝내 풀리지 않는 질문과 회의가 동시에 존재하는 많은 장면이 있었던 것이다. 그중 가장 큰 것은 교육과정의 문제였다. 수업이 교사의 존재를 규정하는 '대표'적인 형식과 내용임에도 정작 그것에 제대로 몰입하며 대안을 만들어 내지 못한 데서 오는 매우 근원적인 자괴감이 있었다. 끊임없이 변죽만 울리는 것 아닌가 하는 의구심이 우리 안에 가득한 것만 같았다. 그리고 또 하나, '교사들의 삶과 소통'의 측면에서 우리 교사공동체는 과연 제대로 대안을 만들고 있는가에 대한 회의 역시 만만치 않았다. 그래서 몇 해 전부터는 이러한 우리의 자괴감을 극복하기 위하여 '수업'을 중심으로 하는 '남한산 교육과정'을 마련하고, 건강하고 아름다운 소통을 이루는 교사 문화를 만들어 나가는 데 힘을 모으기로 결의했다. 그러나 수업을 중심에 둔 그 1년, 1년이 지나도 답변은 명쾌하지 못했다. 그래서 우리는 여전히 묵직한 가슴을 쓰다듬는다. 무엇보다 나 스스로에게 그러한 철학과 능력이 있는가, 나아가 나는 진정 '삶의 교사'가 될 수 있는가에 대한 물음 앞에 여전히 무섭고 두렵다.

어느 교사의 표현에 의하면 이상적인 학교는 '아이들은 행복하고, 학부모와 교사는 서로 긴장하며, 교사들은 언제나 스스로를 훈련하는 곳'이다. 남한산초에서 보낸 9년 동안 다른 곳에서는 전혀 경험하지 못했던 온갖 힘든 훈련을 받은 것만은 분명하므로, 이 논법에 따르면 우리 학교는 '이상적인 학교'의 조건 중 하나는 충족시키고 있는 셈이다. 그런 남한산초에서도 새로운 교사공동체를 만들어 가는 길은 정말 쉽지 않았다. 행복한 학교를 위해서는 무엇보다 '교사들의 열정과 헌신'이 빠질 수 없다. 학교 개혁이 전면적 양상을 띨 수밖에 없다는 것은 교사들이 학교를 구성하는 모든 요소들에 대한 고민과 실천을 온몸으로 겪어야 함을 의미한다. 그리고 가르치는 행위에 깃든 사상과 철학에 대한 분명한 성찰과 지적 자세가 마지막 과제가 될 수밖에 없으며, 이는 하나의 문화적 힘으로 제도화되는 것이므로 구성원들끼리의 끊임없는 갈등과 대립, 조정과 화해라는 수공업적인 단계를 피할 수 없다. 기존 학교교육 속에서 교사는 양면성을 가지고 살아간다. 관료화되고 획일화된 문화와 교육과정은 교사로 하여금 '교육'을 하는 존재가 아니라 '무엇'인가를 대행하는 존재에 불과한 것 같은 절망감을 안겨 준다. 하지만 한편으로 이 구조는 교사에게 적당히 익명화된 관계를 맺으면서 그늘에 숨을 수 있는 '여유 공간'을 주는 '장점'이 있다. 기계적 합리성을 전제한 이 익숙한 제도 속에서 교사는 '성질만 조금 죽이면' 직업인의 일상적 삶을 살아가기에 크게 불편하지 않을 수 있는 것이다. 그러나 우리처럼 한 발짝 앞으로 나아가려는 꿈을 꾸는

작은 학교 행복한 아이들

'작고 새로운 학교'에서는 그 모든 것의 역전 현상이 나타난다. 교사들의 합의와 협력에 근거하여 '민주적 원리와 절차에 충실'한 학교는 모든 사안에 대하여 각각의 교사가 지닌 '삶과 교육'에 대한 생각을 꺼내 올 수밖에 없게 한다. 도대체 어디 하나 숨을 곳이 없는 것이다. 또한 작은 학교의 특성상 모든 논의는 한 사람 한 사람의 실천을 담보로 할 때만 진척될 수 있으므로 아무리 교육적으로 근사한 사안일지라도 나에게 주어질 '일'을 고민하지 않을 수 없는 구조인 셈이다.

맨 처음 남한산초에서 새로운 학교의 꿈을 그려 나갈 때 가장 커다랗게 다가왔던 것은 물론 '교육의 희망'이었지만, 솔직히 감성적으로 먼저 다가왔던 것은 교사공동체에 대한 벅찬 기대감이었다. 그때 우리의 심정은 아래 글에서 잘 드러난다.

우리는 자율적 교사 조직이 만들어 내는 새로운 교사공동체를 꿈꿉니다. 공교육 내에서 학교와 교육의 꿈을 같이하며 진정한 교육적 소통을 이루어 나가는 팀워크 체제의 학교를 만들어 갈 것입니다. 우리 학교는 기존 학교교육의 한계와 문제, 그리고 새로운 교육 패러다임에 대해 깊이 이해하고, 아이들과 교육을 사랑하는 따뜻한 교사들이 아름다운 협력을 이루는 학교를 일구어 갈 것입니다. 자율에 바탕한 우리 교사 조직은 교육의 자율성과 능동성, 그리고 협동성을 강화하면서 교사들 스스로의 삶의 존재적 신명에 기초한 새로운 교사 문화를 만들어 나갈 수 있을 것입니다.

2001학년도 새 학기를 시작하면서 우리는 이러한 우리의 꿈이 성취

되는 듯한 느낌을 가졌다. 잠시 짬만 나도 교육과 아이들 이야기에 조금도 지치지 않았고, 먼지 구덩이 속에서 '막노동'을 해야 할 수많은 상황 속에서도 누구도 불평하지 않은 채 서로 기쁘게 협력해 나갔다. 그러나 마음이 아프지 않고는 묻고 답할 수 없는 것이 교육이며, 스스로의 삶이 훌륭해지려는 노력의 과정 없이 진정한 교사가 될 수 없다는 말은 우리 교사 관계에서도 똑같이 적용되는 것이었다. 우리는 서로의 진심을 의심하지 않으면서도 상처를 주고받는 일이 많았으며, 그런 일이 있을 때마다 서로 늘 마음이 아팠다. 중년의 사내들이 눈물을 흘리면서 반성하다가도 얼마 지나면 똑같은 일을 다시 벌이는 코미디 같은 상황이 반복되었다.

갈등과 대립이 전개되는 원인은 매우 다양하다. 그 첫째는 각자의 삶의 경험과 철학이 다른 데서 오는 교육관의 차이, 또는 우리가 해야 하는 일의 정당성에 대한 의미 해석이나 일의 우선순위에 대한 견해의 차이이다. 다시 말하지만 작고 새로운 학교를 만드는 과정에서는 구성원 전체의 튼튼한 합의와 실천이 뒷받침될 때에만 한 발짝을 내딛을 수 있다. 기존의 것이 지닌 문제에는 쉽게 공감한다 하더라도 그 대안에 대해서는 수많은 견해가 있을 수밖에 없다. 권력에 의하여 강제되지 않는 상황은 오히려 미세한 것 하나에까지도 각자의 교육관과 삶의 방식까지 낱낱이 드러낼 수밖에 없는 상황을 만든다. 결정된 모든 사항은 무거운 책임감으로 모두 함께 실행에 옮겨야 한다. 애당초 적당하게 타협하고 알맞은 선에서 '일을 해치우는' 기교를 부릴 수 없는 구조인 셈이다. 여기에다 주도적인 역할을 담당하는 교사들은 무리를

작은 학교 행복한 아이들

해서라도 새로운 학교의 틀을 서둘러 만들어 가려는 강한 의지를 갖고 있다. 이들은 때로 더딘 논의를 절차적 민주주의가 가진 폐해라고 여기며 답답해하기도 한다. 반대 입장에서는 이것이 과연 교육적 논의를 생산하는 데 걸맞은 민주적 질서인가에 대하여 깊이 회의한다. 여기에 우리 교사들의 훈련되지 않은 미숙한 토론 문화도 한몫 거들고 나선다. 문화는 한 사람의 머릿속에서 완성되는 것이 아니며 끊임없는 부딪힘의 과정을 통하여 하나의 정형성을 획득해 나가고 전승되는 것임을 우리는 뼈저리게 느낀다. 상대의 말을 귀 기울여 듣기보다는 내가 할 말을 다 쏟아 내면서 내 의견을 관철시키려 안달하는 것, 듣고 싶은 말, 알고 싶은 것만 골라 들으려 하는 것, 대화의 표면보다는 그 이면에 숨은 배경을 먼저 예측하며 살아 올 수밖에 없었던 구시대적 관성이 알게 모르게 그대로 드러나면서 대화와 논의의 숨통을 죄는 경우가 얼마나 많았는지 모른다. 거대 교육 담론을 말하면서도 우리의 토론은 수다 떨기의 의례에도 미치지 못하는 경우가 허다했던 것이다.

남한산 교사들이 겪는 관계의 갈등과 조정 과정은 크게는 우리 사회의 교육과 학교에 대한 관점과 가치관이 크게 변화하는 데서 오는 사회적 갈등의 축소판일 수 있다. 학교에서 이루어지는 교육의 모든 요소들을 새롭게 생각하고 대안을 찾아 나가고자 하는 우리 학교가 조금더 먼저 겪는 일일 수도 있다는 것이다. 우리의 이러한 모습은 새로운 학교 문화, 교사공동체의 상을 만들어 나간다는 발전적인 측면을 가지고 있다고 믿는다. 중요한 것은 이러한 다양한 갈등을 어떻게 잘 조정하고 조화시키면서 교육적인 효과로 모아 낼 것인가라고 여겨진다. 정

※

오랫동안 방치되어 관광객들의 주차장으로 쓰이던 400여 평의 학교 땅을 찾아 텃밭으로 가꾸었다. 아이들은 이 농장에서 땀을 흘리며 노동과 수확의 기쁨을 배운다.

작 교육적 담론을 생산하기 위한 갈등과 협력보다는 교육을 둘러싼 이 해관계의 다툼이 더욱 무성한 현실 속에서 우리의 모습이 무의미한 것 이라고 생각하지는 않기 때문이다. 우리는 적어도 학교와 교육의 문제 를 그 자체의 문제로 다루는 합리적 태도를 유지하고자 노력하고 있 고, 우리끼리는 서로 '말' 이 통하도록 하기 위하여 지난한 훈련의 과 정을 거치고 있으며 이 힘으로 '교사로서의 삶' 을 살아가고자 하는 공 통의 철학적 지향을 가지고 있다. 이게 어디 쉽게 얻을 수 있는 것인 가? 좋은 학교, 좋은 교육은 누가 뭐라 해도 교사들의 손끝, 교사들의 마음 한 자락에서 시작되는 법이다. 그리고 그러한 힘은 우리 스스로 교육의 주체로 당당하게 서도록 서로 돕는 교사공동체를 통하여 보다

작은 학교 행복한 아이들

온전해지는 것이다. 우리는, 그리고 나는 여전히 갈등하고 고통을 겪지만, 이 과정이 학교를 학교답게 하는 일, 교사를 보다 교사답게 바로 살게 하는 과정임을 내내 믿고 싶다. 그러나 이성적으로는 끝내 이렇게 말해도 남한산에서 교사들이 겪는 인간적인 고통과 아픔의 정서를 견디기란 결코 쉽지 않다. 지난 2월, 우리 학교에서 5년 동안 살다가 떠나는 주창호 선생님을 보내며 나는 이런 글을 썼다.

> 발령이 난 지가 언제인데 매일 학교에 나온다. 굳이 하지 않아도 좋을 일까지 세심하게 정리하고 인계하는 모습이, 고향집을 떠나며 마룻바닥을 하염없이 닦아 내는 몸짓처럼 애잔하고 아리다. 떠나는 자는 그렇게 쓸쓸하게 아름답고, 남아 있는 자는 이상한 허기로 무릎이 꺾인다. 이 학교에 살다 보면 뒷일을 살피지 못하고 너무 많이 섞는다. 그러다 끝내 '섞은 이후'의 마음을 쉽게 추스르지도 못한다. (…) 그렇게 버겁게 한 세월을 살다가 '일반 학교'로 간다. 몇몇은 '해방 세상'을 맞은 주 선생의 얼굴이 환하다고, 부럽다고 너스레를 담아 인사를 건네지만 이곳에서 교사이기 이전에 한 인간으로서 그가 겪었던 고뇌와 좌절, 극복과 성장의 모습을 빤히 지켜본 나로서는 적절하게 건넬 어휘를 찾지 못해 괜히 딴청을 부린다. (…)

남한산 9년, 학교 개혁으로 달려온 날들의 빛과 그림자

우리의 시작은 우리 시대 공교육이 지닌 교육적 위기에 대한 학부모와 교사들의 자각, 그리고 교육 주체들의 교육적 상상력과 진실성에 기대 새로운 학교와 교육의 꿈을 실현하고자 하는 욕구에서 출발했다. 강력한 국가 통제 속에서 스스로 변화할 동력을 상실해 가는 학교, 좌절감, 혹은 이기심으로 살아갈 수밖에 없는 교육 주체들의 교육적 소외, 획일화된 교육과정, 경직된 학교 문화, 근본적으로 가치 있는 삶과 아이들의 배움의 행복, 그리고 자유와 인권을 깊게 생각하지 못하는 학교 등 교육 전반에 대한 우리들의 문제의식은 일반의 상식과 크게 다르지 않았다. 좀 더 인간의 냄새가 물씬 묻어나는 학교, 민주적인 학교에 대한 우리의 꿈은 매우 소박했지만 그것을 풀어내는 과정은 어느 것 하나 만만하지 않았다. 이 과정에서 우리는 많은 것들을 얻었다. 국가 교육과정과의 긴장 관계 속에서도 우리가 '가르치고 싶은, 혹은 가르쳐야 하는' 것들의 형식과 내용을 적용할 수 있는 다양한 사례들을 만들어 온 일에서부터, 우리 학교 아이들 스스로가 '존중받고 있다'고 느낄 만큼 우리의 정성과 노력으로 학교를 변화시켜 왔다. 그 무엇보다 중요한 소득은 남한산초에 사는 아이들과 교사, 학부모 모두 배움의 본질과 스스로의 삶에 대하여 더욱 진지한 성찰과 폭넓은 안목을 키워 왔다는 점일 것이다. 그러나 우리가 가야 할 길은 아직도 멀고 험난해 보인다. 학교 교육과정은 진정한 의미의 대안이라고 보기에는 엉성하기 이를 데 없으며, 시간이 갈수록 학교와 교육, 참된 지식과 배움, 그리고 교육적인 삶에 대한 개념은 우리 머릿속에서조차 더욱 혼란스러워진다. 학교공동체의 의사소통의 방식이 성숙한 시스템을 이루기 위해 얼마나 더 많은 갈등과 이해의 과정을 반복해야 할지 아득하다. 최근 들어 부쩍 학벌 지상주의와 입시 경쟁 시스템 속에서 고통받는 이들이 늘어나면서 우리 학교에서 '새로운 교육'을 보고자 하는 사회적

작은 학교 행복한 아이들

시선이 쏠리는 것도 우리의 어깨를 한층 더 무겁게 한다.

　우리 학교의 성과는 온전히 우리들만의 것이 아니다. 우리의 성과는 참으로 다행스럽게도 학부모, 교사, 아이들 공동의 지향을 비교적 분명하게 가지고 있었기에 학교 개혁을 이루어 가는 과정에서 나온 우리 시대, 우리 학교교육의 정직한 반영, 혹은 단면이 될 수도 있는 것이다. 따라서 우리는 남한산 교육공동체가 꿈을 이루어 가는 과정은 우리 모두의 꿈과도 긴밀하게 연결되어 있다고 믿고 싶다. 아니, 설령 우리 모두의 꿈은 될 수 없을지라도, 우리 사회 공교육 속에서 '다양한 학교'가 만들어지고 운영될 수 있는 하나의 시금석이 되기를 간절히 바랄 뿐이다.

생태교육으로 마음 밭을 가꾸고
문학교육으로 삶을 표현한다
거산초등학교

이갑순 조경삼

본문 사진 제공 거산초등학교

나는 용화초에서 겨울방학이 끝나고 1학년 말에 거산초로 전학을 왔다. 처음 왔을 때는 별 차이가 없었지만 6학년까지 성장해 가면서 점점 다른 점들을 알았다. 그 차이점은 많은 체험학습을 하는 것이고 선생님들의 생각과 가르치는 것도 달랐다. 그리고 계속해서 친구들이 전학을 왔다. 서로 다른 곳에서 와서 조금 어색했지만 새로운 친구들을 만나서 기뻤다. 체험학습을 하면서 처음 해 보는 것을 할 수 있어서 좋다. 내가 만일 어른이 돼서 아이를 학교에 보낸다면 꼭 거산초로 보낼 것이다. 그 이유는 우리의 추억을 내 아이들에게도 느끼게 해 주고 싶고 아이들로 인해 친구들을 만날 수 있기 때문이다. _ **김상혁**

2006년, 졸업을 앞두고 6학년 아이들에게 '내가 만약 학부모가 된다면 자식을 거산학교에 보내겠느냐'라고 물었을 때 나온 답변 중 하나이다. 대부분의 아이들은 커서 자기가 학부모가 된다면 거산학교에 자식을 보내겠다고 했다. 그 말을 들으면서 거산학교가 적어도 아이들한테는 인정받았다는 생각이 들었다. 거산학교 교사로서 흔들리고 무

작은 학교 행복한 아이들

류이 꺾일 때마다 아이들의 이 말은 '그래, 처음의 생각과 열정으로 돌아가 보자'라며 일어설 수 있는 에너지를 주었다. 그렇게 주저앉았다 다시 일어서길 반복하며 온 8년, 그 길을 다시 되짚어 보고 앞으로 나갈 길도 다시 고민해 보려 한다.

함께 꾸기 시작한 꿈

'공교육의 붕괴', '공교육의 위기'란 말이 시사하듯 학교교육이 신뢰를 못 받고 있는 현실에서 교사는 자유롭지 못하다. 공교육에 대한 우려와 질타의 말은 무성하지만 누구 하나 책임지려 하지 않고, 또 위기를 극복하려는 움직임조차 '구멍 난 곳 때우기'식을 벗어나지 못하고 있다. 질타와 반성은 있으나 책임의 주체는 분명하지 않은 채 서로에게 문제의 책임을 떠넘기는 현실 속에서 교사들은 상실감과 무력감을 느낀다. 더 이상 가르침이 신명나지 않고 보람을 찾을 수도 없다.

이갑순 sem37@hanmail.net

강원도 정선에서 자란 산골 소녀가 충남의 평원에서 초등학교 교사로 행복하게 살고 있으니 인생 성공! 마흔다섯 살부터 아이같이 재미있는 것, 즐거운 것(특히 노는 것)에 가장 강력한 유혹을 받습니다. 스스로도 인정하는 철이 덜 든 어른이고 미래의 꿈은 명랑 할멈입니다.

조경삼 iamsam32@paran.com

어린 나이에 교무를 하면서 들었던 교육에 대한 의문들, 좋은 선배 둔 덕에 그 답을 찾아 거산초에 올 수 있었습니다. 어느새 내년이면 3년차, 이제 거산초에서 내리막인데 나는 무엇을 찾아 거산을 나설 수 있을까요?

첫 발령을 받고 교실에 들어설 때의 좋은 선생님이 되고 싶었던 첫 마음은 현실의 두꺼운 벽에 부딪히며 가슴 깊은 곳에 묻어 두었다. 그렇게 가슴에 묻어 둔 것이 꿈틀댈 때마다 현실을 핑계 삼아 누르며 지내다가 우연히 아이들 글쓰기에 관심 있는 교사와 학부모 몇이 모이게 되었다. 그때가 1999년이었다. 초등학교 교사 몇 명과 학부모 두 명이 전부였던 우리 모임은 매주 한 번씩 만나 글쓰기 교육에 대한 공부를 하면서 학교에서 쌓인 이야기, 아이들 이야기를 하며 막혔던 숨통을 트기 시작했다. 교사 몇이 모이면 으레 화두가 되는 승진 점수나 연구 보고서에 대한 이야기는 전혀 나오지 않았다. 우리 이야기의 중심에는 언제나 아이들이 있었고 교사로서 겪는 좌절과 패배 의식, 그리고 보람되고 즐겁게 살고 싶다는 꿈을 토로했다. 그렇게 2년 동안 꾸준히 만나면서 우리는 꿈을 꾸기 시작했다. 처음에는 '뜻이 맞는 우리들이 함께 근무한다면 얼마나 좋을까? 그러면 적어도 학년별 위계를 살린 글쓰기 공부나 독서 지도는 잘할 수 있을 텐데' 하는 지극히 단순하고 소박한 꿈이었다. 물론 그것이 실현되리라곤 누구도 기대하지 않은 그야말로 꿈 그 자체였다. 그러나 한번 꾸기 시작한 꿈은 만날 때마다 조금씩 구체적으로 가지를 쳤다. 머리로 가르치고 배우는 공부가 아닌 자연과 더불어 몸으로 배우고 실천하는 삶을 가르치고 싶다는 이야기를 나누는 우리들의 얼굴엔 빛이 돌고 생기가 넘쳤다.

그러던 2001년 봄 어느 날, 경기도 남한산초에서 우리와 비슷한 꿈을 가진 교사들이 우리가 그리던 꿈의 학교를 이미 시작했다는 소식을 들었다. 그 소리를 듣고 한 선생님은 온몸에 소름이 돋았다고 했다. 우

우리교육 자료사진

٭

우리가 원하는 학교를 만들기 위해서는 인간적인 소통과 교감이 가능한 작은
규모여야 했고 학교 둘레 환경이 자연 친화적이어야 했다. 이런 몇 가지 조건
에 맞는 학교를 찾던 중 거산분교를 만났다. 눈이 많이 내린 겨울, 학교 뒷산
에서 눈싸움을 하고 있는 아이들.

리는 설레었다. 마치 내 일처럼 흥분되었다. 우리는 그저 꿈으로만 꾼
것을 어떤 이들이 현실로 만들었다는데 도저히 가만히 앉아 있을 수가
없었다. 그래서 2001년 5월, 글쓰기 모임을 같이하던 교사와 학부모들
과 함께 남한산초를 방문하게 되었다. 꿈같은 교육 활동이 이루어지고

있는 공간에 처음 들어섰을 때 가슴에서 쿵쾅쿵쾅 뛰던 숨소리가 지금도 생생하다. 남한산초는 외부 환경부터 남달랐다. 교사校舍 뒤편 넓은 공간을 아이들을 위해 인라인 스케이트를 탈 수 있는 공간으로 만들고, 뒷산에 산책 길을 만들고, 큰 나무에 그네를 만들어 놓은 모습은 공교육 학교에서 감히 생각도 해 보지 못했던 것이었다. 남한산초를 다녀온 후 용기를 얻어 우리도 해 보자며 무모한 도전을 시작했다. 막연하기만 했던 새로운 학교에 대한 우리의 꿈에 남한산초는 불을 지핀 것이다.

꿈을 펼치며, 때론 넘어지고 부딪히며

학교를 만들기 위해 가장 먼저 남한산초 교육계획서를 차근차근 검토했다. 생각이 같은 부분은 우리 식으로 보완하고 우리 여건이나 능력 밖의 것은 삭제하면서 새로운 학교에 대한 틀을 만들었다.

남한산초를 갔다 온 학부모를 중심으로 새로운 학교를 간절히 원하는 사람들이 모여 매주 한 차례씩 작은 학교에 대해 공부를 하고, 학부모로서 해야 할 역할들을 준비해 가기 시작했다. '새로운 학교'에 대한 학부모의 기대와 참여는 대단히 높았다. 그들의 열정적인 모습은 그동안 공교육이 얼마나 불신을 받고 있었는지를 확인하는 것이었기에 마냥 기쁘기보다는 우리가 해야 할 일에 대한 무게감이 느껴졌다. 그러는 중에 새로운 학교를 준비하는 교사와 폐교 반대에 힘썼던 지역주민, 작은 학교 살리기 모임에 소속된 이들이 결합하여 '전원형작은학교추진위원회(이하 추진위)'를 만들었다. 추진위에서는 학생 모집에 대한 구체적인 계획, 교사 발령 문제, 기자회견 등을 준비했다. 모두들

작은 학교 행복한 아이들

대단히 열정적으로 움직였다. 아련했던 꿈은 점차 실체를 드러내며 구체적인 학교의 상을 만들어 나가기 시작했다.

우리가 만들려고 하는 학교는 공교육 내에서 교사, 학부모, 아이들이 신뢰를 바탕으로 협력하고 나눔이 일어나는 학교이기 때문에 인간적인 소통과 교감이 가능한 작은 규모여야 했다. 그리고 지역 주민이 이런 학교를 기꺼이 받아들일 준비가 된 곳이며 학교 둘레의 환경이 자연 친화적이어야 했다. 이런 몇 가지의 조건에 맞는 학교를 찾던 중 송악면에 위치한 거산분교를 선택하게 되었다. 본격적으로 작은 학교 만들기를 추진하기 위해 실태를 조사하고, 지역 주민과 대화를 나누었다. 거산분교는 10년 동안 폐교 위기에 놓여 있었지만 학부모나 지역 주민, 동창회가 통폐합을 강력하게 반대하고 있었다. 거산분교를 선택하게 된 또 다른 까닭은 뜻을 함께하는 교사들이 최대한 많이 들어갈 수 있는 곳이라는 점이었다. 새 학교를 준비하는 교사 가운데 두 명이 본교인 송남초등학교에 근무하고 있었기 때문에 내신을 내는 데 조건이 유리했다.

드디어 2002년 3월 1일, 모두의 설렘 속에서 6명의 교사가 거산분교로 발령을 받아 둥지를 틀게 되었다. 3월, 처음 거산분교에 왔던 그날, 그 스산함을 잊을 수 없다. 다 쓰러져 가는 유치원 건물과 서향으로 지어져 햇빛도 안 들고 을씨년스럽던 교실, 학교에 진동하는 재래식 화장실 냄새, 습기 때문에 퀴퀴한 나무 썩는 냄새. 거기다가 이른 봄이라 앙상한 나무만 서 있는 거산분교를 보며 마음이 무거웠다. 곧 통폐합될 곳이라 10년 넘게 방치되었던 흔적이 고스란히 보였다. 과연 잘할 수 있을지 두려움이 앞섰다.

거산분교는 처음부터 '새로운 학교'를 준비했던 교사 네 명과 겨울 방학에 급하게 섭외한 한 명, 그리고 본교에 내신을 냈던 교사 한 명으로 3월 첫 학교생활을 시작했다. 겨울방학 동안 학교 교육계획서를 검토하고 나름대로 준비를 했지만 교사들 사이에도 학교에 대한 상이 충분히 공유되지 못해 부딪히기 시작했다. 학교 행사를 진행하거나 결정을 내릴 때는 지리한 토론이 이어지고 감정이 격하게 부딪혔다. 그러다 보니 하나의 일을 처리하면서 무척 많은 시간을 보내야 했다. 그렇지만 그 과정은 막연했던 학교의 상을 함께 만들어 나가는 데 큰 구실을 했다. 그동안 우리가 얼마나 서로의 생각을 존중하고 양보하고 설득하고 타협하는 문화와 동떨어지게 살아왔는지 절감했다. 많은 부분에서 서로의 교육철학이 달랐지만 아이들을 중심에 두고 학교를 운영하고자 하는 것은 일치했기에 힘들지만 순간순간의 위기를 극복해 나갈 수 있었다.

새로운 학교에 대한 교육 주체간의 꿈이 동상이몽이었음은 학부모와의 관계에서도 나타났다. 학부모는 교사가 판단하고 처리해야 하는 일에도 자신들의 생각을 관철시키려고 했고 몇몇은 자신의 생각을 학교가 받아들여야 한다고 목소리를 드높였다. 어떤 조직에서든 목소리 큰 사람들이 자신들의 생각으로 전체의 흐름을 끌어 나가려 하는 일이 종종 있다. 지금 돌아보면 학부모들도 의견을 수렴하고 전달하는 방식이 서툴렀던 것 같다. 학교의 주인으로서 가져야 할 자세와 해야 하는 역할에 대한 인식도 부족했다. 학부모들을 한 배를 탄 운명이라고 믿었던 교사들은 적잖이 충격을 받았다. 교사는 교육운동의 관점으로 접근했지만 학부모는 그것보다는 '내 아이에게 좀 더 좋은 교육을 시켜 주고 싶다'는 지극히 이기적인 관점이 더 컸다. 교사와 학부모가 거산 분교를 선택한 배경이 서로 달랐던 것이다. 그것을 인정하는 것은 무척 힘들었다.

시간이 흐르면서 학부모들 역시 학교에서 자기들이 해야 할 일이 무엇인지 합리적으로 판단하고 행동하게 되었다. 학년 대표자 모임을 구성하고, 대표자들로 구성된 학부모 회의를 통해 학교 운영에 발언하고 참여했으며, 학교 운영에 대한 의견은 공적인 논의 구조를 통해 전달되게 되었다. 개인의 감정이 개입된 불필요한 의견은 자연스럽게 공적인 논의의 틀에서 걸러지게 되었다.

왜 작은 학교인가

거산분교는 천안이나 아산에서 버스로 한 시간 정도 거리에 있는 작고 외진 동네에 위치해 있다. 건물이나 시설이 낡아서 궁색하기 이를 데 없는 별 볼 일 없는 산골 학교이다. 모두들 더 크고 화려한 데 이끌리고 교육정책 또한 경제적 효율성을 들어 농촌 작은 학교의 폐교를 추진하는데, 왜 하필이면 시대의 흐름을 거스르며 작은 학교를 고집했는가. 우리는 하루에 한 번도 아이들 이름을 부르기 어려운 과밀학급, 그래서 번호로 불리는 게 당연시되는 곳은 삶의 공간이라기보다는 수용의 공간이라고 생각했다. 아이들이 고유명사인 이름으로 불려지기보다 몇 학년 몇 반 몇 번으로 불려지는 이 상황을 두고 볼 수는 없었다. 그뿐인가. 더불어 사는 삶보다 끝없는 경쟁으로 아이들을 몰아세우는

2005년 여름 계절 체험학습 때 벽화를 그리고 있다. 1~3학
년은 바닷속 세상을, 4~6학년은 사계절을 주제로 그렸다.

교육 현실에서는 우리 교사들의 미래도 설계할 수 없었다.
아이들의 이름이 불리고 서로의 시선과 입김이 닿는 인간
적인 접촉이 활발하게 일어나는 삶의 공간. 바로 거산을 설
명하는 핵심적인 가치 가운데 하나이다.

사회생활을 배우는 첫 마당인 초등학교에서는 지식을 익
히는 것뿐만 아니라 삶의 방식을 습득하고 건강한 가치들
을 배워야 한다. 때문에 초등학교는 아이들이 스스로의 삶
을 선택하며 책임지고 남과 더불어 사는 삶을 몸으로 익히
고 실천하도록 가르치는 곳이어야 한다. 우리가 만들어 가
는 학교의 모습은 평범했지만 교육의 본질을 되살리려는
학교였다.

당시 우리가 만들고 싶은 거산학교의 모습은 이러했다.

첫째, 인권을 존중하고 생명을 소중히 여기는 학교이다. 어린이가 배움의 주인이 되어 스스로의 삶을 설계하고 만들어 나가도록 하는 데 학교 운영의 바탕을 둔다. 또한 어린이의 생각과 행동을 존중하며 사람뿐만 아니라 모든 것들의 생명을 귀하게 여기는 공부를 체험을 통해 배운다.

둘째, 자율과 나눔을 삶의 바탕으로 삼는 학교이다. 어린이들은 어른이 되기 위해 자라는 것이 아니라 생각 깊은 어른 만들어 주는 좋은 환경과 제도 속에서 스스로 자라나 어른이 된다. 그러므로 한 명 한 명에게 내재된 무한한 가능성을 발휘할 수 있도록 교육 환경을 만들어 주어야 한다. 그래서 아이들 스스로 자율과

자유, 창의적인 삶의 원리를 배워 가야 한다. 어린이들은 두려움 없이 즐겁게 배우고 자신 있게 행동하며, 배운 것을 남과 더불어 나누는 실천적인 배움을 익히도록 한다.

셋째, 민주적 의사 결정과 자발적 참여로 새로운 학교 문화를 만들어 가는 학교이다. 학교교육의 주체는 학생, 교사, 학부모이며 더 나아가 지역 주민이다. 학생은 다모임 학습들로 민주적 의사 결정을 배우고 실천하며 능동적으로 학교교육에 참여한다. 교사는 어린이를 중심에 둔 교육철학을 공유하며 행정적 편의가 아닌 토론과 협의를 통해 생산적이며 주체적인 교사 문화를 만들어 나간다. 아울러 학부모는 학교 교육과정에 적극 결합하여 평가와 계획, 실천의 전 과정에 참여한다. 또한 학부모 대표자 회의나 학부모 총회를 통해 학부모의 의사를 민주적으로 수렴하고 결정하여 학교교육에 도움을 주는 역할에서 벗어나 함께 만들어 가는 학부모 문화를 보여 준다. 지역 주민 역시 학교가 지역의 문화센터로서 역할을 해낼 수 있도록 책무성 있는 요구와 지원으로 함께 만들어 가는 학교의 모습을 갖는다.

넷째, 학교교육의 철학 – 가치 있는 삶과 교육, 아이들이 배우는 기쁨을 먼저 배우는 교육철학 – 을 분명하게 바로 세우는 학교이다.

다섯째, 가르치는 신명과 배우는 기쁨이 어우러지는 학교이다. 예술, 노작, 체험, 생태, 감성교육, 공동체를 지향하는 인성교육은 학교의 모든 교육과정을 통해 통합적이고 지속적으로 이루어진다. 이때 새롭고 다양하게 만들어지는 교육 활동은 학생, 교사, 학부모, 지역사회가 충분하고 진지하게 논의를 해서 시행된다. 따라서 학생은 자신들이 기꺼이 배우고자 하는 것을 즐겁게 배우며 교사는 가르치는 신명이 보장되다 보니 자율성과 창의성이 넘쳐날 수밖에 없다.

여섯째, 자연과 더불어 살면서 일하는 즐거움을 느끼는 학교이다. 거산학교는 숲과 밭, 논, 개울이 둘레에 배치되어 있어 생명을 존중하고 그들과 더불어 사는 삶을 실천하기에 좋은 자연적인 조건을 가지고 있다. 1년 내내 텃밭 농사를 짓고, 동물을 기르고, 들꽃을 가꾸며 자연에서 배울 수 있는 기다림과 생명의 소중함 따위를 몸소 체험할 수 있다.

서로가 어울리는 삶을 가르쳐 주는 곳, 사람의 역사를 함께 배우는 곳, 책에서 배운 것을 몸으로 실천하는 장, 아이들이 숫자로 불리는 것이 아니라 하나하나의 향기와 빛깔로 인식되는 곳, 그래서 어린이의 삶을 아름답게 가꾸고 존중받는 곳. 그것이 우리 학교가 나아가야 할 방향이었다. 그래서 우리는 과감히 도시를 버리고 농촌을 선택했고, 거대 학교, 과밀학급보다는 작은 학교, 학급당 20명 내외의 교육 환경에서 자주적이고 공동체적인 삶을 지향하는 교육을 시작했다.

'거산분교'에서 '거산초등학교'로

2002년 당시 거산초는 분교였다. 우리의 교육 활동은 본교 교장 선생님의 영향을 받을 수밖에 없었다. 교사와 학부모가 함께 만든 교육 활동을 진행하기 위해서는 본교 학교장의 허락을 받아야 했다. 본교의 교장 선생님이 어떤 교육관을 가지고 있느냐에 따라 분교의 교육 활동은 제재를 받는다. 거기에다 재정적인 지원도 턱없이 모자라 우리가 미리 준비하고 계획한 교육과정을 실시하기 어려웠다. 교사들을 믿고 먼 곳까지 아이들을 보낸 학부모들을 볼 면목이 없었다. 그래서 우리는 첫해부터 본교 승격에 에너지를 쏟았다. 분교로서의 강점을 주장하는 교사들도 있었지만 본교가 되면 독자적으로 학교 운영을 할 수 있다는 장점을 포기할 수 없었다. 곧 거산분교를 본교로 만들기 위한 일을 하나씩 하나씩 해 나가기 시작했다. 학부모와 시민단체들은 충남교육청에 본교로 승격해 달라는 진정서를 여러 차례 냈다. 교사들 또한 학교 교육과정을 진행하면서 언론과 방송을 적절하게 활용하여 학교의 활동을 홍보하기 시작했다. 그렇게 교육공동체의 힘을 모아 2005년 우여곡절 끝에 분교에서 본교로 격상되는 흔치 않은 역사를 만들어 냈다.

'거산초등학교'는 우리에게 단순히 학교 이름이 아니었다. 분교의 설움에서 벗어나 제대로 된 한몫의 학교로 섰음을 의미하는 말이었다. '거산분교' 대신 '거산초등학교'라는 이름을 처음 불렀을 때, 그때의 벅찬 감정이 아직도 잊혀지지 않는다. 한 선생님은 학교에서 안내장을

*
여름 계절 체험학습 때 나뭇가지와 자연물을 이용하여 설치미술을 만들었다. 1~3학년은 물고기나 잠자리 같은 작은 동물, 4~6학년은 악어나 말 같은 큰 동물을 만들었다. 나뭇가지들이 모여 악어가 되고 말이 되자 아이들은 탄성을 질렀다.

만들다가도 거산초등학교라는 글씨만 봐도 가슴이 두근거렸다고 한다.

몸과 마음으로 배우는 체험학습

우리 학교에서 실시하고 있는 몸과 마음으로 배우는 체험교육은 오감을 통하여 몸으로 익히고 가슴으로 느껴 생활에서 실천하게 하는 활동이다. 체험학습을 거산의 중요한 교육 활동으로 삼게 된 이유는 환경, 노작, 예술, 견학 활동 등의 다양한 학습을 통해 아이들의 원만한 인격이 만들어지고 폭넓은 경험을 통하여 더불어 사는 삶의 의미를 깨닫고 삶의 주인으로 살아가는 행동 양식을 익히기 때문이다. 거산초에서는 체험학습을 크게 교과 체험, 환경생태 체험, 행사 체험 활동으로 구분했다.

교과 체험학습은 우선 둘레의 자연과 지역사회를 활용해서 할 수 있는 공부 요소들을 학년과 교과에 맞게 추출하여 재배치한 체험 활동이다. 활동 내용으로는 냉이 캐서 된장국 끓여 먹기, 진달래 꽃전 만들기, 학교 앞 논두렁에서 쑥 뜯어 쑥떡 해 먹기, 학교 텃밭 가꾸기, 텃밭에서 기른 무와 배추로 김장하기, 지역에 있는 버섯 농장이나 곤충 농장 가기 등이다. 짚풀문화제 같은 지역의 문화 행사에도 참가했다. 체험학습을 마친 뒤에는 소감이나 느낌을 글이나 그림, 몸으로 표현하는 활동을 한다. 쌀쌀한 바람에 언 손을 불어 가며 냉이를 캔 아이들이 운동장에 돋아난 냉이를 보며 반갑게 소리치는 것을 보며 아이들 눈이 새롭게 열리고 있음을 느끼게 되었다. 또 쑥을 뜯어 떡을 해 먹기 전에 쑥의 쓰임새에 대해 공부한 아이들이 텃밭을 가꾸다가 호미에 긁혀 피라도 날라치면 "야, 쑥 붙여, 얼른!" 하고 소리치는 걸 보면서 몸으로

*
지역에 있는 당림 미술관에서 미술 공부를 했다. 토요일, 도시락을 들고 산 아래 위
치한 미술관으로 가서 마음껏 표현활동을 했다. 아이들은 학교를 떠나서 낯선 미술
관에서 공부하는 것을 무척 즐거워했다.

익히는 공부의 효력을 실감한다.

교과 체험학습에는 교육과정의 내용을 좀 더 구체적이고 깊이 있게 체험할 수 있도록 하는 계절 체험학습이 있다. '즐거운 학교, 배워야 할 것을 배우는 학교'의 상에 맞는 주제를 정해 전문가의 도움을 받아 체험하도록 하는 교육 활동이다. 계절 체험학습의 세부 계획은 학부모-교사 연석회의를 통해 협의하여 세우고 추진된다. 여름 계절 체험 학습의 주제는 '생활문화 체험'인데 올해는 학년에 따라 도예 활동이나 한지공예 활동을 했다. 5~6학년은 목공 활동으로 대나무집을 만들고 나무판자로 작은 집을 지었다. 이때 지은 판잣집은 알뜰시장 때 '띠기'를 만들어 파는 작은 가게로 한몫을 했다. 가을 체험학습은 교육연극, 영화, 전래놀이 같은 예술 체험을 중심으로 이루어진다.

2005년까지는 한 달에 한 번씩, 학년별로 번갈아 우리 고장에 있는 당림 미술관으로 미술 공부를 하러 가기도 했다. 아이들은 학교를 떠나서 낯선 미술관에서 공부하는 것을 무척 재미있어 했다. 전문가 선생님의 도움을 받아 미술품 감상에 대한 안목과 이해를 높이기도 했다. 2006학년부터는 5~6학년을 대상으로 토요일에 회화 전공 전문가와 공예를 하는 학부모를 모셔 심화된 미술교육을 하고 있다. 이런 활동은 주로 토요일에 진행되어 토요 체험학습이라고 불리기도 했으나 현재는 정해진 요일 없이 학년 재량에 맞게 이루어지고 있다.

생태교육의 씨앗을 뿌리다

2002년, 분교라는 여건 때문에 다양한 교육 활동을 하기 어려웠을 때 우연히 천안아산환경운동연합이 환경부의 프로젝트로 운영하던 '체험환경교육' 지원을 받게 되었다. 산과 들이 학교를 둘러싸고 있고, 인근에 친환경 농법으로 농사를 짓는 곳이 있어서 환경교육을 하기에는 안성맞춤이었다. 우리는 환경운동연합과 함께 1년 동안 텃밭 가꾸기와 야생화 키우기, 그리고 우포늪 탐방이나 철새 탐조 기행 같은 여러 가지 탐방형 체험학습을 실시했다. 새 학교를 준비할 때는 환경교육에 대한 구체적인 계획이 없었지만 1년 동안 여러 가지 활동을 하면서 서서히 우리 아이들 마음 밭을 가꾸는 데 꼭 필요한 교육 활동이라는 것을 알게 되었다. 교사들은 환경교육을 우리 학교의 중요한 프로그램으로 운영하기 위해서는 외부의 도움에만 의존하면 안 되겠다는 생각을 하게 되었다. 그래서 공주대학교 환경교육과 이재영 교수에게 연수를 받으며, 우리 학교에 가장 잘 맞는 환경교육 프로그램을 구안하게 되었다. 막연하게 글쓰기와 책 읽기라도 알차게 가르쳐 보겠다고 했던 우리의 꿈에 새로운 교육 활동이 자리를 잡게 된 것이다.

환경교육을 중요한 교육과정의 하나로 삼게 되면서 교사와 학부모의 역량을 키우기 위해 학기별로 전문가에게 연수를 듣게 되었다. 외

﹡
운동장에서 텃밭으로 가는 길에 동물의 집이 있다. 토끼집도 있고, 닭장도 있다. 그리고 그 옆에는 햇살이와 거산이가 사는 집도 있다. 햇살이와 거산이는 강아지인데 아이들이 이름을 지어 주었다. 아이들은 운동장에서 놀다가도 햇살이와 거산이를 보러 가고 점심 먹고 난 후에도 들러서 물도 챙겨 주고 먹이도 가져다준다.

작은 학교 행복한 아이들

2003년 여름 계절 체험학습 때 운동장 한쪽에 모래를 한 차 분량을 갖다놓았다. 주제는 '모래랑 놀아요'. 아이들은 이 모래 더미에서 신나게 놀았다. 이 외에도 '흙이랑 놀아요' 코너도 있었고 큰 얼음을 가져다 놓고 얼음 위로 걸어가기, 얼음 위에서 얼마나 오래 있나 등의 게임을 하는 코너도 있었다.

부 인사나 환경단체의 지도에만 의지할 경우 환경교육을 일상적이고 지속적으로 하기는 어렵다는 판단이 섰기 때문이다. 연수를 들은 학부모들 가운데는 지역 환경단체에서 봉사 활동을 하거나 인근 초중고등학교에서 생태교육을 지도하는 이들도 있다. 학교를 통해 성장한 인력이 지역을 위해 봉사하는 좋은 본보기이다.

처음 환경교육이라고 부르던 우리는 2005년에 환경생태교육으로 용어를 바꾸었고 현재는 생태교육이라고 부르고 있다. 언어는 그것을 사용하는 사람이나 집단의 사고 정도와 문화, 의식을 담고 있다고 한다. 생태교육이라는 용어 역시 교육 주체의 의식과 세계관의 변모를 그대로 반영하고 있는 것이다.

거산에서 실시하는 생태교육은 삶에서 결과보다는 과정이 중요하다는 것을 알고 인내하고 배려하는 것을 배우는 공부이다. 자연은 현대사회가 요구하는 무자비한 속도의 전쟁을 과감히 거부한다. 빠르다는 것이 마치 미덕인 것처럼 여겨지는 사회에서 자연의 습성과 태도를 배운다는 것은 자칫 진부해 보일지 모른다. 그러나 '만드는 문화'에서는 진정한 교육을 기대하기 어렵다. '기르는 문화'를 몸으로 겪으며 하나하나의 과정에서 배움을 얻고 결과를 얻기까지 인내하는 마음을 배우는 것이 참된 공부이다. 봄에 씨감자를 잘라 땅에 묻고 북을 돋워 주고 하얗게 핀 꽃을 보며 감자알이 굵어지길 기다리고 잘 영근 감자를 캐서 교실에서 친구들과 함께 쪄 먹으며 결실을 나누는 기쁨을 알게 되었다. 모심기를 하고 추수를 하며 밥이 우리 입으로 오기까지 여든 번의 손길을 거쳐야 함을 알며 밥 한 톨도 귀하게 여기는 마음과 태도를

생태교육의 하나로 텃밭에 나가 봄에 심은 작
물을 가꾸었다. 텃밭에 심은 옥수수가 잘 자
라도록 풀도 뽑아 주고, 잘 자라라고 마음을
담아 말해 주었다. 아침 활동 시간에는 텃밭
에 가서 보고 그리기도 한다.

기르게 되었다. 지식을 머리가 아닌 몸과 마음으로 직접 배우고, 우리
둘레에 있는 모든 것들이 우리 삶을 풍요롭게 하는 데 중요한 구실을
하는 것임을 깨닫는 것. 바로 삶을 가치롭게 만드는 공부이다.

다함께 참여하는 즐거운 행사

3월에 있는 입학식부터 뒤뜰 야영, 기존의 운동회와 비슷한 거산가족
한마당, 거산가족 작은 음악회, 개교기념일 행사, 졸업식까지 거산초

에는 1년 내내 여러 행사가 열린다. 올가을에는 방과후 교육 활동을 발표하는 발표회를 가졌다.

"애들아, 너희들을 기다렸단다 – 거산가족"이라고 쓰인 걸개그림을 식장 가운데 걸고 시작하는 입학식은 새로 입학하는 1학년과 유치원생을 축하해 주는 잔치다. 신입생들은 5, 6학년 선배들의 손을 잡고 식장에 들어선다. 아이들을 한 명 한 명 차례대로 소개하면서 그 아이들이 잘하는 것, 미래에 되고 싶은 것 따위를 식장에 있는 모든 사람들에게 알리며 입학생 모두가 소중한 존재들임을 다시 느끼게 한다. 소개가 끝난 아이에게는 담임교사가 장미꽃 한 송이와 입학 선물을 주며 꼭 안아 준다. 선배들의 축하 공연과 담임선생님의 축하 글이 이어지고 마지막으로 떡을 쌓아 놓고 축하 촛불을 끈다. 1학년과 유치원생들에

＊
5월 초, 쉬는 토요일에 거산의 가족들이 모두 모이는 거산가족 한마당이 열렸다.
교사와 학부모, 아이들뿐만 아니라 지역 주민, 졸업생까지 모두 함께하는 행사이다.

게 학교는 낯선 공간이고 엄마와 떨어져 지내야 하는 것은 두려운 일이지만 친구, 선배, 교사들과 함께하면 잘 지낼 수 있다는 것을 느끼게 해 주고 싶었다.

거산가족 한마당은 학생, 교사, 학부모가 행사의 준비부터 실행, 평가까지 모두 참여한다. 시기는 5월 초 쉬는 토요일에 하여 많은 가족들과 지역 주민, 졸업생까지 참여할 수 있도록 하고 있다. 올해에는 학교가 아닌 외부에서 했으며 가족이 함께 참여하는 걷기대회로 진행했다.

뒤뜰 야영은 전교생이 모두 참여하는데 1학년부터 6학년까지 고루 섞어서 모둠을 만든다. 뒤뜰 야영의 원칙은 '스스로'와 '여럿이 함께'의 정신을 살려 모든 일을 모둠 구성원들이 스스로 함께 해결하도록 하는 것이다. 식단을 짜는 일에서부터 음식을 만드는 것까지 어른들의

＊
학교 주변에 찔레꽃 향기가 퍼지고 은행나무 잎이 연초록으로 물드는 6월 초여름 밤에 거산가족 작은 음악회가 열렸다. 성악가와 아이들의 아름다운 소리가 모인 사람들의 마음을 휘어잡았다.

도움 없이 모둠에서 아이들이 직접 해결해야 한다. 보통 6학년이 모둠 장이 되고 텐트 치고 배낭을 챙기는 것은 주로 고학년들이 맡게 된다. 부족하고 서툰 1, 2학년 아이들을 살뜰히 챙기는 고학년 아이들의 모습은 참 훈훈하다.

학교 주변에 찔레꽃 향기가 퍼지고 은행나무 잎이 연초록으로 흔들리는 6월 초여름 밤에는 거산가족 작은 음악회가 열린다. 급식실 옆 빈 공간에 무대를 만들고 의자를 놓은 빈약하기 짝이 없는 즉석 '야외무대' 이지만 내용만은 훌륭했다. 전문 성악가가 와서 공연을 하고 방과후활동으로 성악을 하는 아이들이 함께 공연했다. 올해는 교보생명 교육문화재단의 지원을 받아 만든 멋진 야외무대에서 작은 음악회를 열 수 있었다. 무대 한쪽에는 살구나무가 있는데 자연스럽게 무대 배경이 되어 멋스러웠다. 그 살구나무는 2002년 식목일에 심었다. 아기 손가락만 했던 가지들이 잘 자라 몇 해 전부터는 크고 실한 살구가 열리고 있다. 이 무대를 만들 때 살구나무가 방해가 된다 하여 잘라 내야 한다고 했으나 치열한 논의 끝에 결국 살리기로 합의했다. 이 살구나무를 보면 작은 결정 하나에도 서로의 의견을 나누고 존중하는 거산초의 문화를 다시 생각해 보게 된다.

9월 30일은 거산초 개교기념일이다. 당일은 재량휴업일로 쉬고 그 전날에 학교 생일잔치를 한다. 학교의 역사를 알고 자신이 거산초의 주인으로서 어떤 일을 할지, 10년 뒤의 거산초의 모습과 내가 바라는 거산초의 모습은 무엇인지 등을 이야기한다. 행사를 마칠 때는 생일 떡을 나눠 먹는다.

작은 학교 행복한 아이들

※
전교 어린이 회장단 선거를 앞두고 아이들이 학교 안을 돌아다니며 선거운동을 하
고 있다. 1학년 후배들 앞에서도 깍듯이 높임말을 쓰며 소중한 한 표를 부탁한다.

　새로운 세계로 나아가는 6학년에게 힘내라고, 이제 다시 새로운 시
작이라고 말해 주는 행사가 졸업식이다. 거산초의 졸업식 중에서 가장
중요한 시간은 졸업생 한 명 한 명이 학교를 떠나면서 남기고 싶은 말
을 발표하는 시간이다. 담임교사와 6학년 학부모 대표 한 분이 축하
말을 하고 후배들의 축하 공연이 이어진다. 거산초에서는 행사가 끝나

면 축하 떡을 나눠 먹는데 그 떡의 재료는 학교 앞에 있는 논에서 6학년들이 논농사를 공부하면서 거둔 쌀이다. 이것이 바로 우리가 꿈꾸던 '기르고 가꾸는 문화'가 아닐까.

11월 첫 주 토요일에 있는 알뜰시장은 거산가족의 입과 마음이 행복한 날이다. 가을, 은행잎이 떨어지기 직전 학생 장터와 학부모 장터, 지역 주민 장터, 먹을거리 장터로 풍성하게 마련된 알뜰시장은 잔치 분위기가 물씬 풍긴다. 거산초는 주변에 문방구는 물론 작은 구멍가게도 없다. 그러다 보니 학교에 오면 군것질을 할 수 없다. 그런 아이들에게 1년에 한 번 마음 놓고 군것질을 할 수 있는 시간이 알뜰시장이다. 알뜰시장에서 나온 수익금을 어떻게 사용할지는 다모임 학습 때 전교생이 의논하여 결정한다. 지금까지 유네스코나 북한 어린이 돕기에 기부했는데 올해는 아직 의논 중이다.

전교생이 모여서 함께 공부하는 활동 중의 하나인 다모임 학습은 민주주의를 배우는 기회의 마당이다.

"저는 1학년 새싹마을 김민진입니다. 우리 1학년은 북한 친구 돕기에 기부하는 것으로 했으면 하는 의견입니다."

다모임 학습 때 1학년 민진이가 알뜰장터 수익금을 어떻게 썼으면 좋을지 발표하고 있다. 다모임 학습은 교사와 전교생이 매주 금요일 첫째 시간에 모여 공유해야 할 전체의 생활과 규칙을 반성하고 의논하는 시간이다. 이 외에도 솔직하고 정직한 이야기, 학교나 사회에서 일어나는 여러 문제에 대한 자신의 견해를 말하기도 한다. 다모임 학습은 거산가족으로서 자긍심을 키우고 서로에 대한 이해를 높이는 시간이다. 어린

이 자치를 만들어 나가자는 우리 학교의 지향을 담아내는 교육 활동이
기도 하다.

자신의 내면을 돌보는 문학교육

"선생님, 이거 노래예요?"

1학년 민진이가 내가 나눠 준 시 맛보기 자료를 읽다가 이렇게 질문한
다. 시를 소리 내어 읽다가 리듬감을 느낀 것이다. 어느 시인은 이렇게
말했다. 나중에 어른이 되어 자기도 모르게 줄줄 나오던 시는 어릴 때
소리 내어 읽었던 시였다고.

　문학교육은 따뜻한 마음과 풍부한 감성을 키우는 데 아주 필요한 교

＊
거산초에서 문학교육을 할 때 중요하게 생각하는 것은 낯선 세계를 체험하고 삶을
통찰하게 하는 것이다. 그래서 교사들이 직접 작품을 읽어 주는 것을 중요하게 생
각한다. 아이들 내면에 잠재되어 있는 소리를 들으며 그들과 소통하기 위함이다.

육이다. 문학교육에서 놓치지 말아야 할 것 가운데 하나가 작품을 읽으며 자신의 삶을 통찰하는 것이다. 책과의 만남을 통해 많은 정보를 습득하고 다양한 지식을 얻기도 하지만 거산초에서 비중을 두는 것은 낯선 세계를 체험하고 삶을 통찰하게 하는 것이다. 그래서 교사들이 직접 작품을 읽어 주는 것을 중요하게 생각한다. 아이들 내면에 잠재되어 있는 소리를 들으며 그들과 소통하기 위함이다.

학교가 처음 출발할 때는 아이들이 읽을 만한 책이 거의 없었다. 그래서 출판사나 도시 학교에 아이들이 편지를 써서 '책 모으기 활동'을 해서 2만 권이 넘는 책을 모을 수 있었다. 도서관으로 사용할 만한 공간도 없어서 책을 교실과 복도에 비치했는데 지금은 작고 아담한 '은행나무 도서관'을 마련했다. 도서관 이름은 전교생이 공모하여 당선된 이름이다. 도서관이 마련된 후에는 학부모로 구성된 독서교육지원단이 사서 도우미 구실을 하고 있다. 독서교육지원단은 학교 독서교육에 도움을 줄 수 있는 방법을 고민하며 어린이문학에 관련된 연수를 받고 공부하고 있다.

돌이켜 보면 거산학교를 준비한 교사들이 처음 글쓰기회 모임에서 만난 것이 매우 의미 있는 일이 되었다. 그 당시에는 '글짓기'라는 말 대신 '글쓰기'라고 표현해야 한다는 문제의식이 시작된 때였다. '삶을 가꾸는 글쓰기'를 통해서 아이들 각각의 삶을 참되고 건강하게 풀어내는 글을 쓰는 것을 강조하기 시작한 것이다. 그 정신을 기초로 거산초에서는 책 읽기 교육과 함께 글쓰기 교육도 꾸준히 해 오고 있다. 글쓰기 교육의 목적은 아이들의 삶과 마음을 이해하고 자신의 생각을 표현할 줄 아는 힘을 키워 참삶을 가꾸어 가는 데 두었다. 아이들은 글쓰기

작은 학교 행복한 아이들

를 하면서 자신의 삶을 바로 보고 건강한 삶의 자세를 갖게 된다. 생태교육과 책 읽기 공부가 마음의 밭을 거름지게 가꾸는 일이라면 글쓰기는 자신의 밭에서 기른 것을 보여 주는 활동이라 할 수 있다.

함께 배우고 성장하는 교사와 학부모

교사는 아이들을 가르치는 사람인 줄 알았는데 그것이 아님을 거산에서 하루에도 몇 번씩 경험한다. 아이들을 가르치기보다는 아이들에게서 배우는 것이 더 많다. 그래서인지 언제부터인가 아이들 앞에서 '선생님'이란 말 대신 '나는' 이란 말이 자연스럽게 나온다. '가르친다' 는 표현을 할 때도 목구멍으로 침을 한 번 꿀꺽 삼키고 나서 하게 된다.

배우고자 하는 욕구가 가득한 동료 교사들과 함께 있다 보니 늘 새로운 것을 찾아 배우려 애쓰게 되었다. 거산초 교사들과 함께 '효과적인 부모역할 훈련', '어린이 문학 공부', '숲 해설가 지도자 과정' 연수 등을 듣기도 했다. 모든 교사들이 배움에 대한 욕구를 가지고 새로운 것을 찾고, 배운 것을 학교 안에서 공유하다 보니 자연스럽게 내용이 풍부해져 학년별 위계와 연계성을 살린 교육이 가능하게 되었다. 〈자연은 내 친구〉라는 환경 교재를 개발하는 성과를 낳기도 했다.

모든 교사들이 더 나은 학교를 만들기 위해 애쓰는 동안 거산초의 인지도는 점점 높아졌다. 공교육 안에서 대안적인 교육을 성공적으로 하고 있는 학교라며 많은 사람들이 기대를 가졌다. 거산초는 외부의 희망을 담은 공간으로서 그들의 기대를 저버릴 수 없는 자리에 서게 되었다. 거산초가 거산초로서의 작은 성공만 내세울 것이 아니라 더 많은 학교가 교육의 본질에 충실한 공간을 만들어 내는 데 거산초가 해야 할 몫이 자의든 타의든 부여되고 있다. 그러나 시간이 지나면서 처음 출발할 때 거산가족이 합의한 내용들에 점차 틈이 생기기 시작했다. 지난해에는 승진 문제로 교사들 사이에 심한 갈등을 겪었다. 학교를 시작할 때는 승진보다는 가르치는 데 열정을 다하자고 다짐했는데 시간이 흐르면서 그런 의지가 바뀐 사람들과 거산초의 정체성을 유지하기 위해서는 초심을 버려선 안 된다는 사람들의 생각이 맞부딪힌 것이다. 그 과정을 겪으면서 거산초의 정체성과 거산초 교사로서 역할, 그리고 거산초가 가지고 있는 공적인 의미를 다시 생각해 보게 되었다. 폭풍과도 같았던 갈등은 처음의 약속을 지키자는 다짐을 하며 해결됐지만 내적으로는 앙금이 되어 남아 있다.

교사연수는 교육과정 운영의 질을 높이는 것 이상으로 학교의 정체성을 공유하고 학교의 역사를 만들어 가는 데 꼭 필요한 활동이다. 그래서 교사들이 전입해 오면 학교에 대한 전체적인 부분부터 작게는 학급운영에 이르기까지 친절하게 안내하고 학교의 모든 일들을 공유한다. 이견이 있으면 다시 토론을 거쳐 개선하는 과정을 겪는다. 내년부터는 좀 더 집중적으로 서로의 교육 활동을 함께 나누고 배울 수 있는 자리를 만들려고 계획하고 있다.

거산초에서는 교육계획을 세우고, 실천하고, 실천한 내용을 다시 평가하는 일련의 과정에 학부모도 같이 참여한다. 거산분교에서 새로 출발하기 직전인 2002년 2월 말에 거산학교 가족이 될 학생, 학부모, 교사 모두가 충북 진천의 한 수련원에서 1박 2일 연수를 했다. 새로운 학

작은 학교 행복한 아이들

교에 대한 꿈을 현실로 맞이하기 전 함께한 이 자리에서 거산가족이라는 동질감은 서로를 들뜨게 하고 희망을 갖게 하기에 충분했다. 이 연수에서 학교 교육과정을 안내하고 학년 담임도 발표하여 담임교사와 학부모가 함께 학년 교육과정 계획도 나누었다. 이것이 전통이 되어 매년 2월 말에는 1박 2일 동안 거산가족 겨울 연수를 진행하고 있다.

2008년에는 2002년에 거산분교 가족으로 출발했던 아이들이 6학년이 되어 졸업하게 됐다. 그 세월이 흐르는 동안 학부모의 문화도 많이 달라졌다. 일명 초창기 학부모들은 건물과 시설이 열악하면 시간을 내서 기꺼이 봉사를 했다. 은행나무 아래 전교생이 앉을 수 있는 평상을 만드는 것에서부터 학교 버스가 머물 수 있게 학교 앞 도로에 보도블럭을 놓는 일까지 몸으로 하는 허드렛일을 참 많이도 했다. 그 흔적들은 곳곳에 남아서 거산초를 일반 학교가 아닌 애틋한 우리 학교로 여기게 해 주었다. 학교에서 도움이 필요하다면 언제든 학교에 와 주었고, 부족한 부분은 서로 탓하기보다 감싸 주었다. 그 학부모들이 서서히 줄어들고 새로운 학부모들로 채워지면서 '좋은 학교 거산'을 만들어 가려는 노력보다는 좋은 프로그램을 운영하는 학교에서 자기 아이만 좋은 교육 활동을 경험하길 바라는 이기적인 모습들이 서서히 드러나기 시작했다. 그러자 교사들 사이에서 거산교육의 정체성 확립을 위해, 학교를 바라보는 상과 교육철학을 학부모들도 공유해야 한다는 문제가 제기되었다. 그래서 2006년부터 '함께 배우고 성장하는 교사-학부모 연수'를 만들고 월별로 주제를 정해 강사를 초청하여 듣는 시간을 마련하기에 이르렀다. 연수 첫해 홍세화 선생의 강의로 시작해 어린이문학

✳
매년 5월 초에는 전교생이 광덕산으로 들꽃 기행을 간다. 가서 학년별로 준비한 생태 활동을 한다. 아이들이 직접 만든 손수건을 펼쳐 보이고 있다.

의 이재복, 김진경, 예술 부분에는 교육연극의 안치운, 영화에 윤희윤, 미술에 임종길, 음악에 편해문 등 여러 영역의 전문가들이 강의를 해 주었다. 많은 학부모들이 관심을 가지고 참여해서 강사료와 간단한 음료비를 지출하고도 연수비가 많이 남았다. 물론 몇 번의 연수로 사람을 바꾼다는 것은 불가능하다. 다만 연수를 통해 적어도 거산교육의 지향점을 같이 확인하고 그 안에서 아이들과 학교를 어떻게 바라보아야 하는지를 공유하는 것만으로도 연수는 의미를 지닌다고 본다.

아이들의 향기로 거산에 모여드는 사람들

거산에서 교사로 살아가는 생활이 좋다. 물론 몸은 고되다. 아이들이 배고픔도 못 느끼고 놀이에 빠져 있다가 놀이가 끝나야 배고프다는 것을 알듯이 우리 교사들도 학기 중에는 몸이 힘들어하는 것을 모르다가 방학이 가까워지면 그때서야 몸살을 앓곤 한다. 그렇지만 행복하다. 거산초에 오기 전에는 느끼지 못했던 보람과 자긍심을 선물로 받았기 때문이다. 아이들이 매순간 내뱉는 말과 행동에 감동하고, 그 감동을 함께 나눠 주는 동료가 있고, 그러면서 내가 성장하고 있음을 느낀다. 학교에 들어서면 운동장에 떨어진 과자 봉지를 줍게 되고, 현관에 아무렇게나 널려진 아이의 실내화를 제자리에 놓고 나야 마음이 편해진다. 거산초는 더 이상 직장이 아니라 내가 가꾸는 삶의 공간이며 내 집이 되었다.

거산초를 견학하기 위해 오는 외부 사람들이나 취재하러 오는 기자들은 거산초 아이들의 모습이 밝고 활기차다며 다른 학교와 분위기가 다르다고 입을 모은다. 교사들에게서 풍겨지는 분위기도 자연스럽고 솔직하며 권위적이지 않다고 한다. 그러면서 그런 에너지가 어디서 나오냐고 질문한다. 그 에너지의 원천은 아이들에게서 나온다라는 생각에 거산가족은 모두 공감한다. 거산초란 공간에서 아이들은 즐겁게 생활하고 교사도 신나고, 학부모 또한 학교에 대한 만족도가 매우 높다. 졸업생들은 학교가 쉬는 날, 거산초에 놀러온다. 이것 또한 거산초가 가지고 있는 특별한 문화라고 생각한다. 그래서 교사들끼리 "거산은 늪이다. 한번 빠지면 헤어 나오기 힘들다"라고 표현하기도 한다.

거산초에는 학부모뿐만 아니라 교육과정 자문단이나 각종 체험학습 전문가들이 많이 온다. 초등학교에 이렇게 외부 사람들이 많이 오는 경우는 드물다. 이분들은 거산초가 발전해 가는 데 아주 귀중한 도움을 준다. 거산이란 공간에서 느낀 것 가운데 한 가지가 바로 이것이다. 교육의 본질을 위해 고민하고 애쓰면서 도움을 요청하면 거절하지 않고 기꺼이 자신의 능력을 나눠 주는 분들이 있다는 것. 아무리 사회가 권력 앞에 비굴해지기 쉽고, 물질을 중요시하며, 작고 소박한 것보다는 화려하고 거대한 것을 좇는다고 하지만 아직도 세상은 아름답다는 생각이 들게 하는 분들이 많다. 이렇게 도움을 받았으니 마땅히 내가 가진 것을 나눠야 하지 않겠는가. 그래서 교사들도 기부 문화에 참여하고, 아이들 또한 알뜰시장에서 나온 이익금으로 유니세프 후원, 북한 어린이 돕기, 지역의 아동센터에 책을 기부하는 활동으로 자연스럽게 이어지는 게 아닌가 한다.

거산초, 제2기를 맞다

2008에서 2009년을 거치면서 자연스레 등장하기 시작한 말이 '거산 제2기'라는 용어였다. 거산을 열었던 교사들의 임기 만료가 다가오고, 거산에서 유치원부터 시작했던 아이들이 2009년 2월 졸업하게 되었다. 교사, 학생, 학부모 구성원의 인적 자원은 물론 의식도 많이 바뀌어서 여러 곳에서 위기감이 감지된다. 지역 학생보다 외지 학생이 많아서 불안하기도 하고, 시간이 갈수록 적극적으로 참여하기보다는 좋은 환경에 내 아이를 맡기려고만 하는 학부모들의 의식 변화도 염려된다. 새로 전입한 교사와 기존 교사 사이에 학교 정체성이나 원칙에 대한 생각의 차이도 점점 커지고 있다. 이제 새로운 준비를 해야 할 때라는 데 생각이 모아졌다. 여름, 겨울의 교사-학부모 정기연수에서는 거산 교육공동체의 문제점과 미래상에 대해 깊이 있는 토의가 이루어졌다.

우리는 거산의 미래상을 '학교 시설', '교사 조직', '아이들의 모습', '학부모의 자세', '지역사회에서의 역할' 등으로 나누어 세워 가고 있다.

먼저, 학교 시설 면에서 가장 큰 두 가지 관점은 우리의 교육과정을 담아낼 수 있는 시설을 갖춰야 한다는 점과 친환경적인 교육 환경을 만들어 가야 한다는 것이다. 머리가 아닌 몸과 마음으로 배우는 교육과정을 담아내기 위해서는 다양한 체험 활동이 가능한 공간이 만들어져야 한다. 2009년 7월에 교육부의 '농산어촌전원학교육성사업' 지원 대상교에 선정되었는데 이 사업을 통해 짓는 다목적 교실은 다양한 예술 체험 활동과 목공 등 노작 활동, 체육 활동이 가능한 공간으로 준비하고 있다. 다양한 체험 활동이 가능하기 위해서는 건물뿐만 아니라 여러 교구들도 충분히 갖추어져야 할 것이다. 또한 자연 친화적인 교육 환경을 위해 자연 채광 등 적은 에너지로 운영되는 건물을 만들고, 놀이를 통해 에너지와 환경에 대해 배울 수 있는 환경 놀이 시설도 필요하다. 이를 위해 핀란드 등 교육 선진국의 사례를 연구하고 친환경 건축 전문가와 교육 주체, 지역 주민이 참여하는 자문단을 구성하여 함께 고민하고 방법을 모색하고 있다.

둘째, 교사 수급 문제는 거산초는 물론 많은 작은 학교들이 겪는 어려움으로 알고 있다. 이 문제는 또 다른 학교를 만들어 서로 교류하는 방식이나 새로운학교네트워크와 같은 모임이나 연구 소모임을 통해 공감대를 확산하고 연수를 통해 교사를 양성하는 방법으로 해결할 수 있다고 본다. 물론 근본적인 인사 제도의 개선 없이는 한계에 부딪힐 수밖에 없으므로 제도적으로 해결할 수 있도록 지속적으로 요구하는 것도 필요하다고 본다. 학교 정체성에 맞는 교사를 구했다고 해서 교사 조직 문제가 마무리되는 것은 아니다. 글쓰기, 생태교육과 같은 학교 특색 교육 활동의 경우 지속적인 연수를 통해 신입 교사가 충분히 이해하고 활동할 수 있도록 도와주어야 한다.

거산에 와 본 사람들은 아이들이 다르다고 말한다. 밝고, 자신을 드러내는 데 주저함이 없으며, 경쟁보다는 협력을 통해 문제를 해결해 낼 줄 안다고 한다. 반면 무질서하다거나 예의 없다고 보기도 한다. 가정에서 많은 관심을 받고 자라 온 아이들은 모든 것에서 최고가 되려 하고 모든 놀이에서 반드시 이기려고 하는 모습을 보인다. 하지만 아이들은 책 읽기나 체험 활동, 놀이 활동에서 배려와 협력을 배우며 조금씩 변화해 가고 있다. 우리가 추구하는 거산 아이들의 미래상은 초기 세웠던 '내 삶의 주인은 나, 더불어 사는 우리'에서 별반 달라지지 않았다. 다만 시간이 갈수록 이기적으로 바뀌어 가는 아이들에게 다가가기 위해서는 예전과 다른 방법을 고민해야 할 것 같다.

다음으로 학부모의 모습이다. 거산의 학부모는 학교 교육 활동에 대한 만족도가 높고, 각종 교육지원단으로 적극 활동하며, 학교에서 실시하는 연수에 적극 참여하기 때문에 학교 교육 활동에 대한 이해도가 높은 것이 특징이다. 하지만 시간이 지나면서 자기주장이 너무 강하거나 무임승차하려는 모습, 공동체가 아닌 자기 아이만을 생각하는 모습

작은 학교 행복한 아이들

등이 문제점으로 나타나고 있다. 이에 2010학년도 신입생부터 학부모의 교육 활동 참여를 의무화하려고 한다. 연수를 통해 '내 아이'가 아닌 '우리 아이'를 볼 수 있게 학부모의 의식을 성장시키고 교육 활동에 대해 공동으로 책임지는 자세를 만들어 가려고 한다.

마지막으로 지역사회의 모습이다. 거산초 아이들은 천안이나 온양에서 한 시간씩 버스를 타고 통학하는 아이들이 많다. 이는 지역사회 학교와는 동떨어진 모습이다. 그렇게 거산에서 7년을 보내고 다시 중학교는 집 근처의 학교로 가는 아이들에게 거산은 그냥 왔다 가는 하나의 섬일 뿐이다. 우리가 꿈꾸는 또 하나의 꿈은 거산초가 지역사회와 함께 발전해 가는 것이다. 가족들이 학교 근처로 이주해서 지역의 인구가 늘어나고, 소비가 활성화돼서 지역의 발전을 돕고, 학교가 지역 문화센터의 구실을 해 나가는 것이다.

제2기의 길에 선 거산초. 아이뿐만 아니라 교사와 학부모가 함께 성장하는 학교, 그리고 학교를 통해 지역이 살고 지역의 도움으로 교육 활동이 활발하게 이루어져서 지역사회와 상생할 수 있는 학교를 꿈꾼다.

이 글은 이갑순, 조경삼 교사가 함께 정리했다. 거산초가 처음 시작될 때부터 함께했던 이갑순 교사가 글을 주도하고 조경삼 교사는 마지막 부분 '거산초, 제2기를 맞다' 부분을 정리했다.

농촌 학교의 한계를
희망으로 바꾸다

삼우초등학교

송수갑

본문 사진 제공 삼우초등학교

소박한 꿈을 꾸는 만남

2000년, 우리말 수업 문화를 연구하는 '문화부림수업연구회' 활동을 한 적이 있다. 이 모임에서 교사들은 교육과정 용어를 우리 말글로 고쳐 나가는 활동과 선인先人들의 수업 문화를 공부했다. 당시에는 이런 교과 연구모임이 활발했다. 지역이나 관심 분야에 따라 모임이 구성되니 교과 연구 외에 학교 안에서의 활동 사례도 나누고 경직된 학교문화 안에서 겪는 어려움을 토로하기도 했다. 그러나 이런 모임은 소수 교사들에 의해 학교 밖에서 산발적이고 일시적으로 이루어질 뿐 단위 학교 안의 문화를 바꾸어 내는 힘으로 자리 잡지는 못했다. 학교 내 반교육적인 행태는 날이 갈수록 더해 가고 있었고 비민주적이고 권위주의적인 분위기는 자유로운 의사소통을 가로막았다. 깊은 피로감에서 벗어나 생명력 넘치는 교육 활동을 하며 교사와 아이들이 함께 행복하게 지낼 수 있는 학교는 불가능한 것일까.

비슷한 시기, 교육부는 100명 이하의 작은 학교 통폐합 정책을 내놓았다. 적은 학생 수와 열악한 교육 환경으로 힘들게 학교를 유지하고 있던 농어촌의 작은 학교에 통폐합 바람이 매섭게 불었다. 농촌 지역인 전북에서도 교육 활동가들에게 '농촌 학교 살리기'는 큰 관심사로 떠올랐다. 교과 연구모임에서 나는 농촌의 작은 학교에 함께 모여 농촌 학교의 희망을 만들어 보자고 조심스럽게 제안했다. 불가능하지 않을 것 같다는 긍정적인 의견들이 나왔고 뜻을 함께하겠다는 교사들도 몇 명 있었다. 현실적인 어려움 때문에 부정적인 의견을 보이거나 확신이 부족해서 난색을 표하는 교사도 없지 않았지만 대부분의 교사들이 지극히 상식적인 논리가 존중되는 학교에서 근무하고 싶어 한다는 것을 확인할 수 있었다.

2003년 봄, 농촌 학교의 희망을 일구기 위한 가능성을 검토하던 중 경기 남한산초에 대한 소식을 들었다. 그해 여름방학, 교과 연구회의 몇몇 교사들이 남한산초를 방문했다. 아름답고 작은 학교의 희망 사례를 접하며 농촌 학교의 새로운 희망 만들기에 대한 우리의 꿈도 쑥쑥 싹을 틔우고 있었다.

우리가 결합할 학교를 정하는 일은 그리 어렵지 않았다. 우리는 삼

송수갑   sksong60@hanmail.net

아이들의 모습을 너그럽게 보아 주는 선생님들과 따뜻한 돌봄 속에서 행복해하는 아이들로 학교가 늘 건강한 에너지 장에 놓이기를 소망합니다.
7년째 삼우초에서 농촌 학교 희망 만들기를 하고 있으며 작은 학교를 아름답게 가꾸어 가려는 작은학교교육연대의 사무국장을 맡고 있습니다.

우초로 쉽게 합의했다. 이러한 논의가 있기 전인 2002년 나는 고산서 초 전입을 희망했다. 당시 고산서초는 학생 20~30명 정도의 아주 작 은 학교였다. 전북교육청의 통폐합 방침에 따라 고산서초는 삼기초와 함께 면 소재지인 고산초로 통폐합될 예정이었다. 지역사회 주민들과 교사들은 2000년부터 2002년까지 통폐합 반대 운동을 펼쳤다. 학교 를 살리기 위해서는 학교 안에서 중요한 역할을 담당해 줄 교사가 필 요하다는 생각에 나는 고산서초 전입을 희망했다. 결국 2003년 삼기 초와 고산서초는 전국 최초로 작은 학교끼리의 통합을 이루어 냈고 그 학교가 지금의 삼우초이다.

교과 연구모임에서 삼우초에 결합하기로 합의하고 이를 실현하기 위한 여러 대책이 강구되었다.

첫째는 학운위와 공감대를 형성하는 일이었다. 농촌의 작은 학교에 서 희망을 일구기 위한 방향과 전략을 함께 짜고 이런 학교가 실현될 수 있다는 자신감을 지역사회와 공유하는 일이 중요했다. 삼우초의 학 운위원과 전입을 희망하는 교사들은 곧 만남을 가졌고, 뒤이어 함께 남한산초와 도시형 대안학교인 이우학교를 방문하게 되었다. 두 학교 를 탐방한 후 학교 개혁에 대한 희망을 발견하기도 했지만 한편으론 지역사회 여건이 너무 달라 우리도 할 수 있을까 하는 무거운 마음이 들기도 했다.

둘째는 함께하려는 교사들이 모이기 위해서는 삼우초에서 근무하고 있는 기존 교사들이 전출에 동의해 줘야 했다. 먼저 교장 선생님께 우 리의 뜻을 밝히고 협조를 구했다. 교장 선생님은 자신도 젊었을 적에

작은 학교 행복한 아이들

꿈꾸었던 학교의 모습이라며 기존 교사들을 설득하는 일에 손수 나서겠다고 했다. 교사들은 '왜 삼우초와 같이 열악한 여건에서 농촌 학교의 희망을 일구는 작업을 하려느냐', '가능한 일이겠느냐', '좀 더 여건이 성숙한 후 시도하는 것이 어떠냐'는 등 여러 반응을 보였다. 지역교육청에 삼우초의 구상을 설명하고 기존 교사들이 삼우초보다 근무조건이 좋은 학교로 전근할 수 있도록 해 달라고 설득했다. 세 교사가 전출에 동의해 주어 전입을 희망하는 교사 3명이 들어올 자리가 마련되었다. 꿈만 같던 일이 이루어진 것이다.

다음으로 해결해야 할 과제는 교원 인사 발령 권한을 가진 교육청을 설득하는 일이었다. 삼우초에 결합하기로 한 교사 3명 중, 나영성, 염시열 교사는 완주군 관내의 학교에 근무 중이었고 이현근 교사는 타 시군인 임실에 근무하고 있었다. 관내에 근무하는 교사의 인사 발령은 지역교육청의 권한 사항이지만, 다른 시군은 도교육청 교육감의 이해와 도움이 필요했다. 관례로 보아 타 시군에서의 근무 경력이 2년 된 교사가 완주군에 전입하기란 불가능한 일이었다. 학운위원장이 도교육청 교육감 면담을 요청하여 삼우초의 구상을 설명했다. 처음 도교육청의 반응은 그리 희망적이지 않았다. 다시 지역교육청 교육장 면담을 통하여 '농촌의 작은 학교 희망 만들기' 구상을 자세히 설명하고 이 일의 시작이 교육장의 손에 달려 있음을 강조했다. 몇 주일이 지나 도교육청 인사 발표가 있었고 이현근 교사는 완주군으로 전입 발령이 났다. 소박한 꿈을 향한 첫발이 내디뎌진 순간이었다. 우리는 학운위원들과 함께 그 즐거움을 나누었다. 그때의 기쁨이라니……. 한 교사는 지금도 그때가 교단생활 중 가장 기뻤던 순간이라고 회상한다.

인사 발령이 난 다음 날, 우리는 인심 좋은 봄 햇살을 창 너머로 받으며 한 다원에서 모임을 갖고 새 학교 설계에 착수했다. 나와 염시열, 나영성, 이현근, 3년 차 강한나 교사. 우리가 그리는 학교의 모습은 어떤 것인가? 그 의미는 무엇인가? 오후 내내 이어지는 토론 마당을 우리는 지루한 줄 모르고 이어 갔다. 행복한 학교 만들기 모임에 관심 있던 나영성 교사의 '행복', 교육을 만남이라고 생각하는 내 생각에서 '만남', 21세기의 화두인 지속가능발전에서 '이어 가는', E.F.슈마허의 작은 규모의 경제에서 '작은'을 따와 삼우의 교육철학을 만들었다. 그렇게 '행복한 만남을 이어 가는 작은 학교'에 대한 교육철학과 구상을 공유했다. 새로운 교육, 농촌 교육의 희망을 만들기 위해 우리는 한 발 한 발 조심스럽지만 진정 어린 발걸음을 힘차게 내딛었다. 한국 공교육에 새로운 이정표를 꽂는 마음이 들었다.

새로운 학교, 상식적인 학교

참으로 오랜 세월을 꿈꾸었다. 경력 많은 교원의 지혜가 살아 있는 학교, 편안하고 안정적인 학교, 젊은 교사의 참신한 아이템이 살아 숨 쉬는 학교, 연륜 있는 학교 경영자와 자주적인 평교사의 입장이 함께 고려되는 지극히 상식적인 학교에서 살아가는 모습을. 옛것과 새로움이 만나고, 전통과 창의가 조화를 이루는 작지만 행복한 학교를 꿈꾸었다.

삼우초에서 말하는 '행복한 만남'은 크게 세 가지, '자연과의 만남', '인간과의 만남', '문화와의 만남'을 뜻한다.

　　　　　　　　　　　　　　　작은 학교 행복한 아이들

자연과의 만남은 우리가 살아가는 바탕인 자연에 감사하고 자연을 소중히 여기자는 뜻이다. 우리는 자연의 질서에 따르며 자연에서 지혜를 배우며 살아간다. 삼우초는 생태 지향적인 학교를 꿈꾼다. 학교가 위치한 곳은 농촌 마을이다. 마을 사람들은 친환경 농사를 지으며 심신이 건강한 삶을 꿈꾼다. 아이들은 텃밭을 만들어 들녘 체험 활동을 하고, 심신의 조화로운 발달을 위하여 마음 닦음 프로그램을 운영한다. 아이들은 차도 마시고 명상도 하며 정서적으로 안정감을 찾는다.

　두 번째 만남은 인간과의 만남이다. 교육은 만남을 통해 이루어진다. 교사와 학생의 만남, 아이와 아이들의 만남, 학부모와 교사의 만남, 마을 사람들과 학생들, 교사와 교사의 만남……. 이를 우리는 교육 공동체라 이른다. 삼우 교육공동체는 서로의 만남이 늘 행복하기를 소망한다. 아이들이 교실에서 선생님과 행복한 만남의 시간을 가지고, 친구들과 사이좋게 만날 때 자유롭고 건강하게 성장하기 때문이다.

　세번째, 행복한 만남은 문화와의 만남이다. 우리는 자연 속에서 성장하고 사람을 만나면서 배우고 인류가 남긴 문화유산 속에서 삶을 영위해 간다. 삼우초에서는 아이들의 배움이 살아 있는 현장에서 이루어지기를 희망했다. 듣는 것보다는 보면서, 보기만 하기보다는 직접 몸으로 겪을 때 가장 효과적인 배움이 일어난다. 그래서 한 달에 한 번은 꼭 삶의 현장, 문화의 현장을 찾아갔다. 학교 버스를 타고 면사무소에 가 보기도 하고, 파출소도 직접 가서 보고 순찰차를 얻어 타고 학교까지 오는 특혜도 받았다. 란영이 엄마가 근무하는 농협에 가서 예금통장을 만들어 보면서 사람들의 삶을 몸으로 경험했다.

우리가 만든 우리 학교 건물

원하는 학교에, 뜻이 맞는 교사들이 모였지만 교육 환경은 정말 열악했다. 그 흔한 다목적실도 하나 없는 30년 넘은 낡은 건물에 특별실이라곤 반쪽짜리 과학실과 컴퓨터실뿐이었다. 학생들을 위한 특별실은 거의 없고 화장실은 야외에 있는 재래식인데 일어서면 코가 벽에 닿을 정도였다. 아무리 작은 학교라지만 이건 해도 정말 너무했다. 교육청에 이러한 열악한 교육 환경을 개선해 달라고 강력하게 요구했다. 교육장이 학교에 오면 꼭 학교 화장실에 들어가 보라고 요구할 거라며 분통을 터뜨렸다. 마을에도 구멍가게 하나 말고는 이렇다 할 시설이 없긴 마찬가지였다. 작은 학교끼리 통합해서 존치 학교가 된 상황을 고려할

*
폐교 위기에 놓여 있던 삼우초는 교육 환경이 무척 열악했다. 우여곡절 끝에 교육부에서 특별교부금을 지원받아 새 학교를 지었다. 아이들의 심신을 건강하게 키울 수 있고 교사들이 계획하는 교육 활동을 할 수 있으면서 마을의 문화 공간 역할도 할 수 있는 학교 건물을 만들기 위해 교사들의 아이디어를 설계에 많이 반영했다.

작은 학교 행복한 아이들

때 낡은 학교 건물을 개축하는 일은 너무나 당연했다. 여느 농촌의 작은 학교들도 그렇지만 폐교 대상으로 지정되면 학교 시설 개선이나 확충을 위한 예산이 모두 끊긴다. 버림받다시피 했던 농촌의 작은 학교에 대한 보상 차원에서도 삼우초 개축은 반드시 이루어져야 할 일이었다. 교사와 학부모의 새 학교에 대한 열망이 모여 2003년 6월 8일 '삼우초 발전협의회(이하 발전협)'가 발족되고 통합 이전의 두 학교 학운위원장이 공동대표를 맡았다. 학교장과 발전협 대표들이 교육장을 비롯한 실무 담당자들을 찾아가 학교 개축의 필요성을 설명하고 예산 편성을 요구했지만 반응은 썰렁했다. 농촌형 학교 건축의 당위성과 삼우초의 미래상 등을 담은 '삼우초등학교의 유지 발전을 위한 작고 아름다운 학교 만들기'라는 문건을 만들고 이를 지역구 국회의원의 홈페이지에 올리는 등의 노력 끝에 교육부에서 특별교부금을 지원받아 2004년 새 학교 짓는 일에 착공했다. 우리는 그간의 관행에서 벗어나 구성원들의 철학에 기초한 학교 모형이 설계에 반영되어야 함을 강조했고 노력의 결과 작지만 예쁜 학교, 삼우 교육가족이 살아가며 배움을 나눌 집이 하나의 작품으로 탄생되었다.

농촌형 학교는 어떤 모습이어야 할까? 아이들의 심신을 건강하게 키울 수 있고 우리가 계획하고 있는 교육 활동을 할 수 있으면서, 마을의 문화 공간 역할을 할 수 있는 학교를 위한 원칙들이 하나 둘 세워졌다.

첫째, 학교의 전체 모습은 곡선형이다. 직선적인 복도는 관리자의 감시와 통제의 기제이다. 둘째, 학급 교실은 1층에 배치하며, 각 교실마다 뜰과 통하는 작은 현관문을 설치한다. 자연에 가장 쉽게 가까이

갈 수 있도록 하기 위함이다. 그리고 놀이한 뒤의 위생을 고려하여 테라스와 세면대를 둔다. 교무실, 행정실, 교장실 같은 관리실과 과학실, 미술실, 체육실과 같은 특별실들은 2층에 배치한다. 셋째, 대규모 다목적 공간을 건물의 중앙에 배치한다. 학교 버스로 통학하는 아이들이 한 곳에 모여 놀기도 하고, 쉬기도 하고, 책도 보다가 버스를 놓치지 않고 탈 수 있도록 배려하자는 뜻이다. 지금 삼우초의 중심에 있는 도서관은 아이들의 쉼터이자 놀이터이고, 정보 자료실이자 작품 전시실이며 학교생활을 하자면 거치지 않고는 어디도 갈 수 없는 센터 중의 센터가 되었다. 온돌이 깔려 있어 추울 때는 따뜻한 곳에서 뒹굴며 장난치고 한쪽에서는 책도 읽을 수 있는 곳이다. 넷째, 마음 닦기(명상, 선법)와 품성 도야의 방인 온돌식 문화 체험 공간을 둔다. 여느 농촌 학교와 마찬가지로 삼우초에도 교육의 사각지대에 있는 아이들이 많다. 농촌 지역인데다 축산 농가가 많다 보니 부모들은 때로 밤에도 소를 돌봐야 해서 아이들 교육에 신경 쓰기가 어렵다. 40%가 넘는 아이들이 조손 가정이거나 한부모 가정이고 그중 대부분은 엄마가 없다. 무엇보다 아이들의 정서 안정이 시급한 문제였기에 아이들의 심신 안정을 위한 교육 프로그램을 운영하기 위해서는 마음 닦기 공간이 꼭 필요했다. 이 방은 온돌식 방인데 도농 체험이나 해외 교류를 할 때 이용할 수 있도록 기숙 시설을 겸하도록 설비했다. 다섯째, 다양한 놀이(체육) 활동이 가능한 체육실을 둔다. 삼우초에는 그 흔한 다목적실 하나도 없었다. 체육 놀이를 할 실내 공간이 없으니 표현 놀이가 많은 체육 교육과정을 제대로 운영할 수 없었다. 새로 만드는 다목적실은 아이들이 맨발로 마음껏 뛰어놀아도 좋게 튼튼한 원목을 써 달라고 했다.

그 밖에도 지역사회 문화 공간이 될 수 있는 극장형 시청각실(영화 상영, 동극 발표 공간)을 두고 환경을 고려하여 교실과 체육실은 원목 바닥재로 시공했다. 지역사회와 학생들이 같이 사용할 수 있는 유기농 교육실(식당 겸용), 기타 특별실(미술실, 목공·도예실, 과학실, 세미나실, 관리실)도 따로 두고 유기농 교육실은 지역사회 개방을 염두에 두고 필요할 때는 다른 시설과 차단될 수 있도록 하는 등 세심하게 설계했다.

집짓기에 대해 별로 아는 것도 없어서 주변 사람들을 동원해 가며 주인 노릇을 하는 가운데 드디어 학교 건물이 완성되었다. 2006년 6월 24일 이사 비용 한 푼 없이 학부모들과 교사들의 힘으로 어렵게 입주

✽ 삼우초에는 교육 사각지대에 놓인 아이들이 많다. 아이들의 심신을 안정시키기 위해 명상이나 선법 같은 마음 닦기 프로그램을 도입했다. 월요일 아침에는 다도와 명상으로 고요한 아침을 시작한다.

를 마쳤다. 그해 가을에는 '책읽는사회'와 삼성문화재단의 지원을 받아 꿈에 그리던 도서관도 열게 되었다.

농촌 교육과정으로 운영되는 들녘 체험 프로그램

우리는 농촌 학교가 갖는 환경과 정서적 우수성을 교육과정에 녹여 낼수 있는 체험 중심의 농촌 교육과정을 구상하게 되었다. 학년마다 식물의 성장과 관련된 교육과정이 있어서 농촌 지역의 특성을 살려 교육할 수 있기 때문이었다. 다행히 학교 주변에 유휴지로 남아 있던 빈터를 찾을 수 있었다. 텃밭을 일구기에 안성맞춤이었다. 식물 가꾸기와 관련한 교육 내용을 시기별로 재구성하여 들녘 체험 프로그램을 만들어나갔다. 텃밭을 만든다는 마음에 들떠 힘든 줄 모르고 가까이는 봉동으로, 멀리는 전주 남부시장까지 누비며 씨앗과 모종들을 구해 왔다.

드디어 씨앗을 뿌리고 모종을 심는 날, 아이들은 텃밭에 나가 종묘 포트에 흙과 모래를 넣고 오이, 호박, 조롱박, 수세미, 콩 씨앗을 만지며 마음의 대화를 나누었다.

'널 정말 사랑한다.'

'반들거리는 네 몸처럼 예쁜 싹을 기다릴 거야.'

'네가 싹이 틀 때까지 내가 매일 물을 주며 살펴볼 거야.'

'네가 열심히 싹을 틔우는 동안 나도 열심히 공부할 거야.'

씨앗을 고사리손에 쥐고서 눈을 감고 마음의 대화(사랑 나누기)를 하는 동안에는 학급마다 고요함이 흐르기도 했다.

옮겨심기할 시기가 되면 텃밭은 부산해졌다. 어린이용 삽과 괭이, 호

＊
◎ 농촌 학교의 가장 좋은 점은 풍요로운 자연 환경을 가지고 있다는 점이다. 이런 장점을 살려 '들녘 체험 프로그램'을 만들었다. 이른 봄, 3학년 아이들이 자운영 꽃밭에서 꽃으로 손목시계를 만들었다.
◎ 한여름, 들녘 체험 프로그램의 하나로 1, 2학년 아이들이 고사리손으로 텃밭에서 가꾼 감자를 캐고 있다.

미를 쥔 아이들, 추리닝 차림으로 오이 섶을 세우는 교사들, 땀을 비 오듯 흘리면서도 연신 웃어 대는 교감 선생님, 학급운영비로 샀다며 귀여운 노란 장화를 신고 뽐내는 1학년들의 모습이 장관을 이뤘다. 단위 면적 안에 가장 많은 농부들이 일하고 있는 셈이었다. 자신의 키보다 훨씬 높이 뻗어 나간 덩굴식물들의 자람과 함께 우리 아이들의 생각과 마음

또한 자라날 것으로 모두가 믿어 의심치 않았다. 아이들은 교실에 들어가서 흙을 만지고 생명을 보살핀 느낌을 글로 나타내거나 만화로 표현했다. 식물을 가꾸는 일에 그치지 않고 식물과 '사랑 나누기' 명상을 하고 이를 바탕으로 살아 있는 글쓰기를 하여 책으로 묶어 냈다.

삼우초에서 텃밭 가꾸기를 한 것은 단지 교육과정을 이행하기 위해서만은 아니었다. 식물 가꾸기가 아이들에게 주는 정서적 가치를 더 소중하게 생각했다. 텃밭에서 식물을 가꾸며 아이들에게 다른 존재에 대한 관심과 배려하는 마음이 생기기를 바랐다. 소외된 생활을 하면서 거칠어져 버린 아이들의 마음에 사랑이 가득해지기를 기대했던 것이다. 아이들은 작은 싹들을 보면서 귀여워라 몸을 떨고, 빼곡히 돋아난 싹들을 보면서 새싹들이 답답하겠다고 어떻게 좀 하라고 교사들을 다그치기도 했다. 식물들이 목말라 할까 봐 아침이면 교실보다 먼저 텃밭으로 달려가 물을 주느라 옷을 버려도 아이들은 즐거워했다. 잎채소는 함께 급식 시간에 쌈 싸 먹고, 오이 같은 열매가 나오면 간식으로 먹었다. 감자나 고구마는 수확량이 얼마나 많은지 간식으로 몇 번을 먹어도 남았다. 찬거리든 간식이든 교사들에게는 또 다른 일거리였지만 다들 꺼리는 기색 하나 없이 기쁘게 했다. 그러는 가운데 아이들은 자연스럽게 생명을 사랑하는 삼우가족이 되어 갔다.

자원봉사자의 사랑으로 운영되는 계절학교와 특기적성교육

삼우초에서는 주당 1시간씩 배정된 창의적 재량활동을 모아서 계절학교를 운영했다. 작은 학교가 갖는 환경적 우월성을 살리고, 적은 규모

❋

○ 주당 1시간씩 들어 있는 창의적 재량활동 시간을 모아서 계절학교를 운영했다. 여름 계절학교에서 음식 만들기 시간에 저학년 아이들이 감자로 요리를 만들고 있다.
○ 계절학교에는 많은 분들이 자원봉사를 해 주었다. 여름 계절학교에서 도자기를 가르쳐 준 분도 자원봉사자로 참여했다. 학교에서는 재료비만 부담했다.

의 반을 다양하게 편성하여 아이들이 희망하는 재량활동을 하기 위해
서이다. 그러나 우리의 희망과 다르게 여러 분야의 강좌를 개설하는
일은 쉽지 않았다. 전주에서 멀고 교통이 불편하니 강사를 구하는 일
이 문제였다. 강사에게 강사비를 넉넉하게 지급할 여건도 되지 않았
다. 계절학교를 수익자 부담으로 운영할 경우 수강료를 부담할 수 있
는 형편이 되는 가정이 많지 않았기 때문이다. 삼우초의 현실을 이해
하고 참여할 수 있는 자원봉사자가 필요했다. 교사들은 백방으로 뛰었
다. 나영성 교사는 한국화를 전공한 친구를 찾아가 학교 형편을 설명
하면서 이해를 구했고, 친분 있는 시립 합창단 단원을 만나 노래 지도
를 부탁했다. 이현근 교사는 시골 아이들에게 목공을 가르칠 수 있는
업체를 찾아 설득했다.

나는 학교 인근에서 도자기를 만드는 분과 전통 다도를 하는 분을
찾아가 학교 형편을 전하고 무료로 자원봉사하겠다는 흔쾌한 대답을
듣고 왔다. 삼우초 동문인 검도관 관장과 목공예 전문가인 학부모는
솟대 만들기를 지도해 주었고, 학운위원장도 자신의 특기를 살려 축
구 지도를 맡았다. 트럼펫을 연주할 줄 아는 교장 선생님은 음악 감상
을, 그림에 소질이 있는 교감 선생님은 담그림(벽화)을 지도했다. 학
부모가 아닌 강사 분들에게 왕복 교통비를 지급하는 선에서 강사비
문제는 해결했다. 교사들의 마음과 정성이 담긴 위촉장으로 강사비를
대신했다. 구체적인 운영안을 짤 때에는 모두의 지혜를 모았다. 삼우
의 정신을 담아 운영하려면 어떻게 하는 것이 좋을까? 우리는 먼저
재량활동의 취지를 살리는 시간 배당을 했다. 삶의 바탕을 마련하는

'바탕 놀이', 다양한 소질 계발을 위한 '선택 놀이', 자연 친화적이고 공동체 정신을 기르기 위한 '두레 놀이', 이렇게 세 가지 틀이 마련되었다.

특기적성교육은 사교육비를 줄이고 양질의 교육 서비스를 제공하기 위하여 도입된 제도라고 할 수 있다. 하지만 농촌 학교에서 운영되는 특기적성교육은 학부모의 사교육비 절감 취지와는 차원이 다르다. 학생들에게 다양한 경험의 기회를 부여하는 것이 더 큰 목적이다. 2004년 당시 삼우초에서 미술 학원을 다니는 학생은 한 명도 없었다. 소질이 있거나 배우고 싶어도 배울 수 없는 형편이었던 것이다. 면 단위 이하의 지역이라 다른 분야도 사정은 마찬가지였다. 그래서 시골에 있는 여느 작은 학교처럼 수강료를 수익자 부담이 아닌 학교 회계로 처리했지만 소규모 학교인 까닭에 강사 초빙에도 어려움이 많았다. 이런 어려움을 감안하여 학운위의 논의 절차를 거쳐 2004년에는 영어, 풍물, 연극, 미술, 도자기 교실을 개설했다. 지역사회가 수년 전부터 의지를 가지고 지원해 온 풍물 교실을 기본으로 하고 전부터 해 오던 컴퓨터 교실이 폐지된 것은 학생과 학부모, 그리고 교사들의 판단이 반영된 결과이다. 영어 교실은 공개 모집에 의해 다행히 열의가 있는 강사가 초빙되었고, 풍물은 학구 내 기능 보유자가 자원하여 지도를 맡았으며, 도자기는 지역의 전문가가 지도를 해 주었고 학교는 재료비만 부담했다. 그림 지도를 위해 전주에서 오는 강사는 교통비만 받았다. 아이들에게 연극 수강 기회가 주어지면 좋겠다는 의견이 모아져 강사를 구해 보았으나 여의치 못했다. 여러 방안을 협의한 끝에 이웃 면에 있는 백제예술전문대학 교수의 도움을 받기로 했다. 교수를 찾아가 학교의 사정을 말하고 연극 교실을 여는 취지를 설명했더니 연극을 전공하는 학생 두 명을 소개해 주었다. 학교를 오가는 버스가 없어 연극 지도가 끝날 때마다 교사들이 수고를 해야 했지만 아이들은 마냥 즐거워했다. 방과후학교로 명칭이 변경된 2008년부터는 전보다 교육청에서 지원하는 운영비가 늘어나 수학, 중국어, 음악, 체육 과목이 추가되었다.

고장의 문화를 만들어 가는 학교행사
삼우초가 자리한 완주군 고산면은 만경강 상류 지역으로 친환경적인 영농에 관심을 가진 농민들이 수년 전부터 오리 농법을 이용해서 유기

　　　　　　　　　　　　　　작은 학교 행복한 아이들

◎ 우리 고장의 유기농공동체와 함께 풍년을 기원하는 '단오맞이 한마당'을 마련했다. 지역
사회와 함께하는 학교를 만들기 위한 작은 노력이었다. 학생과 학부모, 교사들이 모두 함께
논에 들어가 모내기도 했다. ◎ 단오맞이 한마당에 마을의 어르신들이 직접 만든 소달구지
를 끌고 오셨다. 아이들은 달구지를 직접 타 보면서 전통문화를 체험하는 기회를 가졌다.

농 쌀을 생산해 왔다. 지역사회와 함께할 때 농촌 교육의 희망을 찾을
수 있고 작은 학교가 더 아름다울 수 있다는 생각에서 작은 행사를 준
비했다. 고장을 지키며 오리 농법으로 농사를 짓는 '땅기운쌀작목반'
과 삼우초가 공동으로 개최한 '2005 풍년 기원 단오맞이 한마당'이
그것이다. 우리가 꿈꾼 것은 고장의 유기농공동체와 농촌의 작은 학교
가 하나 되는 신바람 나는 '지역사회 학교'이다.

체험학습과 관계된 대부분의 프로그램(길굿, 솟대 만들기, 도자기, 판
화, 다도, 단오 부채, 압화, 강강술래 등)은 학교 주관으로 운영하며, 소
달구지 타기를 비롯한 농촌 놀이 체험(모내기, 논에 오리 넣기, 인절미
만들기, 국수 만들기, 유기농 식사 준비, 유기 농산물 판매 등)은 작목반
과 학부모회가 맡기로 했다. 행사장 준비는 작목반에서 맡고, 야외 화장

실과 음료수 준비, 내빈 안내는 고산면사무소로 역할이 분담되었다. 다양한 체험 코너를 안내하고 지도하는 일은 삼우초 교사들과 계절학교 명예교사, 학운위원 등에게 주어졌다. 행사장의 대형 앰프 이동과 설치는 농민회가 도움을 주었다. 특히 농심 가득한 학부모회의 헌신성이 큰 역할을 했다. 300명이 넘는 점심 식사를 마련하기 위해 직접 장작불을 때고 매운 연기 때문에 연신 눈물을 닦아 대며 국수를 삶는 학부모들의 모습은 우리네 옛 농촌의 순수함을 그대로 보여 주었다.

이날 행사에는 귀한 손님들이 초대되었다. 도농 교류 차원에서 경기 남한산초의 학생과 학부모, 충남 거산초 학생들이 단오맞이 한마당을 함께한 것이다. 학생, 학부모, 교사들이 바짓가랑이를 접어 올리고 직접 논에 들어가 모내기를 했다. 온몸과 옷에 흙탕물이 범벅된 모습을 보고 서로 웃음을 참지 못하고 흥겨워했다. 아이들은 오리를 처음으로 가슴에 품어 따뜻한 생명의 숨소리를 느껴 보고 오리가 논에서 건강하게 자랄 것을 빌어 주었다.

농촌에서 자생력 있는 문화가 되살아날 때 지역사회의 학교가 유지 발전되고 지속가능한 농촌 발전의 꿈이 이루어진다는 믿음에서 마련한 단오맞이 행사는 다섯 해를 거듭하면서 점차 발전하고 있다. 재원 문제를 해결하기 위해 지역사회의 여러 단체와 관청, 교사모임 등에서 행사를 위한 재정 지원단을 꾸렸고 협력 단체들도 줄을 잇게 되었다. 행사가 있는 날에는 지역 농산물의 판매가 늘기도 한다. 처음에는 100명 남짓한 인원으로 출발했지만 이제는 참가 인원이 500명이 넘는 우리 지역의 어엿한 축제로 거듭나고 있다.

새로운 학교를 향한 교육 주체들의 노력은 많은 변화를 가져왔다. 그 성과 중 하나는 학부모들의 학교에 대한 신뢰를 회복한 것이다. 학부모들의 이야기를 들어 보면 예전의 학교에서 일어났던 구태들이 적나라하게 드러난다. 운동회나 소풍 등 학부모가 참여하는 행사가 열리면 학부모들과 교사들의 회식은 정도를 훨씬 넘어선 수준이었고, 이러한 회식이 본연의 행사에 영향을 미칠 정도로 심각한 문제가 되곤 했다고 한다. 또 삼우초가 폐교 대상이었을 당시 교육청과 학교 관리자는 학부모를 비롯한 지역사회의 의사를 무시한 채 폐교 절차를 밟았고 뒤늦게 이를 안 학부모들이 분통을 터트리기도 했다고 한다. 이런 문제를 해결하기 위해서 인근 교회의 여태권 목사는 의도적으로 학운위에 참여하여 지역의 진보적 기독교인들을 중심으로 학운위를 구성하기도 했다고 한다. 학교에 대한 불신과 불만은 학운위를 통하여 학교 측에 다양하게 표출되었고 학교와 학운위원과의 갈등이 자주 빚어졌다.

삼우초에서 새로운 학교 만들기를 시작하면서 학부모들의 신뢰를 얻고 함께 학교를 만들어 가기 위해 여러 노력을 기울였다. 하지만 처음 시작할 때는 학부모들의 참여 의식이 부족하고 농사일이 늘 바빠 함께하기가 쉽지 않았다. 학교교육에 대한 학부모 의식을 바꾸기 위한 교육이 필요하다고 생각했다. 학운위의 협의를 거쳐 이웃하는 마을별로 시간을 내어 작은 '마을 모임'을 만들려고 시도했다. 좀 더디더라도 자발적으로 마을 모임을 만들어 학교교육에 관심을 가지고 주체적으로 참여하도록 하려는 의도였다. 하지만 결국 잘 안 됐다. 아이들의 공부는 학교가 알아서 해 주는 것이라는 전통적인 학교관이 너무 넓게 자리 잡고 있었고 더욱이 농사일이 바빠 좀처럼 한자리에 모이기가 어려웠다. 우리는 학부모 모임의 방향을 선회했다. 학교 주도로 '학급 모임'을 운영하는 것이다. 학부모들이 학교 일에 주체적으로 참여하도록 하고 아이들의 바람직한 성장을 돕기 위해서는 가정-학교의 연계가 필요하다고 생각했다. 몇 년의 노력 끝에 학교와 학부모의 관계는 많이 바뀌었다. 학교에 문제가 생기면 학운위와 학교가 생산적인 대화로 해결하고 있는 지금, 학교 운영과 관련된 낯 붉힘은 사라지고 서로 협조하고 있다. 학부모들은 뒤뜰 야영 때 무대가 어두울 것을 염려하여 딸기밭의 전기 설비를 가져와 설치하고, 학교행사에선 으레 뒷정리를 함께하는가 하면, 유기농 딸기와 수박을 가져와 아이들을 즐겁게 했다. 아이들이 심은 텃밭의 배추가 영양 부족일 것을 염려하여 손수 만든 유기농 영양제를 가져와 그 사용법을 일러 주는 학부모도 있었다.

만들어 가는 학교, 스스로 참여하는 교사들

삼우초를 비롯해 많은 작은 학교들은 다른 학교에 비해 교사들의 일거리가 훨씬 많을 수밖에 없다. 아이들에게 필요하다고 생각하는 일을 찾아보고 손수 준비해야 하기 때문이다. 무엇보다 교사들은 여러 가지 일을 논의하고 결정하는 데 많은 시간을 할애해야 한다. 이 과정에 어느 누구도 적당하게 빠져 있을 수 없는 분위기다. 학교 시스템을 민주적으로 바꾸고 교사가 주체가 되어 새로운 학교를 만들어 보고자 모였기 때문

작은 학교 행복한 아이들

에 당연한 일이다. 이런 과정들이 쉽지는 않지만 장시간의 토론 과정을 거치면서 교사로서 주체성이 살아나고 동료성을 회복하게 된다.

예를 들면, 운동회를 추진할 때 '운동회'란 명칭에 일제의 색채가 묻어 있으니 새로운 이름을 만들자는 이야기가 나온 적이 있다. 문제 의식에는 비교적 쉽게 합의했지만 그 이후 논의 과정은 간단하지 않았다. 명칭을 '가을 뜰놀이'로 바꾸고 행사 주제에서, 운동회를 보는 관점, 우리가 지향해야 할 운동회의 모습을 토론하고 합의해 나갔다. 오전 마당은 길굿으로 시작하여 한지 제기 만들기, 새끼줄 꼬기, 수수떡 만들기, 칠교판 놀이, 솟대 만들기 등 전통 체험 마당을 열었다. 아이

＊
삼우초는 새로 만들어 가는 학교이고 이 과정에 교사들은 주체적 으로 참여한다. 일제의 색채가 묻어 있는 '운동회'를 바꾸어 보자 는 의견에 '가을 뜰놀이'로 이름을 바꾸고 학부모와 지역사회와 함께할 수 있는 프로그램으로 구성했다. 우리 학교 4, 5, 6학년 아 이들이 함께한 풍물패가 축제의 시작을 알리는 길굿을 하고 있다.

들만 할 수 있는 마당이 아니었다. 마을 어르신들도 손을 돕겠다고 다가와 어릴 적 추억에 젖어들며 흐뭇해했다. 오후엔 학부모와 지역사회와 함께할 수 있는 자치기와 신발 차기, 마을별 이어달리기를 하고, 마무리로 강강술래를 하며 모든 참가자들이 하나가 되었다. 결정하기까지 여러 차례의 회의를 거치느라 힘은 들었지만 이러한 논의 절차와 과정은 큰 의미를 갖고 있다. 일반 학교처럼 지시하고 통제하지 않아도 모든 교사들이 주체적으로 움직이기 때문에 행사가 유기적으로 진행될 수 있었다.

새로운 학교 만들기를 시작한 후 삼우초는 외부에도 많이 알려지게 되었다. 언론의 취재 요청도 많이 들어왔고 전입학 상담도 줄을 이었다. 삼우초가 점점 자리 잡고 널리 알려지면 알려질수록 수업에 대한 고민은 깊어져 갔다. 농촌 학교라는 장점을 살려 삼우초가 시도하는 많은 교육 활동들은 분명 의미 있지만 정작 교사들의 화두인 수업에 대한 고민은 깊지 못했다는 반성이 들었다. 교육 활동의 핵심인 수업에 대한 변화 없이는 교육 혁신을 말할 수 없다. 교과 교육보다는 특별활동이나 재량활동, 잠재적 교육 활동에 치중했던 것에 대한 성찰이 일어났다. 작은학교교육연대 학교들의 교육 사례를 접하는 것만으로는 수업에 대한 갈증을 해결하기에는 역부족이었다. 겨울방학을 앞둔어느 날 동료 교사들에게 조심스럽게 말을 꺼내 보았다. 2005년 12월의 어느 날이었다. 교사라면 적어도 수업으로 이야기할 수 있어야 한다는 지극히 본질적인 문제를 제기하며 먼저 자신의 수업부터 개방할수 있으면 좋겠다고 말했다. 조심스러운 내 제안에 동료 교사들은 너

작은 학교 행복한 아이들

무도 당연한 것을 놓치고 있었다는 듯이 반겼다. 수업에 대한 논의가 불붙기 시작했다. 우리의 논의는 바로 수업 공개로 이어졌다. 내친김에 하자는 데 의견이 모아졌고 어떤 방식으로 얼마나 자주 할 것인지 논의했다. 우리는 전 담임교사가 학년 초부터 매주 한 시간의 수업을 동료 교사나 교장, 교감에게 공개하기로 합의했다. 사전에 기획되거나 치밀하게 준비된 수업이 아닌 일상 수업을 보여 주기로 했다. 일상 수업의 질이 높아질 때 학교교육의 수준도 높아질 수 있다고 보았기 때문이다. 특별하게 준비된 수업을 공개하는 것은 교육의 질 향상과는 거리가 먼 활동이고 오히려 비교육적 결과를 초래할 수 있다고 생각했다.

※
'책읽는사회'와 삼성문화재단의 지원을 받아 도서관을 새롭게 꾸몄다. 저학년 아이들이 자유롭게 아침 독서를 즐기고 있다.

2006학년도 새 학기가 시작되자마자 우리는 저학년과 고학년으로 나누어 특별한 사유가 없는 한 서로의 일상 수업을 공개하고 참관했다. 삼우초의 교실 수업에 대한 일대 혁신이 시작된 것이다. 수업 공개는 한 학기를 지내는 동안 내내 이어졌으며, 이는 몇몇 학자들에게 관심 대상이 되었다. 수업 연구에 대한 교사와 학자의 관심이 맞닿아 수업협의회를 공동으로 진행하게 되었다. 삼우초의 수업 연구를 지원하는 전문가는 학교 현장 경험이 풍부하고 교육인류학을 전공한 서근원 박사다. 적어도 한 달에 한 번, 수요일 하루는 수업 연수를 하기 위하여 교육과정을 배치하지 않았다. 수업 공개와 관찰 기록, 수업 이해하기와 토론으로 이어지는 연수는 퇴근 시간은 물론 밤이 깊어 가는 것도 아랑곳하지 않고 진행되었다.

수업 연수가 있는 날, 8시 반에 출근하여 보면 서근원 박사는 우리보다 먼저 학교에 와 있다. 오전 내내 수업을 공개하는 반에 들어가 녹화를 하다가 오후가 되면 전 교사들이 함께하는 가운데 공개수업이 이루어진다. 우리가 하고자 하는 것은 기존의 수업 보기가 아니라 교육인류학의 관점에서 보는 수업 보기였다. 그동안 '교사가 무엇을 하는가'에 관심이 있던 우리에게 주어진 과제는 '수업 속에서 아이가 무엇을 경험하는가'를 살펴보는 것이다. 수업에 대한 분석과 토론은 매번 오후 내내 그리고 자정을 전후한 시각까지 이어졌다. 연수가 끝나면 연수 내용과 생각을 정리한 보고서를 작성했다. 쉴 틈 없이 관찰하고 기록하기도 버겁고 밤 12시까지 나누는 수업 대화도 어려웠는데 보고서 쓰기는 더 힘든 과제였다. 2년여에 거쳐 수업 관찰과 수업 협의에

작은 학교 행복한 아이들

대한 연수를 계속한 결과 수업 협의에 관한 '삼우 모형'이라는 작은 진주를 건져 낼 수 있었다.

다시 새로운 출발선에 서서

새로운 학교 문화를 일구어 가는 데 가장 중요한 것은 교사가 진취적이고 헌신적으로 일할 수 있는 환경을 만드는 것이다. 이런 환경을 만드는 일은 쉽지 않다. 먼저 교육청의 인사 제도 때문에 원하는 학교에 교사들이 전입하는 데 너무 많은 어려움이 있다. 학교에 들어간 후에도 어려움은 계속된다. 교사들에게 너무 과중한 업무가 부과되기 때문이다. 삼우초에서는 이를 해결하기 위한 방안의 하나로 각종 공문서를 교감 선생님과 교무보조가 모두 처리한다. 두 분은 공문서 접수, 보고 문서 작성 및 발송, 부서별 공문서 관리 등을 도맡고 있다. 학생 지도에 밀접한 관련이 있거나 극히 특정한 경우에만 교사가 담당했다.

올해 6월, 삼우초는 교장공모제 학교로 지정받았다. 교사들이 좀 더 적극적으로 일할 수 있는 기틀이 마련된 것이다. 지금도 학교에는 지나치게 권위적인 학교장들이 참 많다. 학교 안에서 교장의 권한은 막강하고, 자율적이고 창의적인 교육 활동들은 눌리고 막히는 경우가 많다. 그 속에서 교사들은 좌절하고 회피한다. 최근 3년여 동안 삼우초의 교장과 교감 선생님은 삼우초가 갖는 의미와 교사들의 자발적 노력을 높이 평가하고 적극적인 후원과 지원을 아끼지 않았다. 대외적으로는 삼우초의 교육적 진정성을 알리는 전도사의 역할까지 기꺼이 맡아 주었다. 삼우초와 같이 교장의 지도력이 교사들의 순수한 교육적 열정에 순기능적 기여를 할 수도 있지만 정반대의 상황을 초래할 수도 있다. 그러한 까닭에 교사들에게는 후임 교장에 대한 불안감이 컸다. 삼우초의 지속 가능한 도약을 위해서는 교장공모제가 꼭 필요했다. 수년 전부터 학부모와 지역사회 그리고 교사들은 공모 교장의 임용을 꿈꾸어 왔다. 교육관이 다른 학교장이 부임해 오고 교사와 학교장 사이가 원만하지 않을 경우 그 에너지 소모와 불행은 불을 보듯 뻔한 것이기 때문이었다.

교장공모제 학교로 선정된 것은 삼우 교육공동체와 이를 지지하는 분들의 각별한 노력이 가져온 큰 선물이다. 공모 교장으로 임용된 이는 삼우초가 거듭나는 과정에서 중심적 역할을 수행한 나영성 교사다. 삼우가족이 바라보는 공모 교장의 임용은 그 의미가 남다르다. 5년여 동안 삼우초를 지역사회 학교로 만들어 오는 데 기여한 교사가 교장으로 임용되었고, 그 과정에 삼우의 교육 주체들이 적극적으로 결합했다. 그리고 삼우초의 교사가 학교장으로 임용되었기 때문에 교장 개인에게 부여되었던 권한과 책무를 학교 구성원들이 나누게 되었다. 아이들은 전혀 거리낌 없이 교장실에서 전통차를 마시며 마음의 대화를 나눈다. 교장은 상담으로 담임교사를 도와주고 젊은 교사들의 교실에 동참하여 팀티칭을 하기도 한다. 학교 운영의 중요한 결정을 교무회의의 토론에 맡겨서 교사의 주체성을 강화하고 학교 구성원의 동료성을 일구어 내고 있다.

지난 5년여 동안 불가능해 보이기만 했던 꿈들이 현실로 이루어졌다. 학교에서 소외되고 주변인에 머물던 교사들이 주체적이고 열정적

작은 학교 행복한 아이들

으로 교육을 실천하며 교사로서 행복을 느끼고 있고 아이들은 교사들의 배려와 돌봄 속에서 따뜻한 본성을 회복해 나가고 있다. 폐교가 될 뻔했던 학교는 지역사회를 굳건하게 버텨 주며 생활문화공동체의 중심이 돼 주고 있다. 그리고 올해, 삼우초는 공모제 교장의 부임으로 제2기의 밑그림을 그리고 있다. 다시 새로운 출발선에 서서 앞으로 삼우초가 걸어갈 길을 생각하면 가슴이 벅차다.

날마다 두근두근
행복한 작은 학교

상주남부초등학교

오일창 김주영

본문 사진 제공 상주남부초등학교

'참삶을 가꾸는 행복한 작은 학교'를 준비하다

2002년 초, 안동의 한 모임에서 남한산초 교사를 만났다. 그 선생님에게서 남한산초 이야기를 들으며 눈이 휘둥그레졌다. 교사로 살아오면서 머릿속으로만 그렸던, 어쩌다 빈말처럼 주고받던 이야기들이 현실로 이루어지고 있는 학교가 있다니. 그해 여름방학 때 내 눈으로 직접 확인하러 남한산초를 찾아갔다. 교사가 주체적으로 학교를 만들어 가는 모습을 보니 가슴이 뛰기 시작했다. 교육 활동뿐만 아니라 학교 시설이나 건축까지도 교사가 나서서 바꾸어 가고 있었다. '이렇게 될 수도 있구나.'

그런데 학교를 방문하고 내려오는 마음은 무겁기만 했다. '이 어려운 일을 과연 내가 할 수 있을까……'

일단 목표 학교를 상주남부초로 정하고 인사 발령을 받았다. 이미 그 전해에 뜻을 함께하는 교사들을 모아서 '참교육실천학교' 모임을 꾸렸다. 상주 도심에는 1,000명을 넘나드는 큰 초등학교가 5개 있고,

시가지 주변에는 북부, 동부, 남부초가 있다. 당시 북부초는 이미 분교로 바뀌었고(이내 폐교되었다) 남부초는 몇 년째 4학급, 5학급을 오르내리면서 통폐합 대상 학교로 지목되고 있었다. 상주시의 면 지역에는 24개의 초등학교가 있지만 100명을 넘기는 학교는 두어 개에 지나지 않고 대개가 50명 안팎의 소규모 학교들이다. '남부초를 찜하기로 하자.' 상주남부초는 상주의 명산으로 꼽히는 갑장산 자락에 자리 잡고 있다. 학교는 논과 밭이 어우러진 들판, 울창한 소나무 숲과 개울로 이어지는 아늑한 농촌 마을에 둘러싸여 있다. 풍광이 아름다운 전원 학교이다. 상주 도심에서 학교 옆으로 지나는 국도 3호선을 따라오면 10분 남짓이면 닿을 수 있는 곳이다. 남부초의 학구는 상주시의 동 지역이지만 농업을 주업으로 하는 8개의 자연부락으로 되어 있다. 학구의 아이들이 점점 줄어들고 있는데다 일부 아이들은 도심의 큰 학교로 전학 가는 바람에 학교 형편은 더욱 좋지 않았다. 통폐합 대상

오일창 51chang@naver.com

초등 교사라는 직업을 벗어 버리고 싶어서 젊은 시절 십수 년을 교직을 떠나 색다른 공부도 해보고, 중등, 대학, 사회교육 기관을 기웃거리기도 했습니다. 마흔셋에 초등 교사로 다시 돌아와 그럭저럭 또 십여 년을 넘기고서야 무얼 좀 해 볼 수 있을 것 같았는데 몇 년 애쓰다 보니 벌써 교직을 떠나야 할 때입니다. 그래도 1년이나 남아 있으니 힘닿는 데까지 해 보려 합니다.

김주영 eledu21@chol.com

예비 교사 시절 서머힐을 동경해 왔습니다. 프레네도, 발도르프도, 키노쿠니도 접하지 못했을 때부터 아이들과 교사 모두 행복한 학교에서 살고 싶었습니다. 그런 학교를 꿈꾸며 수많은 동료 교사들과 고민도 나누고 전교조 활동도 해 왔습니다. 2005년부터 새로운 학교를 꿈꾸며 시작한 상주남부초에서 행복하게 살고 있습니다.

학교로 지목되면서 시설 투자가 끊겼기 때문에 안 그래도 교육 여건이 변변찮은 상주남부초는 급격하게 윤기를 잃어 가고 있었다. 게다가 시내와 멀어서 문화적인 이점도 없는데 같은 지역에 위치하여 농어촌 점수마저 없어서 교사들에게는 한두 해 거쳐 가는 학교로 평판이 나 있었다. 남부초를 희망하는 교사들이 적다는 것은 오히려 우리가 함께 옮겨 올 수 있는 여건이 되어 주었다.

함께할 교사들이 모였으니 2004년에는 곧장 새로운 학교를 열 수 있을 줄 알았는데 쉽지가 않았다. 준비 팀을 이룬 교사들도 서로 의견이 일치하지 않았다. 교육, 아이들, 교사, 학교, 학급, 수업을 보는 눈이나 실현하고픈 모습이 많이 달랐다. 어디까지 통합된 관점을 만들어야 하고, 또 어디까지 다양한 해석으로 인정할 수 있는 걸까. 먼저, 학교 문화를 구성하는 요소들에 대해서 서로 공감대를 가져야 새 학교를 열 수 있을 것 같았다.

여름에는 희망하는 아이들을 모아서 폐교를 빌려서 3박 4일 동안 숲속학교를 열어 보았다. 우리가 함께 새로운 학교를 만들 수 있는지 시험하는 과정이기도 했다. 하지만 모두 애만 쓰고 지치기만 했다. 우리가 바라는 학교상이 뭔지는 여전히 감을 잡기 어려웠고 '야, 이거 학교를 꾸려 나간다는 게 함부로 하기 어려운 일이구나' 싶은 마음에 겁이 덜컹 나기도 했다. 가을 들어 모임에 새 얼굴이 합류하면서 새롭게 공부를 하기로 마음먹고 발도르프 학교, 슈타이너, 대안교육, 덴마크의 프리스콜레 등을 공부하기도 했지만 왠지 점점 동력이 떨어지는 것 같았다. '이러다가는 안 되겠다' 싶은 마음이 들던 때 충남에 있는 거

작은 학교 행복한 아이들

산초를 방문하게 되었다. 외진 농촌 마을의, 교육 여건도 열악한 작은 분교에서 여교사 몇이서 새로운 학교를 일구어 낸 모습을 보면서 오기가 생겼다. '내년에는 무조건 참실 학교를 세운다.' 다행히 남부초의 여건이 좋아지고 있었다. 새로 온 교장 선생님은 평교사의 제안을 편견 없이 잘 수용해 주는 분이었다. 학운위원들의 학교를 살리겠다는 열의도 대단했다. 때마침 2학기 들어 경북교육청의 '반딧불 교실'이라는 저소득층 자녀를 지원하는 프로젝트에 응모하여 지원을 받게 되었다. 아침에 태권도 수업을 하고 원어민 영어 강사도 지원받고 방과 후에는 매일 간식을 먹으면서 5시까지 학교에서 온종일학교를 열었다. 학교가 끝나면 태권도 학원 차가 와서 아이들을 마을까지 태워다 주었다. 남부초의 교육 활동에 활기가 넘치기 시작했다. 가을 운동회를 기하여 동창회, 지역 인사, 학부모를 아우르는 '학교발전위원회'를 발족하고, '남부초 좋은 학교 만들기'라는 학교 발전 프로그램도 시작했다. 11월이 되어서 학교 교육과정에 대한 논의가 구체화되었고 한 달 동안의 토론을 거쳐 '참삶을 가꾸는 행복한 작은 학교'라는 학교상을 만들었다. 12월 20일에는 전교조 상주지회 교사들 중 학부모인 이들을 초대하여 1차 설명회를 열었다. 초등 자녀를 둔 조합원이 100여 명은 될 것 같은데 설명회장에 나온 교사는 10여 명뿐이었다. 겨울방학은 다가오고 마음은 조급했다. 시내에서 손닿는 대로 안내장을 뿌리고 27일, 2차 설명회를 열었다. 1차 설명회 참석자보다 10여 명 정도 더 많았다. 1월 5일까지 전학 절차를 밟아야 새 학년도 학급 편성을 받아낼 수 있다. 새 학교를 복식학급으로 시작할 수는 없었다. 연말까지 아파트 단지 등을 찾아다니며 설명회를 여는 노력 끝에 17명이 전학을 와서 전교생 58명으로 간신히 6학급을 편성받았다.

학교 문화의 질적 변화를 노리다

2005년, 우여곡절 끝에 남부초에 모여 함께 새로운 학교를 시작하게 된 교사는 김주영, 김화자, 이용운 교사 그리고 나 오일창 4명이다. 나는 새로운 학교를 세우자고 제안했고 가장 연장자이다. 남부초에 두 해 먼저 들어와 있던 터줏대감이기도 해서 이의 없이 얼굴 마담을 맡게 되었다. 이미 분교에서 삶을 가꾸는 교육의 노하우를 쌓아 온 김화자 교사는 꼼꼼한 시어머니이다. 젊고 성질 급하고 원칙에 충실한 이용운 교사는 힘든 일을 도맡아 해내는 상일꾼이다. 그리고 김주영 교사는 상주 지역 토호이고 전교조 상주지회장을 맡았던 경험도 있어서 지역 사정에 밝았다. 이 4인방이 학교를 휘젓고 다녔다.

교장 선생님 또한 한정 없이 좋은 분이었다. '참삶을 가꾸는 행복한 작은 학교' 안을 내놓았을 때 교장 선생님은 이렇게 말씀하셨다. "선생님들은 일반 학교에서 빈말로 한다는 것을 참말로 하려 하는군요. 내 힘닿는 대로 거들겠소." 교감 선생님은 막 승진한 분으로 일을 겁내지 않고 도전하는 자세로 한번 해 보자고 하셨다. 1년 차와 신임인 여교사 두 분도 우리를 무조건 따라 주고 연세 든 교과 전담 선생님도 말 없이 잘 협조해 주셨다.

학교의 교육계획을 짜는데 숱한 일들이 처음으로 시행해 보는 거라 많이 더뎠다. 일일이 의논하고 속속들이 점검해 보아야 했다. 퇴근 시간이 지나서야 모일 수 있는데 사소한 결정 하나에도 몇 시간씩 붙잡고 늘어지기도 했다. 우리가 가장 공들인 것은 학교 교육과정을 짜는 일이었다. 학교는 교육과정을 수행하는 곳이다. 학교 안팎에서 우리의 주장을 관철시키기 위해서도, 이런저런 외풍을 방어하기 위해서도 우리는 교육과정을 제대로 짜고 잘 지켜 내야 한다고 생각했다. 우선 학교의 업무분장을 학교교육과정위원회 조직으로 일원화했다. 관료 조직 냄새가 풀풀 나는 교무부, 연구부, 생활부 대신에 학교 교육과정을 편성, 운영하는 데 필요한 부서로 이름을 바꾸었다. 기획조정부, 교과교육부, 재량특별교육부, 자치교육부, 교육자료부, 정보교육부, 학교일반업무부, 교육과정지원부로 나누었다. 교무부장, 연구부장이란 호칭은 기조부장, 교과부장으로 바꾸었다. 교과 전담 교사가 학교일반업무부를 맡아서 잡무에 속하는 공문이나 업무를 도맡았다.

수업은 블록제로 바꾸었다. 40분 수업은 주제를 중시하는 우리 학교 교육과정과 맞지 않았다. 쉬는 시간 10분은 화장실 다녀와서 수업 준비하는 데만도 벅차서 아이들이 제대로 놀 수가 없다. 노는 시간도 수업처럼 소중하다. 1시간 20분 수업하고 30분 쉬는 블록제 수업을 운영하면서 아이들에게 제대로 노는 시간이 생겼다. 수업 시간은 줄이지 않으면서 수업은 수업대로 집중할 수 있고 쉬는 시간에 아이들은 축구를 즐길 수도 있게 되었다.

학교에 대한 소문이 조금씩 퍼지면서 전입도 늘고 시내 학교로 전학 갔던 아이들도 다시 돌아왔다. 시내의 과대, 과밀 학교에서 전학 온 아이들은 물 만난 고기처럼 활개를 쳤다. 학교를 만들 때 자치학교를 이상으로 삼았기 때문에 아이들을 통제하는 것은 최소화하려고 애썼다. 덕분에 교사들은 일이 곱절로 늘어나 쩔쩔매야 했다. 원래 있던 아이들과 전학 온 아이들을 다독여 한데 아우르는 일도 예삿일이 아니었다. 전학 온 몇몇은 알아주는 말썽꾸러기들이었다. 새로 기획한 교육 활동들을 수행하려니 신경 쓸 일도 많고 손 가는 일도 많았다.

그 무렵 학교에 대한 소문도 무성했다. '남부초는 대안교육을 한다며?' '전교조 골수분자들이 학교를 접수했다며?' 좋은 쪽으로든, 나쁜 쪽으로든 이런저런 소문들은 실패하면 안 된다는 중압감으로 다가왔다. 새로 시도하는 교육 방식을 두고도 학교 안에서 우려가 많았다. 블록제로 바뀌고 나서 아이들 노는 시간이 너무 많은 것 같다거나 자율과 자치를 강조하느라 아이들을 너무 풀어 놓는 것 아니냐는 목소리도 있었다. 새로운 교육 프로그램들을 수행하느라 허둥대다가 기본적인 교육 활동이나 교과 수업에 소홀해지는 건 아닌지도 걱정되었다.

동상이몽 – 흔들리는 학교

학교가 자리 잡을 때까지는 크고 작은 시련이 있었지만 특히 처음 한두 해는 학교를 포기하고 싶을 정도로 갈등이 심했다. 우선 교육청과의 관계 문제였다. 4학급으로 줄어들 것으로 예상했던 학교가 시내 아이들이 전입해서 6학급으로 늘어나자 교육청 담당자는 의구심을 갖기 시작했다. 2005년 새해 들어서 교장이 전면에 나서서 새 학교상을 알리고 다녔기 때문에 교육청에서도 긍정적으로 바라보고 있을 것이라고 생각했는데 아니었다. 교육청은 만일 이렇게 집단으로 전학 온 아

작은 학교 행복한 아이들

이들이 한꺼번에 전출하여 6학급 편성이 안 될 경우에 누가 책임질 것
이냐고 닦달했다. 아직 발생하지도 않은 일이며 앞으로도 발생하지 않
도록 충분히 대비를 해 두었다고 설명해도 막무가내였다. 아무리 이해
할 수 있게 설명한다고 해도 해결될 수 있는 문제기 아니었다. 교육청
이 원하는 것은 만일의 경우 누가 책임을 질 것인지 책임 소재를 명백
히 하는 일이었다. 결국 학교장이 집단 전학 경위와 앞으로 추진할 학
교교육 계획을 밝히고 만일의 경우 학교장이 모든 책임을 지겠다는 각
서를 써야 했다. '이것이 관료들의 몸조심이구나.' 관료 조직의 한계
를 몸소 느끼기도 했다.

두 번째로 가장 많은 갈등을 겪은 건 학부모들이었다. 학교상을 '참
삶을 가꾸는 행복한 작은 학교'로 세우고 학교 운영 계획을 짠 후 학교
발전위원회를 통하여 학부모들뿐만 아니라 동창회, 지역사회 인사들
과 공유하는 절차를 거쳤다. 우리는 당연히 지역과 학부모들이 새 학
교 운동을 진정으로 환영하고 있는 줄 알고 있었다. 그런데 3월이 되
어 프로그램이 투입되면서부터 학부모들의 태도가 달라지기 시작했
다. 각자가 바라는 학교상이 같지 않았던 것이다. 교사들은 '자율',
'더불어 사는 것', '아름다운 감성', '과정 중시' 같은 가치를 지향하
고 싶은데 '경쟁성', '수월성', '가시적 성과'를 바라는 학부모들이 있
었다. 우리가 지향하는 '삶을 가꾸는 교육'에 대하여 의심하는 시선도
있었다. 학교에서 공부는 소홀히 하고 쓸데없는 활동에 골몰하고 있다
는 것이었다. "농촌 학교에서 노작 체험이 왜 필요하냐?" "'행복한' 이
라는 표현도 의심이 간다. 언제 아이들이 공부를 좋아했는가?" 특히

학구의 학부모들은 시내 학교 아이들보다 앞서는 학력을 갖도록 해 주 길 바랐다. 아이들이 멋대로 놀도록 내버려 두지 말고 싫어하고 힘들 어해도 아이들 장래를 위해서 공부를 열심히 가르쳐야 한다고 했다. 반대로 시내에서 전학 온 학부모들은 '참삶을 가꾸는 행복한 작은 학 교'를 선택하여 찾아왔으니 약속대로 학교 교육과정을 이행해 주기를 요구했다. 결국 양측 학부모가 편을 갈라 싸우는 형국이 되고 말았다. 학구 학부모들은 학교와 교사 그리고 시내 학부모들이 자기들을 무시 한다고 여기기도 했다.

학부모들은 점점 투사가 되어 갔다. 2004년 2학기 학교 살리기 바 람이 일 때, 학부모들은 집단으로 교육청을 방문하여 작은 학교 살리기 를 위한 지원책을 요구했다. 그래서 특기적성 과목으로 원어민 영어와 태권도 지도를 위한 특별 지도비를 지원받았다. 새 학년이 되자 6학급 이 편성되는 성과도 올리고 새로운 학교교육 프로그램도 시작되었으 니 더 큰 지원을 요구하기 시작했다. 상주교육청은 교육장과 학무과장 이 바뀌어 지난해의 상황도 잘 모르고 또 지역교육청 입장에서는 학부 모들이 요구하는 스쿨버스 지급, 실내 체육관 신축 같은 사안들은 해 결해 줄 수도 없다. 학부모들은 경기도 어느 학교에서 수십 억 규모의 지원을 받은 자료를 들이대며 우리도 해 내라고 요구하기도 하고 교육 장의 답변이 부실하다고 교육장실을 점거하고 버티기도 했다. 전교조 교사들이 모이더니 학부모들을 사주하여 벌어지는 일이라는 오해도 있었다. 난감했다. 학부모들이 투쟁으로 따낸 특기적성 특별 지원비는 결국 학부모들이 부담할 경비를 교육청에서 우리 학교만 특별 지원하

작은 학교 행복한 아이들

여 특혜를 받는 것이었다. 다른 학교들을 제치고 컴퓨터실을 개선하거나 놀이터를 설치한 것 역시 떳떳하지 못했다. 교사들은 새롭게 벌이는 교육 활동에 대하여 교육청에 특별 지원을 요청하려고 했지만 말도 꺼낼 수 없는 상황이 되고 말았고 참삶을 가꾸는 행복한 작은 학교의 이미지는 점점 일그러져 갔다.

학부모들의 요구는 학교 교육과정에 직접 관여하는 형태로 번지기도 했다. 태권도를 특기적성 과목으로 채택하여 학원 차량으로 통학 문제를 해결하라거나 특기적성 과목에 원어민 영어를 우선 배정하라는 등의 요구였다. 태권도는 학생 수가 늘어나서 운동장 외에는 지도할 장소가 없으니 곤란하고 태권도 학원 차가 전교생의 통학을 맡는 일은 불가능하다고 설명했지만 받아들이질 않았다. 영어 원어민 수업은 사교육 강사를 정규 교과 시간에 불러들일 수는 없어서 방과 후 특기적성 시간에 배정했으나 그 시간에는 학원 수업 때문에 올 수 있는 강사가 없었다. 하지만 학부모들은 막무가내였다. 한 달 동안 실랑이 끝에 태권도는 학부모가 양보하고 원어민 영어는 학교가 양보하여 오전 교과 수업 시간에 원어민 강사 수업을 넣고 교과 수업은 특기적성 시간으로 옮겼다.

체험 중심 교육 활동을 하다 보니 많은 행사가 따를 수밖에 없고 이 과정에서 숱한 소음들이 발생한다. 교사들은 늘 대중없이 바쁜 터에 거의 한 달 간격으로 학부모들과 전쟁을 치러야 했다. '시간이 해결해 줄 것이다.' '우리들이 모두 사심 없이 노력하면 오해는 곧 풀릴 것이다.' 자위해 보았지만 너무 여러 번, 너무 심각하게 부딪히니 견디기 어려웠다. 교사들이 해야 할 일은 믿고 맡겨 주길 바랐지만 학부모들은 자신들의 요구를 관철시키고 싶어 했다. 모두들 지쳐서 판을 접을 수밖에 없다는 실의에 빠진 적도 있었다.

상주남부초는 교육계나 학부모, 지역사회에서 작은 학교 살리기에 대한 요구가 먼저 있었던 게 아니었다. 교사들이 먼저 필요성을 느끼고 먼저 발 벗고 나섰다. 설명회 안내 전단도 우리 손으로 돌리고, 설명회장도 우리 손으로 마련하고, 설명도 우리가 하고, 전학을 오겠다면 동사무소에 가서 우리 집 주소로 전입시키고, 학부모들의 몫인 통학 차량 문제까지 우리가 도맡았다. 그때의 그 고통은 학교 혁신 운동을 시작한 우리가 어쩔 수 없이 안아야 할 몫이었던 걸까.

비 온 뒤 땅이 굳는다

한 번도 가 보지 않은 길을 열어 간다는 것이 결코 쉬운 일은 아니다. 함께 시작한 4명의 교사끼리도 서로 의견이 달라서 부딪히는 경우가 많았다. 제각기 다른 분위기의 학교생활에 익숙했던 아이들이 모여 새로운 공동체를 만들어 가는 것 또한 만만한 일이 아니었다. 특히 교육을 바라보는 시각이 달라서 학부모들과 겪어야 했던 갈등과 반목은 기억하기도 고통스럽다. 하지만 비 온 뒤에 땅이 굳어진다고 했던가. 남부초는 시련을 겪으면서 더욱 더 단단하게 여물어 가고 있었다.

2005년, 한국문화예술교육진흥원에서 하는 학교문화예술교육시범사업에 선정된 일은 아이들에게 문화예술교육에 대한 경험을 넓혀 주며 학교에 활기를 주었다. 이 시범사업은 지자체와 문광부가 50대 50으

✻

○ 2005년, 제1회 갑장산 예술제가 열렸다. 무용
동아리 '악동들의 별바라기'가 발랄한 공연을 선
보였다.

○ 밴드 동아리 '락스타'는 회원이 되려면 학년
말에 오디션을 거쳐야 할 정도로 인기가 많다.
'락스타'가 동아리 연습실에서 연습을 하고 있다.

로 투자하는 사업으로 학교와 지역사회를 연계한 프로젝트 사업이었다. 남부초는 민족미술인협회(이하 민미협) 상주지부와 인연이 닿아 이 사업에 함께하게 되었고 동아리 활동과 여름, 가을 계절학교를 진행하게 되었다. 이 사업은 학구 내 아이들이나 새로 전입해 온 아이들에게 다양한 문화예술 체험 기회를 제공했고 그렇게 성장한 아이들의 모습은 그해 11월에 열린 갑장산 예술제의 전시 마당과 공연 마당에서 눈부시게 빛났다. 아이들이 준비한 작품은 학교 가득 전시되었고 운동장에 설치된 야외무대에서는 누구 하나 빠짐없이 참여해서 연습한 다양한 공연이 올려졌다. 교사나 아이들, 학부모들에게 너무도 가슴 벅찬 행사였다.

졸업식에서도 남부초만의 빛깔을 만들어 갔다. 대부분의 학교 졸업식은 여러 기관에서 보내 온 상장들로 아이들은 줄 세워지고 몇몇 우수한 아이들이 상 받는 데 다른 아이들은 들러리를 서게 된다. 상주남부초의 졸업식은 형식적인 상을 거부하고 모든 졸업생이 차별 없이 축하받는 자리가 되었다. 학부모들은 직접 이런 학교의 모습을 눈으로 보고 학교의 일을 낱낱이 물어다 주는 아이들의 이야기를 들으며 학교를 점점 더 신뢰하게 되었다. 다행스럽게도 학교를 흔들던 학부모 몇몇이 아이를 전학시키면서 학교는 점차 안정을 되찾게 되었고 학부모들은 더욱 적극적이고 든든한 후원자가 되었다.

때마침 지원군도 도착했다. 할 일은 많은데 처음 시작한 4인방은 지쳐 있었다. 일이 크든 작든 4명이 고민하고 4명이 만들어 갔다. 물론 큰일이 있을 때마다 학부모들은 내 일처럼 발 벗고 나서 주었지만 수많은 체험 행사를 기획하고 준비하는 일들은 힘에 겨웠다. 특히 학부모들은 교사들을 믿고 아이들을 학교에 보내 왔는데 우리 넷이서 6개 학년 담임을 다 맡을 수 없다는 것이 큰 문제였다. 다른 교사들도 참 열심히 했지만 학부모들은 학교상을 제대로 이해하고 학교 교육과정 기저에 깔려 있는 교육철학들을 교실 안에서 녹여 낼 수 있는 교사들을 원했다.

첫 해를 지내며 그러한 고민들은 말끔하게 해소되었다. 뜻을 함께하는 교사들이 연차적으로 전입하게 된 것이다. 2006년에 정길봉 교사와 이미나 교사를 비롯해 이듬해 박종찬, 백미연, 다음 해 전종태 교사가 합류하게 되었다. 모두들 오랫동안 전교조 활동을 함께해 오면서 생각을 공유했고 학교의 비교육적인 문화를 새롭게 바꾸려는 노력에 적극적으로 동참하려는 사람들이었다. 다른 학교 같았으면 뜻이 있다고 해도 곧바로 전입하기는 쉽지 않다. 하지만 상주남부초는 승진에 도움이 되는 조건이 전혀 없다. 벽지 점수도 없고, 농어촌 점수도 없다. 상주남부초에 가면 견디기 힘들다는 소문 때문에 희망하는 교사들도 많지 않다. 그런 조건 덕분에 오히려 학교가 빠르게 정착할 수 있었다.

열악했던 학교의 겉모습도 조금씩 바뀌어 갔다. 폐교 직전의 소규모 학교다 보니 수해 전부터 시설 투자가 전혀 이루어지지 않아 학교의 환경은 그야말로 최악이었다. 체험 중심의 교육과정을 운영해야 하고 학생 수가 점점 증가하고 있어서 우선 교실 공간이 필요했다. 학교문화예술교육시범사업에서 동아리 활동 공간으로 컨테이너 2개짜리 2실과 1개짜리 2실, 총 4실을 지원받았지만 턱없이 부족했다. 수차례 교육청과 관계 인사들에게 청원하여 교실 2칸을 증축했다. 지자체 사업인 학교담장정비사업을 유치하여 학교 울타리를 없애고 숲으로 조성했다. 교실 구조도 소인수 학급에 맞게 바꾸고 도서관과 과학실도 새로 꾸몄다. 유치원 꼬맹이들의 생활 공간도 리모델링으로 깨끗하게 바뀌었다. 폐교 대상이라 하지 못했던 일들을 한꺼번에 하다 보니 해마다 학교는 공사장이었다. 졸업생들은 학교에 올 때마다 학교가 바뀐다고 투덜거리곤 한다. 자기들이 다닐 때보다 더 좋아졌다고. 올해엔 뒤뜰에 연못도 하나 만들었다. 지난해부터 해 오는 학교 숲 가꾸기를 완성하고, 교실을 두세 칸 정도 늘리고 체육관을 지어 놓으면 교육 활동 공간으로 부족함이 없을 듯하다. 지금도 각종 교사 연수나 지역민들의 문화 활동 공간으로 활용되고 있는데 시설물들이 좀 더 정비

＊
올해, 신입생 입학식에서 6학년 형들이
동생들을 업고 식장에 입장하고 있다.

작은 학교 행복한 아이들

되고 나면 지역의 문화센터로도 손색이 없을 것이다.

일, 놀이, 배움이 어우러진 온종일학교

학교가 안정되면서 '우리가 진정 아이들을 행복하게 해 주고 있는가?' 하는 의문을 던지지 않을 수 없었다. 그래서 우리는 아이들이 날마다, 매수업마다, 매활동마다 가슴 두근거리는 기대감으로 가득 찰 수 있도록 한 시간 한 시간의 수업도 설계하고 모든 행사도 기획해 보자고 '날마다 두근두근 행복한 작은 학교'라는 슬로건을 내걸었다. 그에 따른 활동은 온종일학교와 토요 체험학습, 그리고 계절학교이다.

온종일학교는 일과 놀이, 배움이 어우러지도록 만들었다. 모든 아이들이 월요일부터 금요일까지 매일 오후 5시가 되어야 집으로 간다. 핵가족에 맞벌이 부부가 많고, 가정 형편이 어려운 아이들이 많아서 학교에서 돌볼 필요가 있었다. 온종일학교는 새 학교 운동 전부터 활발했으므로 학구 내 학부모들은 더 강화된 온종일학교를 기대했다. 교사들도 온종일학교가 학부모들의 사교육비를 절감시켜 주고 소외 계층 아이들에게 교육 프로그램을 제공하면서 참삶을 가꾸는 행복한 작은 학교를 만들기에도 기여할 것이라고 판단했다. 교사들의 업무가 과중해질 것이 염려되었지만 학부모들의 기대를 저버릴 수는 없었다.

온종일학교는 크게 특기적성교육과 동아리 활동으로 구성되었다. 특기적성교육은 학부모들의 희망을 반영하여 영어, 미술, 글쓰기를 학년별로 배치하고 시간이 많은 1, 2학년은 조금 더 했다. 동아리 활동은 무학년제 동아리를 만들어 선배들이 후배들을 이끌어 가는 자치 학교의 꿈을 키워 보자는 의미에서 시작했다. 초기 몇 년 동안은 강사의 지도를 받아 기본적인 기능을 익히고 3년 정도 지난 후에는 자생력을 가지게 되기를 기대하고 시작했다.

2005년에 처음 동아리를 편성할 때는 노작(재배, 사육, 목공, 뜨개질)과 취미(애니메이션, 풍물, 무용, 밴드, 연극, 관악) 동아리로 나누어 모든 아이들이 참여할 수 있도록 했다. 재배 동아리는 학교 주변 공터 70여 평에 감자, 고구마, 콩 그리고 몇 가지 채소들을 심었는데 아이들이 농사일에 재미를 못 느껴 제대로 가꾸지도 못하고 수확도 변변찮았다. 사육 동아리는 토끼, 닭, 강아지, 비둘기 등을 기르는데 질병을 예방하기 힘들고 새끼치기에 실패해 어려움이 많았다. 더 안타까운 문제는 아이들이 계속해서 동물들을 가지고 내 것, 네 것을 따진다는 점이었다. 제일 활기차게 활동하는 부서는 목공 동아리였다. 수업 시간에는 몸을 비비 꼬던 6학년 덩치들이 목공 시간만 되면 신명을 냈다. 뜨개질은 여학생들에게 인기가 있었다.

＊
동아리 활동 중에 아이들이 가장 좋아하는 건 목공 시간이다. 수업 시간에 몸을 비비 꼬던 6학년 덩치들이 목공 시간만 되면 신명을 냈다. 목공 동아리 아이들이 만든 나무 의자는 학교 곳곳에 놓여 있다.

작은 학교 행복한 아이들

올해 동아리 활동은 예전과 모습이 조금 달라졌다. 노작 활동은 동아리라고 하기에는 아이들이 그다지 흥미를 느끼지 않고 농업을 주로 하고 있는 학구 내 학부모들이 반대해서 토요 체험학습과 학급별 프로젝트 활동으로 재구성했다. 취미 동아리는 2007년에 학교문화예술교육시범사업이 종료된 후 아이들의 선호도가 높고 활동력이 있는 동아리들로 조직했다. 올해는 매주 수요일과 금요일 오후에 동아리 활동을 한다. 밴드 동아리 '락스타'는 밴드 경험이 있는 박종찬 교사가 지도를 맡으면서 더욱 체계적이 되었다. 락스타는 회원이 되려면 학년 말에 오디션을 거쳐야 할 정도로 인기가 많다. '반올림#'은 리코더 동아리인데 각종 경연대회에서도 좋은 성적을 내고 있다. 이 외에도 목공, 생활 공예, 영화 동아리까지 모두 5개의 동아리가 운영되고 있다. 학교 곳곳에는 생활 공예 동아리 아이들이 만든 예쁜 글씨들이 눈에 띄고 목공 동아리는 나무 그네를 2주째 만들고 있다. 아마 다음 주에는 연못가에 멋진 그네가 세워질 것 같다.

몸으로 하는 수업 – 토요 체험학습과 계절학교

"오늘 이 학교에서 무슨 행사가 있나?"

토요일에 처음 학교를 방문하는 사람들은 이런 착각이 든다고들 한다. 아이들과 교사 모두가 부산하게 움직이는 모습을 보고 하는 말이다. 토요일은 전일제 체험학습을 하는 날이다. 토요 체험학습은 교과 내용 중에서 체험적 요소들을 뽑아서 연관되어 있는 주제로 통합하여 재구성했다. 지방 소도시라 아이들은 문화예술 체험이 빈약한 편이다. 토요 체험학습일에 아이들과 함께 서울의 대학로에서 뮤지컬 공연을 보기도 하고 평소 잘 가 보지 못했던 지역의 문화재를 날 잡아 찾아가기도 했다. 수학여행 때나 갈 법한 백제 문화유적답사, 신라 문화유적답사도 토요 체험학습일에 다녀왔다. 쑥떡 해 먹기, 콩 서리하기, 고구마 구워 먹기, 김치 담그기 등의 생활 체험이나 빙상 운동, 수영 등 계절 운동 등도 시도해 보았다. 오늘도 해오름(1학년)에서는 직접 키운 닭을 잡아 엄마들과 함께 닭볶음탕을 만들고, 물오름(4학년)은 박물관 견학을 떠나고, 꽃피움(5학년)은 학교 텃밭에서 열무를 솎아 나누어 먹었다.

재량활동을 1시간씩 모아서 여름, 가을 계절학교도 열었다. 첫 여름 계절학교는 주로 목공, 도예, 탈춤, 짚공예, 염색, 벽화 등 전통 생활과 문화예술 영역 프로그램으로 짰다. 목공은 자연 목재를 이용하여 곤충, 동물, 사람 등의 모습을 형상화하는 목재 소품을 만들었다. 강사는 중등 미술 교사인 학부모가 맡고 정교한 톱질이나 글루건으로 접착하는 활동은 학부모 도우미가 도와주었다. 나뭇가지, 솔방울 등이 어우러져 기발한 형상들이 창조되었다. 도예는 학년 특성을 배려하여 저학년은 흙 놀이를, 고학년은 전동 물레 작업을 해 보았는데 아이들은 흙을 주무르며 그 감촉을 맘껏 느껴 보았다. 탈춤은 안동에서 강사를 불러와서 하회탈춤의 한 부분을 익혀 보았다. 짚공예는 대구의 짚풀문화연구소 분을 불러왔다. 상주는 이 땅에서 논농사를 짓기 시작했을 때부터 벼농사를 지은 전통 깊은 곳이거늘 짚공예를 가르쳐 줄 사람이 없어 대도시 대구에서 강사를 불러오다니 안타까웠다. 염색은 학부모

작은 학교 행복한 아이들

✱
교사^{校舍} 뒷면 화장실 벽에 손잡고 둘러선 아이들의 환호 속에서 잉어가 비상하는 벽화를 그렸다. 아이들 손으로 이런 대작을 만들다니 놀라웠다. 이때부터 이 벽화는 우리 학교를 상징하는 그림이 되었다.

들의 도움을 받아 직접 자신의 티셔츠를 염색했다. 이 티셔츠는 학교를 상징하는 물건이 되었다. 벽화 그리기는 놀라운 체험이었다. 학교 뒷면 교실 4칸 반 정도의 창틀 아래 콘크리트 벽에 파도가 출렁이는 시원한 바다를 그렸다. 교사^{校舍} 뒷면 가운데 돌출되어 있는 화장실 벽에는 손잡고 둘러선 아이들의 환호 속에서 잉어가 비상하는 민화를 그렸다. 미술 교사인 학부모가 밑그림을 그리고 전교생이 달려들어 색칠을 했다. 몇 사람의 도우미가 함께했지만 아이들 손으로 사흘 만에 이와 같은 대작이 완성될 줄은 몰랐다. 이때부터 이 벽화는 우리 학교를 상징하는 그림이 되었다.

  첫해, 가을 계절학교는 예산 부족으로 외부 강사는 못 부르고 교사들이 나누어 맡았다. 학년별 운영 계획서에 따라 오전 동안은 전시 작품을 만들고, 오후에는 학년 공연과 동아리 공연 연습 시간을 배정했다. 교사들은 한 주 내내 학부모들의 도움을 받아 밤늦도록 작업을 계속했다. 계절학교의 마무리는 공연과 전시회였다. 전시 작품은 평소 학습활동에서 나온 작품과 여름, 가을 계절학교 작품, 특기적성 시간에 생산한 글과 그림, 동아리 활동 작품, 학교문화예술교육시범사업 관련 작품 등이다. 작품 전시는 운동장에서 시작하여 1, 2층 복도를 빼곡히 채웠다. 작품 수도 많고 내용도 다양하고 아이들이 체험한 교육 과정이 묻어나는 작품들에 모두들 감탄했다.

공연과 전시를 묶어 '제1회 갑장산 예술제'로 이름 지었다. 공연장

*
계절학교는 사나흘 동안 집중적으로 문화예술 체험을 한다. 작년 여름
계절학교에서 해인이가 활을 만들어 진지하게 과녁을 겨냥하고 있다.

은 운동장에 가설무대를 설치하고 아이들은 깔판을 깔고 운동장에 앉고, 어른들은 전교생의 걸상을 동원하여 운동장에 줄지어 앉았다. 노래, 율동, 연극 등 그동안 해 온 동아리 활동을 중심으로 유치원부터 6학년까지 모든 아이들이 한 명도 빠짐없이 한 차례씩은 무대에 올랐다. 모둠북, 발레, 리코더 중주, 풍물, 댄스, 밴드 공연은 지역 축제로서도 부족함이 없었고 큰 박수를 받았다.

올해에는 자연 체험을 중심으로 여름 계절학교를 운영했다. 1학년부터 6학년까지 언니, 동생들이 함께 모둠을 구성하여 숲 속을 탐사하고 계곡에서 함께 놀며 주어진 여러 가지 문제를 해결해 가는 과제 수행 형태의 프로그램이었다. 가을 계절학교는 문화와 예술을 주제로 다양한 체험을 하고 있다. 갑장산 예술제는 해가 갈수록 내용이 풍부해지고 평소 교육 활동을 모아 내는 행사로 자리 매김하고 있다. 벌써부터 아이들은 올해로 5회를 맞는 갑장산 예술제를 손꼽아 기다리고 있다.

자율과 자치의 장 – 한자리 모임과 교사 모임, 학부모 모임

한자리 모임은 상주남부초 가족 모두가 일주일에 한 번 한자리에 모이는 시간이다. 모두가 공유해야 할 학교생활을 의논하고, 확인하고, 축하하고, 때로는 반성도 한다. 넓은 공간이 없어 초기에는 좁은 도서관에 전교생이 모이기도 했다. 좁은 공간에서 6학년 형들 무릎에 앉아 회의도 하고 어리광도 부리는 1학년 아이들의 모습이 얼마나 정겨워 보였는지 모른다. 새로 강당을 지어 넓은 공간이 생기고부터는 이런 모습을 보기가 어려워 아쉽기도 하다. 강당이 만들어지면서 한자리 모임의 방법과 내용에 많은 변화가 있었다. 전교생이 한자리에 모여 생각을 나누는 시간도 중요하지만 학급 아이들끼리 의논할 시간이 필요하다는 요구가 있었다. 그러한 요구들을 수용하여 학급의 주요 사안들을 의논하는 학급자치 시간(첫째 주)과 교사들이나 학생들이 자기가 하고 싶은 이야기를 자유롭게 나누는 자유 발언대(둘째 주), 1~6학년 아이들로 구성된 모둠 대항 놀이 마당인 공동체 놀이(셋째 주), 전교생이 함께한 자리에서 생일을 맞은 아이들을 위해 자발적인 축하 공연과 축하 인사를 나누는 생일잔치(넷째 주)로 운영된다. 이 한자리 모임에서 우리 학교의 모든 구성원들은 자유롭게 문제를 제기하고 열띤 토론을 통해 해결해 가면서 건강한 토론 문화를 만들어 가고 있다. 직접민주주의를 실현하고 진정한 자치공동체를 만들자는 욕심을 내 보지만 아직은 많이 부족하다.

매주 월요일 오후는 직원협의 시간이다. 교장과 교감 선생님을 비롯해서 전 교사들이 타원형 회의 테이블에 모여 회의를 한다. 지시하고 전달하는 회의 시간이 아니다. 학교에서 일어나는 사소한 일이라도 서로 토론하고 토의해서 결정한다. 여기서 결정된 사항은 아주 특별한 이유가 없는 한 변경 없이 그대로 추진된다. 학교의 중요한 행사를 앞두고는 시도 때도 없이 불을 밝히고 토론하고 준비한다. 누군가는 근로기준법도 지키지 않는 학교라고 농을 하기도 했다. 자기가 좋아하는 일에도 근로기준법이 적용되는지는 의문이다. 회의 도중 서로의 생각이 달라 언쟁을 높인 적도 한두 번이 아니다. 하지만 다음 날이면 아무런 앙금도 남아 있지 않다. 지금 우리가 하고 있는 토론과 논쟁도 다

작은 학교 행복한 아이들

중요한 과정이라는 것을 인정하고 있기 때문이다. 함께 식사를 하면서도, 술을 한잔 하면서도 화제는 늘 아이들 이야기, 학교 이야기다. 다행인 것은 해가 거듭되면서 회의 시간이나 토론 시간이 크게 줄어들었다는 것이다.

학부모들의 학교 참여도 활발하다. 지역 학부모들은 학교 살리기 운동으로 앞장서 왔던 터이고 전학 온 학부모들은 어려운 결단을 하고 새로운 학교를 찾아왔으니 적극적인 것은 당연하다. 초기에는 양측이 학교교육에 대해 바라는 게 차이가 있어서 패가 갈리기도 했지만 시간이 지나면서 학교 행사나 수업, 연수, 시민단체 활동을 함께하면서 소통할 기회가 많아졌고 자연스럽게 관계가 개선되었다. 학부모들이 했던 일 중 기억에 남는 사업은 '작은 학교 살리기 작은 그림 전'이 있다. 학부모 중에서 그림을 그리는 이들이 여럿 있었고, 이들이 민미협 상주지부의 중심을 이루고 있어서 민미협 전시회를 아예 우리 학교 돕기 전시회로 바꾼 것이다. 그림을 그리지 않는 학부모들은 전시장에서 차를 판매하여 200여 만 원의 지원금을 마련하여 학교에 기탁하기도 했다. 이 전시회는 이후 세 차례나 이어졌다.

학교 안의 민주적인 의사소통 구조는 학교를 운영할 때도 많은 영향을 주었다. 2005년 학교에 상수도 급수대를 설치할 때 일이다. 급수대가 여름 계절학교 때 그린 벽화를 가리도록 설치되고 있었다. 공사가 진행되는 것을 보면서 이래서는 안 되는데 싶었지만 설계나 시공은 교육청이나 학교 경영자의 영역이어서 선뜻 나서지 못하고 어물어물하는 동안 벽화를 가리며 급수대 지붕이 들어서고 말았다. 민미협의 항

일주일에 한 번씩 전교생이 모두
모여 함께하는 '한자리 모임'은 학
급자치 시간, 자유 발언대, 공동체
놀이, 생일잔치 등으로 운영된다.
◎ 모둠 대항 놀이 마당인 공동체
놀이에서 재미나샘(이미나)이 아이
들과 즐겁게 놀고 있다.
◎ 생일을 맞은 아이들에게 이진배
교장 선생님이 생일 선물을 주고
있다.

작은 학교 행복한 아이들

의를 받고 보니 낭패스럽기 그지없었다. 숱한 논의 끝에 급수대 지붕을 2m 정도 들어올려서 해결했다. 균형에 맞지 않게 높다랗게 달려 있는 지붕을 바라보면서 우리는 시설물보다 아이들의 작품인 벽화가 더 소중하다는 마음을 되새긴다.

아이들의 행복한 삶 터

학교에 들어서면 자연석 돌에 새겨진 '참삶을 가꾸는 행복한 작은 학교 상주남부초등학교' 라고 씌어진 글귀가 방문객들을 맞는다. 주변에는 지자체에서 지원한 학교담장정비사업으로 조성된 숲, 작고 아담한 교사, 강당 옆에는 학교숲가꾸기사업으로 조성된 작은 단풍나무 숲과 대나무 숲이 학교를 더 아름답게 하고 있다.

아이들이 그린 벽화들이 가득한 뒷마당은 황톳빛 점토 블록으로 포장되어 인라인스케이트와 S보드를 타는 아이들, 배드민턴 치는 아이들과 공 던지기 하는 아이들로 늘 붐빈다. 올해 학교운영위원장의 도움으로 새로 만들어진 작은 폭포와 돌다리가 있는 연못에는 부들, 왕골, 수련, 노랑어리연, 창포 등 20여 종의 다양한 수생식물과 비단잉어, 붕어, 개구리, 잠자리 등이 서식하여 아이들의 즐거운 놀이터가 되고 있다. 학부모들이 구해다 놓은 예쁜 수련 꽃을 아침마다 보는 재미가 쏠쏠하다. 아이들과 함께 심어 놓은 무, 배추가 무럭무럭 자라는 텃밭을 보노라면 가을의 풍성함이 절로 느껴진다.

학습활동에 필요한 모든 준비물은 학교에서 제공한다. 싹틔움(3학년) 교실 앞에는 문구점에나 있을 법한 준비물 상자가 있다. 그곳에는 학교에서 사용되는 대부분의 문구들이 갖추어져 있고 아이들은 필요한 준비물들을 스스로 가져다 쓴다. 우리가 아이들에게 내리는 가장 큰 벌은 2교시 후 쉬는 시간을 박탈하는 것이다. 얼마 전 전교생이 모이는 한자리 학습에서 복도 통행에 대한 규칙을 만들었는데 내용은 이렇다. 복도에서 뛰는 아이들에게 노란 카드로 경고를 하고 경고가 3회 이상 누적되면 2교시 후 쉬는 시간에 교감 선생님이나 기사 아저씨와 함께 3일간 봉사활동을 하는 것이다. 그야말로 특효약이었다. 숙제를 하지 않는 아이에게도 이런 방법을 사용하면 약효가 그만이다.

수요일이면 가끔 옥상 위에 올라가 본다. 우리 아이들이 놀기엔 제법 넓은 교정이지만 위에서 내려다보면 학교가 좁아 보인다. 수요일 오후 3시 이후는 일주일 중 유일하게 특별한 프로그램이 없는 시간이다. 날씨가 좋으면 아이들은 이 시간에 대부분 운동장이나 텃밭, 사육장, 놀이터, 학교 숲, 뒤뜰, 연못가 등에서 무엇인가를 하고 있다. 운동장 한가운데에서는 씨영금(6학년) 형들이 중심이 된 야구 경기가 벌어지고, 그 옆엔 형들 틈에 끼지 못한 싹틔움(3학년), 터일굼(2학년) 아이들이 야구나 축구를 한다. 뒤뜰에서는 배드민턴, 발야구, 캐치볼(공 던지고 받기)을 하고 있고 연못가에서 강아지풀로 개구리를 잡는 아이들도 있다. 텃밭에서 작은 벌레들과 놀고 있는 아이들도 있고 창고 앞 단풍나무 그늘에선 목공 동아리 아이들이 못다 만든 작품을 만드느라 여념이 없다. 사육장 옆에서 닭, 토끼들과 놀고 있는 아이들이 있는가 하면 꽃피움(5학년) 여자아이들은 교문 옆 개잎갈나무 그늘에서 대중 가수들의 춤을 익히고 있다. 심심한 아이가 없다.

일도 놀이처럼, 공부도 놀이처럼

새 학교 만들기를 시작한 지 3년 정도 지나면서 수업 이외의 교육과정은 어느 정도 자리를 잡아 갔다. 우리가 지향하고 있는 '삶을 가꾸는 교육'이 어느 정도 잘 이루어지고 있다고 자부하기도 한다. 하지만 수업에 대해서는 날카로운 비판을 비켜 갈 수 없을 것 같다. 이제는 수업이 바뀌어야 한다는 것이 모든 교사들의 생각이었다. 처음 학교를 시작할 때도 고민하지 않았던 것은 아니지만 그때는 수업까지 고민하기에는 너무 벅찼다. 하지만 수업이 바뀌지 않는다면 학교의 변화는 없다. 수업을 어떻게 바꿀 것인가? 작은학교교육연대를 함께하고 있는 다른 학교에서도 이미 시작한 고민이었다. 그런 중에 작은학교교육연대 워크숍에서 일본의 '배움의 공동체'에 대해서 소개받게 되었다. 배움의 공동체 운동을 이끌고 있는 사토 마나부 교수의 책 《수업이 바뀌면 학교가 바뀐다》라는 제목이 와 닿았다.

상주남부초에서 함께한 교사들은 지금까지 나름대로 학급운영과 교과 수업 방법에 대해서 많은 경험을 축적해 왔다. 문제는 혼자서 고민하고 혼자서 실행하고 혼자서 평가해 왔다는 것이다. 자기 교실 안에 갇혀 있었던 것이다. 몇 차례 공개수업도 하고 장학사들을 앞에 두고 수업도 해 왔지만 그건 말 그대로 보여 주기 위한 수업에 불과했다. 그 특별한 수업이 아닌 나머지 일상적인 수업은 어떻게 해 왔는가? 아마도 수많은 교사들이 자신만의 비밀로 간직해 오고 있을 것이다. 우리도 예외는 아니었다. 일상적인 수업을 공개하는 일은 여간 부담이 크지 않지만 모두가 발가벗기로 했다. 어디가 잘못되었는지를 알아야 고칠 수 있다. 모두 다 함께 벗으면 좀 덜 부끄러울지도 모른다고 생각했다. 일상적인 수업을 다양한 방법으로 공개하고 함께 문제점을 찾아 해결 방법을 모색해 보기로 했다.

수업 공개 방침은 공개를 위해 특별한 준비는 하지 말자는 것이었다. 꾸밈없는 수업을 내놓고 함께 고민을 나눠 보기로 했다. 수업 전 시간을 녹화하고 녹화한 내용을 함께 보고 수업의 전반적인 모습에 대해서 논의했다. 수업 주제에 적합한 수업 형태에 대한 제안부터 다양한 수업 아

※
작년 가을, 해오름반(1학년) 아이들과 김화자 교사가 학교 근처로 곤충을 잡으러 나갔다. 앞장선 선생님과 줄줄이 따라가는 아이들 모습이 정겹다.

이디어도 나왔다. 의견이 대립해 얼굴을 붉히는 경우도 종종 있었다.

1년 정도 일상 수업을 서로 공개했지만 실제 우리 수업은 별로 변화가 없었다. 논의하는 내용도 이전의 수업 공개와 그다지 다르지 않았다. 발가벗기만 했지 항상 제자리에서 맴돌기만 하는 것 같았다. 여전히 수업 속에서 아이들은 주체가 되지 못하고 자신들의 관심과는 거리가 먼 교과서가 던져 주는 과제를 해결하며 시간을 보내고 있었다. 수업만 있고 배움은 없었다.

배움으로부터 끝없이 도망치는 아이들. 그 아이들을 배움의 즐거움 속에 빠지게 해야 했다. 이런 갈증과 고민들이 깊어질 때 정말 좋은 기회가 왔다. 대구교대 조용기 교수를 만난 것이다. 대학에서 이론만 가르치던 조 교수는 이론을 적용할 현장을 찾고 있었고 수업을 바꿀 돌파구가 없었던 우리는 수업을 받쳐 줄 이론과 방법을 찾고 있었다. 조 교수와 우리는 서로가 서로를 찾고 있었던 격이다. 서로에게 이 얼마나 큰 행운인가.

조용기 교수는 아이들이 배움에 몰입할 수 있는 수업을 만들어 보자고 제안했다. 같이 공부하면서 실질적으로 수업을 변화시켜 보고 그

작은 학교 행복한 아이들

✳
⊙ 작년 남부 한마당 행사. 아이들이 손수 제작한 현수막이 돋보인다.
⊙ 이 행사에는 학부모들도 함께 참여해서 즐거운 시간을 보냈다.

변화가 아이들에게 어떻게 영향을 미치는지 살펴보자고 했다. 그리고 그 속에서 정말 의미 있는 교육과정을 만들고 그것이 다른 학교로 확산 가능한지 가늠해 보자고 했다. 조용기 교수가 확신을 가지고 제안한 수업 방법은 프로젝트 수업이다. 우선 프로젝트 수업에 대한 이론적인 공부를 시작했다.

프로젝트 수업에 대해서는 대부분 알고 있고 또 직접 해 보기도 했을 것이다. 우리 학교 교사들도 한두 번은 시도해 본 수업이다. 하지만 새로 공부하면서 지금까지 우리가 한 수업은 모양만 프로젝트지 프로젝트의 기본 정신은 빠져 있었다는 걸 알았다. 그저 흉내만 냈다고 볼수 있다. 프로젝트 수업의 기본은 아이들의 사고 활동을 활발하게 하고 확산시키는 데 있다. 그러자면 아이들이 흥미 있어 하는 주제를 탐구하고 몰입할 수 있는 여건을 만들어 가는 것이 매우 중요하다. '어떻게 하면 아이들이 배움에 몰입하는 수업을 만들 수 있을까? 매일같이 교사들은 머리를 쥐어짜며 고민했다. 교과서를 풀어 헤치고 2008년과 2009년, 2년 동안 저학년부터 고학년까지 확대하여 적용시켜 보았다.

〈일도 놀이처럼 공부도 놀이처럼〉은 2008년에 해오름(1학년) 담임을 맡았던 김화자 교사가 만든 학급문집 제목이다. 해오름 아이들과 1년 동안 프로젝트 수업을 한 내용을 담은 것이다. 문집 한 권에 아이들이 무엇을 얼마나 어떻게 공부했는지, 왜 아이들이 즐겁게 공부할 수밖에 없었는지 단번에 알아볼 수 있게 담겨 있다. 문집에 실린 토끼 프로젝트는 아이들이 토끼를 기르면서 전개한 수업이다. 먼저 교사와 아이들은 토끼가 잘 자라는 환경과 잘 먹는 먹이에 대해서 사전에 가정학습을 통해 조사했다. 인터넷을 통해 조사하기도 하고 토끼를 키우기 위해 필요한 게 무엇인지 토의도 했다. 먼저 토의한 내용을 바탕으로 토끼장을 아름답게 꾸몄다. 모래를 담아 와 바닥에 깔고 망치, 못, 톱, 나무판자를 가지고 와 아이들이 직접 나무판자를 자르고 못질을 해 토끼 침대도 만들고 미끄럼틀도 만들어 주었다. 이렇게 시작한 토끼 기르기 프로젝트는 국어과와 음악과, 미술과의 표현 공부와도 연계해서 수업했다. 토끼에 관한 동화도 듣고, 토끼 노래도 부르고, 토끼를 그려 보기도 했다. 찰흙으로 토끼를 빚어 보기도 하고 토끼를 글감으로 시를 쓰기도 했다. 아이들은 학교에 오면 가방도 두지 않고 토끼장으로 먼저 달려간다. 먹이도 주고 청소도 하고 그림도 그린다. 교실에 갈 생각도 하지 않아 선생님이 토끼장으로 나와 수업을 한 적도 있다. 아이들은 공부 시간과 노는 시간이 따로 없다. 공부가 놀이고 놀이가 공부다.

작은 학교 행복한 아이들

이것이 프로젝트 수업이다.

　프로젝트 수업을 통해 수업의 가능성을 보았던 우리들을 힘들게 하는 것은 최근의 교육정책들이다. 학력을 기준으로 모든 교육을 평가하려고 하는 지금의 교육제도, 특히 제각기 다른 특성들을 지니고 있는 모든 아이들을 동일한 내용으로 평가하고 줄 세우는 일제평가는 우리들에게 엄청난 부담으로 다가온다.

모두가 행복한 공동체 학교

상주남부초는 자율적인 학교다. 학교 교육과정을 만드는 것은 물론이고 외부 환경을 조성하고 아이들과의 세세한 갈등을 해결하는 일에 이르기까지 모든 구성원(아직은 교사들이 중심이다)들이 내용을 함께 공유하고 의논하며 대처한다. 또한 그동안 자신의 교실 안에 꼭꼭 숨겨두었던 수업과 학급운영도 함께 열어 놓고 고민하며 대안을 찾아가고 있다. 그래서 모두가 학교의 주인이고 책임자인 것이다.

　하지만 스스로 선택한 것이 아니라 어쩔 수 없이 상주남부초에 근무하게 된 교장을 비롯한 일부 교사들의 무관심과 체념 그리고 그들의 안위와 체면 때문에 때로 갈등이 빚어지기도 했다. 그들 스스로 우리 학교는 공모제 학교가 되어 뜻이 맞는 교장이 와야 한다고 이야기한다. 마땅한 이야기다. '상주남부초의 교장, 교감 선생님은 임기가 1년이다'는 우스갯소리도 있다. 대부분 1년만 머무르고 떠나기 때문이다. 우스갯소리라 하기엔 우리에겐 너무도 안타까운 이야기다. 사정이 이러한데도 도교육청에서는 우리의 공모제 학교 선정 요구를 무시하고

＊
얼마 전, 해오름반(1학년) 아이들이 학교 텃밭에 심은 무를 수확
했다. 1년 동안 자기들이 물 주고 가꾼 무를 뽑으며 즐거워했다.
우성이(왼쪽)는 자기가 뽑은 무가 호랑이 발 같다고 신기해했다.

있다. 교장을 비롯한 모든 교사들의 꿈은 아이들과 함께 행복한 공동
체 학교를 만드는 것이다. 그 꿈을 이루기 위해서는 교장 공모제도 필
요하고 같은 꿈을 꾸는 교사들을 만나는 것도 중요하다. 상주남부초도
공립학교다 보니 교원 인사이동으로부터 자유로울 수가 없다. 벌써 세
분이나 떠났고 내년에 한 분, 다음해는 두 분이 떠난다. 상주남부초에
서 함께할 수 있는 열정과 용기를 지닌 교사들을 찾는 것은 큰 걱정거
리 중 하나이다.

　교사들을 경쟁시키는 교원평가나 아이들을 경쟁하게 만드는 일제
평가 등 교육계 안팎을 둘러싼 현실은 점점 더 나빠지고 있지만 그래
도 나는 우리 학교 교사들을 보면 희망이 생긴다. 점심시간마다 해오

름(1학년) 아이들을 달래 가며 쓴 약을 먹이는 미혼인 재미나샘(이미나), 지적 장애를 앓고 있는 한 아이의 동무가 되어 운동장에서, 교실에서, 텃밭에서 아이에게 행복을 주는 전샘(전종태), 점심시간과 쉬는 시간에 운동장이 떠나갈 듯 소리를 지르며 아이들보다 더 신나게 야구하는 용용이샘(이용운)과 교원보조샘, 프로젝트 준비로 머리를 쥐어뜯다가도 연못가에서 아이들과 도란도란 이야기 나누는 봉샘(정길봉), 쉬는 시간, 점심시간, 동아리 활동 시간에 밴드 동아리 '락스타' 아이들과 함께 노래하고 연주하며 쉴 새 없이 수업 자료를 만드는 무릇샘(박종찬), 삽질하고 톱질하고 망치질하며 아이들을 엄마처럼 살뜰히 챙겨 주는 백미샘(백미연), 많은 체험 활동으로 수도 없이 다치는 아이들 돌보랴, 엄마처럼 자상하게 아이들의 고민 들어주랴 우리 학교에서 제일 바쁜 권은순 보건 선생님, 묵묵히 교사들을 도와주고 학교 기능직 아저씨처럼 아이들이 놀고 난 뒷자리를 정리해 주시는 교감 선생님…… 이들과 함께 수많은 걸림돌들을 하나하나 치워 가다 보면 상주남부초는 모두가 행복한 공동체 학교에 한걸음 더 다가가게 될 것이다. 그런 희망에 나는 지금 너무너무 행복하다.

이 글은 오일창, 김주영 교사가 함께 정리했다. 준비에서 첫해(138~148쪽)까지는 오일창 교사, 둘째 해인 2005년부터는 김주영 교사의 목소리로 기술돼 있음을 밝혀 둔다.

문화예술교육으로
아이들의 꿈을 꽃피우다

금성초등학교

최윤철

본문 사진 제공 금성초등학교

처음처럼

처음 교직에 첫발을 디딜 때면 누구나 '좋은 교사가 되어야지', '아이들을 진정으로 사랑하고 이해하는 교사가 되어야지' 하고 결심을 한다. 17년 전, 우여곡절 끝에 그토록 고대하던 교단에 서게 된 나는 그날의 환희와 설렘을 생생하게 기억한다. 그러나 해가 거듭될수록 아이들의 작은 마음을 잘 이해하지 못해 실수하거나 내 욕심 때문에 아이들에게 상처를 주는 일이 종종 발생하게 되었다. 내가 만들어 놓은 틀에 아이들을 가두려 했기 때문이다. 시간은 처음 가졌던 다짐조차도 흐릿하게 만들었고 큰 의미 없는 하루하루가 반복되면서 타성에 젖어 가는 나를 느끼곤 했다. 문득 정신을 가다듬고 뭔가 좀 특별한 교육 활동이라도 하려고 하면 "동학년 보조 맞춰야지", "그러다 사고라도 나면 어쩌려고" 하는 말을 들어야 했다.

그렇게 교직생활을 계속하다 보니 열심히 달리고는 있지만 목적지도 없이 무엇을 어떻게 해야 할지 모르고 방황하고 있는 나를 발견하

작은 학교 행복한 아이들

게 되었다. 아니 그 정도라도 된다면 나쁜 교사는 안 될 수도 있었을 것이다. 언제부턴가 시간이 부족하다는 핑계로 수업 시간 중 공문 처리를 하는 경우가 생기게 되고, 아침에 출근하면 아이들에게 형식적인 인사를 끝내고 컴퓨터와 씨름하는 것이 하루 일과가 되었다.

경력이 한 해 한 해 쌓일 때마다 내 주변에는 희망 없이 살아가는 아이들이 늘어갔다. 화장실 갈 시간도 아껴 가며 열심히 교직생활을 하고 있는데 왜 아이들과는 조금씩 더 멀어지기만 하는 걸까? 무엇이 초임 교사들의 꿈과 희망을 기억 저편으로 밀어내고 지식 전달자나 교육행정가로 살도록 만드는 것일까? 교육과정이 개편될 때마다 통합과 다양성을 강조하는데 왜 학교에서는 다양성을 인정하고 나눔과 어울림을 지향하기보다 경쟁과 개인주의, 시험 성적에만 목매고 있는 것일까?

무너진 공교육을 떠나 길을 찾는 사람들

내가 초등학교를 다니던 70년대에는 모두가 콩나물 교실에서 열심히 공부에 전념했다. 철거민 촌을 전전하며 자란 나는 공부만이 성공할 수

최윤철 saebomi@dreamwiz.com

항상 아이들 중심으로 생각하고 소통을 가장 소중히 여기며 교사 생활을 해 왔으나 갈수록 심해지는 경쟁과 서열 중심의 교육 현실 속에서 힘들어하는 아이들을 보면서 고민에 빠졌습니다. 2006년, 같은 고민 속에서 교육 희망을 꿈꾸는 교사들을 만나 아이들의 영혼이 살아 있는 학교를 만들자며 금성초에 뿌리를 내렸습니다. 학교는 '따뜻한 돌봄', '몰입하는 배움', '함께하는 어울림'이 있어야 한다고 생각하면서 해맑은 웃음소리가 끊이지 않는 금성초에서 하루하루 행복하게 지내고 있습니다.

있는 길이라 굳게 믿었고, 사회 또한 고속 성장기를 거치면서 적은 비용으로 우수한 인력을 양성하기 위하여 최선을 다한 시기였다. 나도 그 노력의 결과대로 '교사'라고 하는 비교적 중산층에 가까운 직업을 갖게 되었고 우리나라 또한 선진국에 가까운 부를 누릴 수 있게 되었다.

하지만 지난날의 고속 성장으로 모두가 축배를 들고 있을 때, 그동안 조명받지 못했던 다양한 계층의 청소년들이 하나 둘 눈에 띄기 시작했다. 정확한 통계가 집계되지는 않았지만 언론 보도에 따르면 탈학교 중고생의 수가 한 해 5만 명을 넘어서고 있다고 한다. '한 줄 서기'가 아닌 '여러 줄'에 관심을 갖거나 지나친 학습 강요로 인한 심리적 압박을 견디지 못하고 학교를 이탈하는 아이들이 그들이다. 그러나 그들은 경쟁에서 뒤처진 사회적 낙오자로 취급받았다.

2000년을 전후하여 이 '사회적 낙오자'들은 스스로 길을 찾아 나서기 시작했다. 그동안 탈학교 현상은 사회에 대한 개인의 부적응으로만 치부되어 왔고 그 책임과 경제적 부담 또한 개인에게 전가해 왔지만 이제는 모임을 만들고 학교를 세우거나 교육에 대한 새로운 길을 모색하기 시작했다. 아직은 대부분의 탈학교 아이들이 거리를 떠돌고 있지만 그에 못지않게 많은 아이들이 외국의 학교로 진학하거나 대안학교의 문을 두드리고 있다. 어떤 이들은 홈스쿨링을 선택하기도 한다. 경제적 여유가 있어서 해외로 눈을 돌리는 사람들과 일부 홈스쿨러를 제외하고는 제도권 교육을 기피하는 대부분의 사람들은 대안학교를 선택하게 된다. 하지만 대안학교 역시 시설이 낙후하고 경력 있고 노련한 교사가 부족해서 많은 어려움을 겪는다.

제도권 교육의 대안을 찾아 떠나는 이들이 많아진다는 것은 결국 현행 학교 시스템에 문제가 많다는 것을 반증한다. 이는 거꾸로 생각하면 학교를 혁신하여 다양한 교육 수요자들을 위한 교육을 마련해야 한다는 뜻이기도 하다. 나는 그동안 수차례 학급운영 교사모임을 만들고 연수에도 참여하며 내가 맡은 학급 안에서라도 변화를 꾀하려 노력했지만 결국 돌아오는 것은 나 혼자서는 경직된 교육 시스템을 벗어나기 어렵다는 절망이었다.

'좋은학교만들기' 모임을 만나다

2004년, 당시 부산시교육청에서는 아이들의 학업성취도를 평가하여 교육정책에 반영하고자 부산의 전체 학생들에게 일제평가를 치르도록 강요했다. 지금은 전국적으로 일제평가를 치르고 있고 어느덧 현실이 되어 버렸지만 당시만 해도 일제평가는 교사로서 절대 받아들일 수 없는 사안이었다.

예상했던 대로 일제평가는 교육현장에 수많은 비교육적인 사례를 만들어 냈다. 어떤 교사는 반 전체 점수와 등수를 부모에게 통보하여 잠재되어 있던 학부모들의 경쟁의식을 끄집어내는가 하면, 수업 시간 중 문제지를 복사해서 풀이하는 사례가 아무렇지도 않게 일어났다. 교사들은 수업을 준비하는 일보다는 문제지를 복사해서 나누어 주고 채점하는 게 훨씬 편하다고 쓴웃음을 짓기도 했다. 당시 부산시교육청에서는 '교육청 학업성취도평가는 전수평가가 아닌 표집평가이고 다른 학교들은 자율적으로 평가하라'고 강조했지만 부산의 모든 초등학교가 예외

없이 평가에 참여했고 서점에는 교육청 평가 대비 문제집이 불티나게 팔려 나갔다. 학원에서도 교육청 평가 시즌이 되면 아이들을 밤늦게까지 붙잡아 놓고 문제 풀이 교육에 열중했다. 학부모들을 상담하다 보면 교육청 평가에서 누가 몇 등을 했는지 그 결과에 열을 올리기 일쑤였다.

학력이 세상을 살아가는 데 필요한 요소 중 하나임을 부정하지는 않는다. 하지만 종합적인 학습 능력이 아닌 지필평가 결과를 중시하는 학교 분위기를 바라보면서 안타까움은 쌓여만 갔다. 학교가 성적에 열을 올리는 동안 수많은 아이들이 마음에 상처를 입고 마음 둘 곳을 잃고 방황하고 있었다. 그들을 어루만질 수 있는 눈길이 절실했다.

이런 교육적 모순을 해결하기 위해서는 학급만 변해서는 불가능하고 학교를 운영하는 방식, 나아가 교육 전반에 대한 사고를 바꾸어야 한다는 생각을 하게 되었다. 금성초에 들어오기 전 공교육과 대안교육의 접점을 찾기 위해 수년간 대안학교를 방문하고 이런저런 연수에도 참여하고 사람들을 만났다. 공교육이 안고 있는 문제점을 대안학교에서는 어떻게 풀어 가는지 알아보고 바람직한 학교상을 찾기 위해서였다. 그러던 중, '좋은학교만들기' 모임을 만났다. 나처럼 제도권 교육의 불합리함을 벗어나고자 애쓰던 현직 교사들과 공교육을 벗어나 자유로운 교육을 꿈꾸는 사람들이 함께 모여 만든 모임이었다. 제도적인 틀에 얽매이지 않으면서 교육의 본질을 찾거나 대안적 가치를 추구하는 방법은 없을까? 생태주의와 공동체주의를 지향하는 공립학교의 모습은 불가능한 것일까? 이것이 모임에서 고민했던 과제였다. 대안학교를 만들 생각도 해 보았지만 많은 대안학교들이 여러 이유로 학교의

작은 학교 행복한 아이들

틀을 유지하기에도 힘들어하는 모습을 보며 갈등했다. 모임에 참여했던 현직 교사들이 제도권 교육의 틀을 벗어나 대안학교로 간다는 것도 큰 모험이었다. 더구나 경제적으로 넉넉하지 않은 아이들은 대안학교를 선택하는 게 쉽지 않고, 많은 대안학교들이 생활 근거지에서 떨어져 있어서 접근성이 떨어진다는 점을 감안하면 제도권 학교에서 변화를 모색하는 게 더 큰 의미가 있을 것이라는 생각이 들었다. 그렇게 해서 '좋은학교만들기' 모임에서 만드는 새로운 학교 이름을 '참빛학교'로 짓고 학교 계획서를 만들어서 부산시교육청과 교육청 부설 대안교육지원센터에 제안하게 되었다.

당시 교육계는 대안교육의 실체를 인정하기 시작하는 분위기였고 대안교육과 공교육의 접점을 찾고 서로 도움을 주고받기 위한 교사 연수가 개설되던 때라 부산시교육청에서도 참빛학교 제안서를 긍정적으로 검토해 주었다.

교육청에서는 학생 수가 점점 줄고 있고 교육청 예산도 부족하니 새

＊
학교에서 마주 보이는 금정산 파리봉. 아주 험하고 가파른 등산로이지만 봉우리에 올라서면 동쪽으로는 해운대와 광안리 해수욕장, 서쪽으로는 낙동강이 시원하게 펼쳐진다.

로 학교를 설립하는 것보다는 공립학교를 리모델링하는 게 어떠냐고 제안해 왔다. 당시 폐교 대상 학교로 지정돼서 지역 안에서 갈등을 겪고 있는 소규모 학교를 중심으로 학교를 물색해 보았다. 이 과정에서 금성초를 만났고 새 학교를 만들기 위한 첫 고리가 끼워졌다. 교직생활을 하면서 누구나 꿈꾸어 왔음직한 아름다운 학교의 모습은 더 이상 꿈이 아니었다.

금성초에서 새로운 학교를 꿈꾸다

농어촌 지역의 학생 수가 급감하자 2005년 교육부는 소규모 학교 통폐합 정책을 내놓았고 농어촌 지역의 많은 학교에 통폐합 바람이 불기 시작했다. 부산의 최고봉 금정산 아늑한 골짜기에 자리 잡은 금성초 역시 6학급의 작은 학교로 통폐합 위기에 놓여 있었다. 금성동은 금정산성과 산으로 둘러싸인 3개의 작은 마을로 구성되어 있다. 학부모는 대부분 관광객을 대상으로 하는 요식업에 종사하고 있어 아이들 교육에 신경 쓸 겨를이 없었다.

금성초는 2000년 전교생 101명을 기점으로 2003년 73명, 2005년 55명으로 점차 학생 수가 감소하고 있었고 2009년 폐교 대상 학교로 지정되었다. 금성초의 학부모들은 학교가 폐교되지 않고 아이들이 안심하고 뛰어놀고 공부할 수 있길 원했지만 학교가 도심에서 멀리 떨어져 있어서 학생 수를 늘릴 방법이 없었다.

학생 수가 적다는 이유 하나만으로 이렇게 아름다운 학교를 폐교시킬 수는 없었다. 농어촌의 작은 학교는 주변 환경이 아름다울 뿐만 아

＊
◎ 금성초 아이들은 남자 여자 할 것 없이 다들 나무에
오르는 것을 좋아한다. ◎ 금정산 등산로를 맨발로 산
책하던 아이들이 아예 드러누워 길을 점거해 버렸다.

니라 아이들 수가 적으니 한 명 한 명을 세심하게 돌볼 수 있다. 이른
바 인성교육이나 개별화교육이 가능하고 인간적 소통과 나눔이 이루
어질 수 있다. 지역사회와 함께하는 공동체 교육, 학생 중심의 체험학
습도 가능하다. 이런 장점을 살려 아이들이 찾아오는 학교를 만들어
보자! 폐교로 치닫고 있는 작은 학교를 되살리는 것은 지역 문화를 살
리고 낙후된 농어촌 지역을 복원하는 일이기도 했다. 금성초는 부산시
안에 위치해 있으면서도 도심에서는 볼 수 없는 천혜의 자연환경을 갖
춘 작고 아름다운 학교다. 인간적 만남과 나눔을 실천할 수 있는 교육
공동체를 만들 수 있는 최적의 학교라고 생각했다.

새로운 시작은 항상 고통을 동반한다

처음에는 어려움도 많았다. 가장 큰 문제는 수십 년간 굳어져 온 제도
적 틀을 극복하는 문제였다. 많은 교사들이 '아름다운 학교'를 꿈꾸지
만 그것이 꿈으로만 그치는 이유는 조금의 변화도 인정하지 않는 경직
된 교육 시스템 때문이다. 정해진 연간 교육과정 수업 시수, 틀에 박힌
교과서, 성적을 기반으로 한 입시 제도, 학업 성취에 대한 학부모의 기
대……. 이런 상황에서는 그저 교과서대로, 정해진 대로 가르치기만
하면 가장 편하게 교사 생활을 할 수 있다. 예비 교사 시절, 교사는 항
상 새로운 생각으로 준비되어 있어야 한다고 배웠지만 마우스 클릭만
으로도 교사 생활을 할 수 있는 것이 현실이다.

　새 학교를 만들면서 처음으로 부딪혔던 벽은 '교육공무원인사관리
규정'이었다. 참빛학교를 함께 준비한 교사들과 같은 학교에 모여 새

로운 학교를 만들어 보고자 의견을 모았지만 부산의 교원인사규정이 발목을 잡았다. 공립학교 교사들의 순환근무 원칙과 근무연한, 급지 등 여러 가지 조건 때문에 우리가 같은 학교로 발령이 나는 것은 불가능했다. 도심 외곽 지역에 있는 학교는 대부분 가산점이 있어 승진을 염두에 둔 교사들이 많이 오게 된다. 금성초는 전보 가산점밖에 없는데도 근무를 선호하는 교사들이 많았다. 게다가 작은 혜택이라도 골고루 나누어야 한다는 의미로 부산의 소규모 학교들은 근무연한이 2년밖에 되지 않는다. 장기적인 전망을 가지고 교육을 하기에는 너무 짧은 기간이다. 학교장의 필요에 따라 1, 2년 정도 전보 유예 신청이 가능하긴 하지만 그래 봐야 한 학교에서 4년 이상은 근무할 수 없다. 학교 관리자와 교사들이 수시로 바뀌는 상황에서 어떻게 안정적인 교육 활동이 이루어질 수 있었겠는가? 학부모들도 이런 상황 때문에 학교에 대한 불만이 높고 교사들을 신뢰하지 않았다. 인사 문제를 극복하기 위해서 2005년에 시교육청과 협의하여 금성초를 '교육감 지정 특별목적 수행학교'로 정하게 되었다. 교사를 초빙할 수 있도록 하되 승진을 위한 어떠한 인센티브도 받지 않는다고 약속했다. 교육청에서도 학교 운영 계획서를 보고 금성의 교육철학에 대하여 공감하고 교사들의 순수한 뜻을 이해해 주었기에 가능했다.

두 번째 어려웠던 점은 우리 교사들의 연령대가 모두 40대로 금성초에서는 막내였기 때문에 생기는 문제였다. 상대적으로 젊은 교사들이 학교를 바꾸자고 덤비는 모습이 교육계에는 낯설었고 이에 대한 저항은 생각보다 심했다. 승진 인센티브를 받지 않겠다고 하자 승진을 위해서 오랜 시간 준비해 온 선배 교사들이 연구 점수를 얻을 수 있는 기회를 놓친 데 대한 불만을 갖게 되었다. 자연스럽게 우리가 하려는 교육 활동에 대해 부정적인 선입견을 갖게 되었고 여러 가지 오해와 갈등이 빚어졌다. 교육에 대한 견해 차이로 교무실에서 고성이 오간 적도 많았다. 하지만 시간이 갈수록 선배 교사들은 하나 둘씩 우리를 이해하고 지원해 주기 시작했다. 지금 생각해 보면 그분들의 우려와 충고 덕분에 새로운 교육 활동을 시도할 때 시행착오를 줄이고 속도를 조절할 수 있었던 것 같다. 그분들의 애정 어린 비판은 학교가 올바른 방향을 잡아 나가는 데 큰 도움이 되었다. 그 선배 교사들은 금성초를 떠난 지금도 우리 학교를 알리는 전도사가 되어 주고 있다.

세 번째 어려움은 교육청과의 관계 문제였다. 부산시교육청은 처음 부터 금성초에서 구현하고자 하는 교육 활동에 동의하고 귀를 기울여 주었으며 어려운 여건에서도 교사 전보 문제를 지원해 주었다. 그러나 금성초만의 교육철학을 실현하는 데서 교육청과 마찰이 생겼다. 가장 큰 갈등은 최근 강화되고 있는 획일적인 학업성취도평가 문제다. '나눔 과 어울림'을 강조하고 일반 수업뿐만 아니라 시험을 볼 때도 서로 돕 는 '배움의 공동체'를 지향해 왔던 금성에게 모든 학교가 동시에 치르 고 아이들을 일렬로 세우는 일제고사는 받아들이기 어려운 제도였다. 대부분의 학부모들은 교육청의 획일적인 평가를 거부했고 이 문제가 언론에 기사화되면서 금성을 지원해 준 교육청으로서도 난감한 처지에 놓이고 말았다. 게다가 특정 교원단체가 그릇된 사상으로 학교를 장악 하려고 한다는 악의적인 소문이 퍼지면서 오해와 갈등은 더 커졌다. 이

작은 학교 행복한 아이들

과정에서도 교사들을 믿고 끝까지 지원해 주었던 학부모들과 스스로 나서 중재해 주었던 선배 교사들 덕분에 큰 문제없이 학교를 유지할 수 있었지만 역시 쉽지만은 않은 문제였다.

또 한 가지 어려운 점은 교사들에게 가중되는 업무이다. 일반적으로 소규모 학교는 교사 수가 적기 때문에 상대적으로 업무가 많은데 금성초는 다양한 프로그램을 만들어 내고 무료 방과후 프로그램까지 운영하기 때문에 교사들의 업무 부담이 상당히 컸다. 금성초는 '아이들은 행복한 학교, 교사들은 찌들리는 학교'라는 우스갯소리도 돌았다. 서로 모여 학교 운영 방향에 대해 협의할 시간조차 갖지 못할 정도로 하루하루가 힘겨웠다. 방학이 되어도 재충전을 위한 연수를 받을 시간도 없이 정신없이 보냈다. 해가 바뀔 때면 금성초에서 함께할 교사들을 초빙해야 하는데 금성초에서 함께 일해 보고 싶다고 말하던 교사들도 막상 교사 초빙 시기가 되면 건강이 안 좋다거나 프로그램을 운영할 능력이 부족하다는 이유로 전입을 고사했다. 금성초에 들어오면서 편안한 교직 생활을 하리라고는 생각하지 않았지만 교사들이 행복하지 않다면 그 영향은 아이들에게도 미칠 것이다. 희생과 열정만으로 이루어지는 학교는 오래 지속될 수도 없고 다른 학교로 확산될 수도 없다. 가능하면 잡무를 줄이고 아이들과 함께할 수 있는 시간을 늘려야 한다는 명제는 앞으로 금성초가 풀어야 할 숙제이다.

돌봄, 배움, 어울림의 학교

금성초의 교육철학은 크게 세 가지로 압축할 수 있다. '따뜻한 돌봄',

'몰입하는 배움', '함께하는 어울림' 이다.

'따뜻한 돌봄'은 초등학교는 돌봄을 가장 우선시해야 한다는 생각에서 비롯되었다. 우선 저학년을 위한 방과후 보육교실을 운영하여 저학년 아이들도 오후 4시 30분까지 학교에서 함께할 수 있게 했다. 부모가 맞벌이를 하는 아이나 방과 후에 집에서 보살핌을 받기 어려운 아이들을 위한 배려이다. 또한 다양한 프로그램을 도입하느라 수업 시간이 늘어나는 것을 막고 아이들이 놀 시간을 확보해 주기 위해 중간놀이 시간을 20분으로 정하고 방과후학교 운영 시간은 최소화했다. 덕분에 쉬는 시간이나 점심시간이면 교사와 아이들이 함께 나무 그늘에 앉아 여유롭게 이야기 나누고 어울려 장난을 치고 있는 모습을 자주 볼 수 있게 되었다. 다른 학교에서 마음의 상처를 입고 금성초로 찾아온 아이들도 여럿 있는데 큰 어려움 없이 적응하면서 행복을 찾아가기도 한다. 지금 금성초에는 발달장애, ADHD, 따돌림 등으로 학교에서 어려움을 겪었거나 일반 학교에서 적응하지 못해 홈스쿨링을 하던 아이들이 여러 명 전입하여 함께 생활하고 있다. 학교 안에 특수학급도 없고 교사들 가운데 특수교육에 대해 전문적인 지식이 있는 교사들도 없어서 이 아이들을 잘 돌볼 수 있을까 걱정했는데 아이들은 서로 배려하고 나누며 잘 어울리고 있다.

'몰입하는 배움'을 위해서는 교육과정의 상당 부분을 주제 중심 통합교육과정으로 재구성하여 운영했고 문화예술교육을 강화했다. 특히 문화예술교육 부문의 주제를 재구성하고 수업을 진행할 때는 부산교육연구소 문화예술교육연구회, 부산국제어린이영화제, MBC 문화도

시네트워크, ECO SCHOOL 등 지역 문화예술 단체와 적극적으로 결합해서 운영해 나갔다. 문화예술적 소양이 부족한 교사의 힘만으로는 어려움이 많았기 때문이다.

'함께하는 어울림'은 타인에 대한 배려를 바탕으로 교육공동체, 지역사회, 나아가 생태계의 일원으로 함께 살아가는 삶을 지향하는 금성초의 나침반이다. 이를 위하여 생태교육을 강화하고, 학교행사를 할 때는 항상 지역사회와 소통하는 시간을 준비했다. 또한 학년별 학부모 저녁 모임, 학부모 강좌를 개최하여 학교가 지향하는 교육철학을 함께 공유하고 교사와 학부모가 친밀감을 형성할 수 있도록 노력했다. 학급 어린이회를 없애고 만든 두레 활동 시간에는 3학년부터 6학년까지 모든 학생과 교사들이 일주일에 1시간씩 한자리에 모여 서로의 생각을 나누기도 한다. 금성초는 이 지역에 살던 아이들과 여러 지역에서 전학 온 아이들, 지역 주민과 새로 온 학부모, 동문 등이 어울려 만들어가는 작은 공동체이다.

주제 중심 통합교육과정으로 기존 교육과정의 틀을 깨다

금성초의 가장 큰 특징은 대안학교가 아니면서도 통합교과형 프로젝트 수업을 한다는 데 있다. 각 교과에서 특정 주제와 관련된 단원들을 뽑아내 교육과정을 재구성한 뒤 체험 위주로 수업을 진행하는 방식이다. 적어도 초등 교육과정은 아이들의 흥미와 관심을 바탕으로 한 주제를 중심으로 통합교육과정을 운영해야 한다.

예를 들면, 고학년은 컴퓨터와 캠코더 등 미디어 매체에 관심을 갖

＊

○ 목공 도구와 재료를 둘 장소가 없어 고민하던 중 우리가 직접 집을 지어 보자고 작당하여 집짓기에 돌입. 작은 창고 한 채 짓는 데 거의 1년이 걸렸다. ○ 3, 4학년 아이들이라 톱질이나 못질은 다소 서툴지만 폼 하나는 목수 뺨친다. 목공을 몇 년 한 친구들은 직소기나 드릴 같은 전동 기구도 잘 다룬다.

작은 학교 행복한 아이들

기 시작하고 이를 이용하여 자신의 생각이나 감정을 표현하고 싶어 한 다. 이 아이들에게 '영화로 수다 떨기' 라는 주제를 도입하여 다양한 방법으로 수업을 이끌어 나갔다. 자기 또래의 아이들이 만든 영화를 보여 주면서 미디어를 읽고 생각하는 힘을 길러 주기도 하고, 모둠 활동을 통하여 토론하는 방법을 배우고 서로를 배려하는 법을 익혔다. 또한 각자의 생각을 시나리오로 써 보기도 하고 카메라를 들고 직접 우리 고장의 문제점과 대안을 찾아 나서기도 했다. 이런 활동들은 구체적 조작기에 속하는 아이들의 학습 의욕과 창의력을 높이고 몰입하는 수업이 될 수 있도록 해 주었다.

현재 진행하고 있는 프로젝트 수업은 '숲 체험', '감성 무용', '영화로 수다 떨기', '옛이야기와 공예의 만남', '전통의 세계', '전교생이 함께 하는 두레 활동', '금정산의 사계', '1인 1예능(관악, 국악, 실용음악)' 등 이다. 학년별로 적게는 2개에서 많게는 5개까지 프로젝트를 수행한다.

전교생이 함께하는 프로그램도 있다. 금성산성에 위치해 있는 학교 의 지리적 특성을 살려 학교 주변의 문화 유적지와 자연환경을 살펴보 는 전일제 체험학습인 '금정산의 봄, 여름, 가을, 겨울' 을 운영하고 있 다. 여름과 겨울 두 차례 계절학교 형태인 '집중기 학습' 도 운영하고 있다. 집중기 학습은 보통 4일 동안 이루어지는데 아이들은 학년과 상 관없이 자기가 선택한 분야를 배우거나 특별 프로그램을 운영한다. 해 마다 조금씩 차이가 있지만 모둠북, 목공, 계절 운동(스케이트, 수영, 스키), 벽화, 민속놀이, 공연 관람, 등산 등 다양한 프로그램이 마련되 어 있다.

감성을 키우는 문화예술교육

금성초의 가장 큰 특징 중의 하나는 문화예술교육에 있다. 문화예술교육은 아이들의 감성을 키우며 신체적, 정신적으로 성장하는 데 많은 도움이 된다. 문화예술교육을 통하여 아이들은 타인에 대한 배려와 긍정적 사고, 협력, 책임, 그리고 감사할 줄 아는 마음을 키울 수 있다.

금성초에서 문화예술교육을 중심으로 주제 중심 통합교육과정이 가능했던 이유는 부산교육연구소 내 문화예술교육협의회의 도움이 컸다. 처음 금성초에서 새로운 학교를 시작할 때 교사들 사이에서는 문화예술교육을 강화해야 한다는 목소리가 높았지만 관련 분야의 소양

✻
학교 건물 중에서 자신들이 꾸미고 싶은 장소를 택해서 그림을 그렸다. 어설프기는 하지만 아이들은 자신들이 직접 그린 벽화에 많은 애정을 보였다.

작은 학교 행복한 아이들

이 부족했다. 마침 부산대학교 '문화예술교육 전문가 과정' 연수를 받던 각 분야 전문 강사들이 학교 문화예술교육의 중요성을 깨닫고 함께하고 싶어 했다. 하지만 학교 문을 개방하고 함께해 줄 곳을 찾을 수 없어 고민하던 중 금성초와 인연이 닿은 것이다. 학교 교육과정의 전체적인 그림은 교사들이 그리고 강사들은 전문 영역을 진행해 주는 팀티칭 방식으로 진행되었다. 2006년 처음 문화예술교육을 도입할 때는 학교에 예산이 거의 배정되어 있지 않았는데도 문화예술교육협의회 강사들은 기꺼이 자원봉사로 참여해 주었다. 그들의 도움으로 2007년부터 2년간 한국문화예술교육진흥원의 '문화예술교육 선도학교'로 지정되어 지원을 받을 수 있었다. 그 성과를 기반으로 2008년 9월부터 문화체육관광부, 한국문화예술교육진흥원이 지원하는 '예술꽃씨앗학교'로 지정되었으며 지금까지 운영되고 있다. 문화예술교육의 교육목표는 크게 두 가지, '1인 1예능 활동을 통한 감성과 창의성 함양'과 '문화예술 관련 주제 중심 통합교육과정 운영'이다. 1인 1예능은 전교생이 한 가지 이상 예능 활동을 하도록 하는 것인데 일주일에 7시간 배정되어 있는 체육, 음악, 미술 등 예체능 시간을 이용하여 아이들의 흥미와 관심에 따른 선택형 교과로 운영하고 있다. 이 시간에는 국악(가야금, 해금, 아쟁, 피리, 대금 등), 관악(트럼펫, 클라리넷, 플루트 등), 실용음악(기타, 드럼), 미술 분야 중 희망하는 부서에서 활동하게 된다. 집중기 학습 때는 예능을 지도해 주시는 전문 강사를 포함하여 해당 분야의 전문가들을 불러 실제 연주를 들어 보고 협연도 하면서 아름다운 선율을 직접 체험하기도 한다. 이러한 과정을 거쳐 아이들은 자기가 연주하는 악기에 대한 관심을 높이고 열심히 하려는 의지도 갖는다. 학교에서 운영하는 문화예술교육은 학교의 담벼락 안에만 머무는 것은 아니다. 매년 여름밤이면 운동장에서 야영을 하면서 지역 주민, 그리고 예술 전문가들이 함께하는 '금성 가족의 밤'을 갖기도 하고, 대운동회 때는 지역 주민과 어울리는 '공연 한마당' 자리도 마련했다. 따로 학예회를 하지 않아도 아이들은 학교 행사 때마다 자연스럽게 공연 기회를 갖는다. 지역 축제인 '금정산 생명축전'을 통해서도 학교와 학부모, 지역 주민, 문화예술 단체가 하나가 될 수 있는 어울림의 장을 마련했다. 학교 도서관에서는 학부모와 지역 주민들을 위한 '참살이 활동을 통한 평생교육' 프로그램이 펼쳐진다. 해금 교실, 기타 교실 등을 운영하는데 반응이 뜨겁다. 학부모들은 아이들과 함께 전시회나 발표회에 참여해서 평생교육 프로그램에서 배운 예술적 기능을 표현할 수 있는 기회를 갖기도 했다. 이런 공간을 통해 학교와 지역이 자연스럽게 소통하며 교육공동체를 만들어 간다. 문화적 여건이 열악한 지역에서 '참살이 활동을 통한 평생교육'은 지역의 문화생활센터 역할을 하고 있는 셈이다.

'영화로 수다 떨기' 프로젝트는 아이들이 좋아하는 영화라는 주제를 교육과정의 한 영역으로 도입한 것이다. 보통 초등학교에서 영화수업을 한다고 하면 영화와 관련된 기초 지식을 습득하거나 영화를 찍는 과정을 체험해 보는 수업이라고 생각하기 쉽다. 금성초에서 시도했던 '영화로 수다 떨기'는 단순히 영화를 제작하거나 영상 체험을 하는 것이 아니라 영화를 언어, 탐구, 예술 등의 주제로 재구성하여 창의력,

작은 학교 행복한 아이들

사고력, 언어 사용 능력을 향상하는 데 초점을 맞추었다. 예를 들면, 창의성 계발을 위한 4컷 이야기 만들기, 하루 일과를 디카로 표현하기 등을 통하여 표현력을 기르고, 또래 친구들의 영화를 보며 미디어를 읽는 눈을 키우고, 시나리오·콘티·촬영·편집 등의 과정을 공부하며 미디어를 다루는 기술을 익혔다. 마지막으로 자신들이 제작한 영화 홍보하기, 포스터 꾸미기 등의 과정을 거치면서 종합적인 문화예술 활동을 경험하게 했다. 금성동의 자랑거리나 자연환경, 문화재를 조사해서 다큐멘터리 영화도 만들었다. 영화를 만들기 위해서 수없이 많은 토론을 하게 되었는데 이는 훌륭한 말하기·듣기 수업이 되었다. 전문가와 지역 주민들을 인터뷰하고 취재하기도 했다. 2년 전쯤에는 마을

*

컴퓨터와 캠코더 등 미디어 매체에 관심이 많은 5, 6학년 아이들과 '영화로 수다 떨기'라는 수업을 진행했다. 종합예술인 영화를 매개로 다양한 문화예술 체험을 했다.

한가운데를 지나가는 KTX 터널 공사 문제를 다큐멘터리로 제작했다. 지역사회에서 의견이 충돌했을 때 문제를 해결해 가는 과정을 카메라에 담는 과정이었다.

아이들의 감성을 기르기 위해서 숲 체험도 꾸준히 하고 있다. 요즘 도시에서 자라는 아이들에게 주위의 풀꽃들은 그저 잡초에 지나지 않는다. 도시에 잘 조성되어 있는 값비싼 나무나 귀한 꽃들도 아이들에게는 그냥 무심코 지나치는 잡초와 다르지 않다. 금성초에 지천에 널려 있는 풀꽃이나 나무, 곤충들도 교사가 아이들과 함께 눈길을 주지

않으면 그 소중함을 느낄 수 없다. 교사와 함께하는 숲길 산책, 텃밭 가꾸기, 생태 놀이들은 왜 수많은 생명들이 거기 있으며 소중히 지켜야 하는지 가르쳐 준다.

신체를 이용하는 활동 역시 문화예술적인 감각을 키우는 데 꼭 필요하다. 보통 무용을 배운다고 하면 발레나 고전무용을 생각하기 쉽다. 그러나 금성초에서 배우는 무용은 일정한 동작을 반복 연습하는 무용이 아니라 신체를 통하여 자신의 생각과 감정을 표현하는 법을 배우는 과정이다. 신체 표현뿐만 아니라 특정한 주제를 표현하기 위하여 설화

⚬ 매년 여름, 금성가족 한마당을 열어 전교생이 야영을 하며 하룻밤을 함께 보낸다. 밴드부가 야영하는 날 밤에 연주할 음악을 연습하고 있다. 그 뒤로 모둠북을 연습하는 아이들의 모습도 보인다. ⚬ 지역 축제인 '금정산 생명축전' 준비위원회에 금성초가 결합해서 함께 준비했다. 뒤에 보이는 대형 장승도 학교에서 아이들과 함께 만들었다.

나 신화를 도입하기도 하고 미술이나 연극적 요소를 도입하기도 한다. 금성초에서 하고 있는 무용교육은 예술통합 프로그램으로 댄스 스토리텔링Dance Storytelling이라고 한다. 아이들은 자신의 느낌을 창의적으로 표현하고 통합 예술 속에서 자아 존재감을 갖고 타인을 배려하는 것을 배우고 있다.

요즘 운영하고 있는 '금어신화' 수업은 우리 고장 금정산에 전해 내려오는 금어金魚에 대한 이야기를 주제로 한 수업이다. '내가 만든 금어 이야기', '다양한 재료를 사용하여 그림으로 표현하기', '우리가 만든 금어 소리 표현하기', '금어신화 역할놀이', '동작 만들기' 등 여러 예술 장르를 통합하여 아이들의 생각과 감정을 표현하도록 하고 있다.

*
'금어신화 꾸미기'라는 주제로 자기의 생각과 감정을
몸으로 표현해 보았다. 무용 수업이지만 연극, 타악,
꾸미기 등 다양한 문화예술 장르를 통합했다.

작은 학교 행복한 아이들

참여와 나눔이 있는 교육공동체

지난 4년여 동안, 금성초는 우리 학교만의 고유한 색깔을 내기 위해 여러 가지 시도를 했다. 그러나 처음부터 다양한 프로그램이 원활하게 이루어졌던 것은 아니었다. 막상 유익한 프로그램을 기획하고 도입하고 싶어도 교사들의 문화예술교육에 대한 소양이 부족했고 교육 재료를 구입하기 위한 경비도 부족했다. 그리고 강사를 초빙하고 싶어도 우리 학교의 교육철학에 맞는 강사들을 구하기 쉽지 않았다. 이런 문제를 해결해 준 것은 학부모들이었다. 학부모들은 생각보다 많은 능력을 갖고 있었다. 화가인 분은 벽화 그리기 등 미술교육을 지원해 주었고, 민요를 하는 분은 민요부를 운영해 주었다. 그 외에도 많은 학부모들이 방과후 프로그램으로 택견, 전래 놀이, 생활체육, 목공을 가르치거나 방과후 보육교실 도우미로 나서 주었다. 학부모들은 수업에서 보조 교사로 활동하거나 각종 행사에서 주체적으로 참여해서 교육 수요자에서 학교교육의 주인으로 자리 잡게 되었다.

지역사회도 학교에 풍부한 교육 기회를 제공해 주었다. '금정산 생명축전' 준비위원회는 금성초를 주인으로 함께할 수 있도록 참여시켜 주었고 학교는 운동회를 지역 축제로 만들고 '학부모와 함께하는 금성가족 어울림마당(야영)'을 운영했다. 마을에 위치하고 있는 두 곳의 도요지와 금성학습원(원예고등학교 실습지), 장승공원, 국청사, 마을 가게, 금정산 일대를 무대로 하여 '산성문화체험교실', '금정산 프로젝트', '우리 마을을 주제로 한 다큐멘터리 만들기', '살기 좋은 마을 만들기 프로젝트' 등을 운영함으로써 보다 풍성한 교육과정이 이루어질 수 있었다.

아직도 갈 길이 먼 '행복한 학교'의 꿈

금성초에 대한 소문이 퍼져 나가면서 가까이는 화명동, 장전동에서부터 멀리는 사직동, 남천동, 해운대에서도 전입학을 왔다. 등교 시간이 20분에서 1시간 이상 소요되지만 금성초로 전입하고 싶다는 아이들은 점점 늘어나고 있다. 전입해 온 아이들을 보면 기존 학교에서 따돌림을 당했거나 심각한 부적응을 보였거나 장애 때문에 마음의 상처를 입었던 아이들이 있다. 이 아이들이 산성마을의 원주민 아이들과 어울려 만들어 가는 작은 공동체는 다른 학교에서 보기 힘든 아름다운 모습이다.

그러나 교육정책 입안자들은 아직도 왜 아이들이 금성초에 오고 싶어 하는지 모르는 것 같다. '예술꽃씨앗학교' 운영으로 고급 악기들을 배울 수 있어서? 엘리트로 키울 수 있는 특별한 프로그램이 있어서? 아니다. 금성초는 행복이 어디서 시작되는지, 나와 조금 다른 이웃과 더불어 살아가는 삶이 얼마나 가치 있는 일인지, 꿈을 향해 가는 길이 얼마나 행복한 길인지 배우는 곳이다. 물론 금성초에도 자아 존중감이 낮은 아이들, 폭력적인 아이들, 다소 따돌림을 당하는 아이들이 있다. 하지만 일반 학교에서 몰릴 데까지 몰렸던 아이들이 상처를 보듬고 조심스럽게 웃음을 띠기 시작하는 걸 보면서 금성초의 존재 이유를 느낀다.

금성초는 아직 기존 학교의 문제점을 다 극복해 내지 못했고 교육과정도 많이 엉성하다. 학교를 만들어 가는 과정에서 교장, 교감 선생님과 설전을 벌이거나 교사들 사이에서 논쟁이 격렬해질 때도 많다. 하

✻
아침 산책은 주로 학교 주변 숲에서 이루어지지만 이
날은 선배들이 영화를 찍은 촬영지를 둘러보았다. "우
리도 영화의 한 장면처럼 멋지게 포즈를 취해 보자!"

지만 끊임없이 교사의 길을 되돌아보고 고민하는 교사들이 있고 부족한 이들을 믿고 함께 학교를 만들어 나가고자 하는 열정을 가진 학부모들이 있기에 희망이 있다.

　최근 금성초는 자율학교 지정 문제로 한 차례 홍역을 앓았다. 교사들은 금성초가 지금의 색깔을 유지하기 위해서는 학교 운영에 대한 자율권을 보장받고, 교장을 초빙할 수 있으며 교사의 근무연한을 탄력적으로 조정할 수 있는 자율학교 지정이 필요하다고 보았다. 순환근무원칙에 따라 금성초 교사들 중에도 내년에 당장 학교를 떠나야 하는 교사들이 있어서 자율학교 지정 문제는 시급히 해결해야 할 사안이었다. 하지만 부산시교육청은 초등학교는 학교장 재량이 크기 때문에 굳이 자율학교로 지정할 근거가 부족하다며 부정적인 입장을 보였다. 금성초 교사와 학부모들은 교육감 면담을 요구하고 교육청 앞에서 집회를 여는 등 학교를 지키기 위해 치열하게 싸웠다. 다행히 지역사회에서도 금성초의 자율학교 지정을 요구하는 목소리가 높아지자 교육청에서도 긍정적으로 검토하겠다는 희망적인 답변을 보내왔다. 당장 내년에 학교가 어떻게 될지도 모른다는 불안감에서 한시름 놓여나게 되었다.

금성초와 같은 작은 학교들이 확산되기 위해서는 법적, 제도적 장치가 뒷받침되어야 하고 사회적인 지원도 필요하다. 가끔 금성초에서는 난감한 장면들이 발생하곤 한다.

"금성초등학교가 아니면 우리 아이는 학교를 다닐 수 없습니다. 꼭 이 학교로 전학 올 수 있게 해 주세요."

"공교육으로부터 소외된 우리 아이를 이렇게 버리면 돌봄이라는 금성초의 교육철학은 도대체 어디에 있는 겁니까?"

"전입신고를 했는데도 아이의 전학을 거부하는 학교가 어디 있습니까?"

때로는 애원하고, 때로는 교무실이 떠나가도록 소리를 지르고, 또 때로는 무릎까지 꿇으면서 학부모들은 금성초로 전학을 올 수 있게 해 달라고 요구한다. 작은 학교라는 정체성을 지키기 위해서는 아이들 수를 제한할 수밖에 없다. 금성초에 꼭 오고 싶어 했지만 결국 좌절되고 마는 경우를 보면서 교사로서 이들에게 아무것도 해 줄 수 없다는 무능함이 부끄러워졌다. 공교육 안에서 이 아이들이 가고 싶은 학교가

작은 학교 행복한 아이들

그렇게도 없는 걸까, 서글프기도 했다.

금성초는 특별한 학교가 아니다. 조금만 노력하면 제2, 제3의 금성초를 만들 수 있다. 정부에서는 농촌을 살린다며 많은 예산을 쏟아 부어 각종 복지정책을 내놓고 있지만 학교가 사라지면 그 지역은 살아날 수 없다. 경제 논리를 들어 농어촌 소규모 학교를 통폐합만 할 것이 아니라 농어촌 지역의 특성을 살려 새로운 학교를 만들 수 있게 고민해야 한다. 조금만 생각을 바꾸면 천혜의 자연환경을 누리면서 돌봄이 살아 있는 따뜻한 학교를 만들 수 있다. 새로운 교육적 상상력은 교사에게서만 나오는 것은 아니다. 좀 더 긴 안목으로 교육과 학교를 바라볼 때, 그리고 그런 학교들을 제도적으로 뒷받침해 줄 때 작은 학교들의 사례는 더 멀리 멀리 퍼져 나갈 수 있을 것이다.

마을을 공부하며
지역사회를 배우다

세월초등학교

남궁역

본문 사진 제공 세월초등학교

작은 변화의 시작

2009년 4월 18일 토요일.

전교생이 학교 앞 논둑에 모여 쑥 캐기에 여념이 없다. 모두들 도란도란 둘러앉아 이야기 꽃을 피운다.

"선생님, 여기 무당벌레 좀 보세요."

"얘들아, 여기 애기똥풀 좀 봐!"

쑥을 캐다 말고 장난꾸러기 2학년 남자 녀석들이 무당벌레를 잡느라 야단이다. 오늘은 전교생이 쑥을 캐서 쑥버무리를 해 먹는 토요 체험학습의 날이다. 바구니 가득 캐 온 쑥으로 교실마다 쑥 향기가 넘쳐난다. 서울에서 근무하다 퇴직하고 몇 해 전 여주로 내려와서 기간제 교사로 근무하고 있는 1학년 선생님은 서울의 큰 학교에서 경험할 수 없는 행복감을 이곳의 작은 학교에 와서 흠뻑 느낀다고 하신다. 전교생이 63명뿐인 우리 학교에 올해 10여 명의 아이들이 인근 양평읍에서 전입해 왔다. 양평읍내의 큰 학교를 다니다 전학 온 수한이는 이곳

작은 학교 행복한 아이들

생활이 마냥 즐겁고 행복하다고 말한다.

　세월초의 이런 모습은 불과 몇 년 전만 해도 볼 수 없었던 풍경이었다. 관리자들은 이 학교를 빨리 점수를 쌓아 승진하거나 도시의 학교로 가는 징검다리로 생각했고 교육과정에 관심을 갖기보다는 외부 시설을 예쁘게 치장하는 데 열심이었다. 교사들도 대부분 신규교사로 채워져 2년만 지나면 학교를 떠났다. 학교와 지역사회의 소통이라는 것은 기대할 수 없었고 학부모와의 신뢰는 더욱 없었다.

　양평대교를 건너 곤지암 쪽으로 작은 고갯길을 두 개 넘으면 아담한 세월 마을을 만난다. 여주군과 광주군에 인접한 세월초는 여주와 양평, 광주의 아이들이 함께 공부하는 곳이다. 주변은 산으로 둘러 쌓여 있고 학교에서 조금만 걸으면 아름다운 양평강이 흐른다. 공장도 없고 높은 건물도 없고 그저 조용한 농촌 마을이다. 주민들도 순박하고 아이들도 순진하기만 하다. 이러한 지역 특색이 지역의 발전을 가로막고 있어 학생 수가 점점 줄어들더니 몇 해 전부터 학교 통폐합을 고민하게 되었다. 해마다 교육청에서 통폐합 관련 설문조사가 내려오면 학교와 마을은 술렁인다. 학교 동문들은 학교 살리기에 팔을 걷어

남궁역 yeok0802@chol.com

교사 생활 시작부터 지금까지 스무 해가 넘도록 꿋꿋하게 양평에서 주로 분교와 아주 작은 학교에서만 아이들을 만나고 있습니다. 교육이 '삶을 배우는 과정'이 되어야 하는데 지금의 학교가 시험 점수와 교과서 속에 갇혀 있어 답답함을 느낍니다. 아이들과 온전한 삶을 배우고 나눌 수 있는 행복한 작은 학교를 만들고 싶습니다.

붙이고 학교를 살릴 수 있는 방법을 찾기 시작했다. 모교를 사랑하는 동문들은 교육청을 찾아가 사정도 하고 어려운 재정 여건에서도 학교 버스를 구입해 주었다. 지역의 작은 교회 목사님은 손수 운전을 자청하고 8년이 넘게 무료 봉사를 해 주고 있다. 폐교 위기에 놓인 대부분의 농촌 학교들이 겪는 어려움을 세월초도 10년 가까이 고스란히 견디어 왔다. 그러나 학생 수 감소는 농촌뿐 아니라 사회 전반에 걸쳐 일어나는 현상으로 이 조그마한 농촌의 작은 학교의 노력으로는 극복할 수 없는 문제였다. 교사와 교육과정은 바뀌지 않은 채 외부 환경을 꾸미고 좋은 시설을 갖춘다고 폐교를 막을 수는 없었다.

양평에서 교사로 초임 발령을 받고 21년을 살아온 나는 줄곧 작은 학교에서 근무를 하게 되었다. 작은 학교는 참 좋은 점이 많다. 무엇보다도 몇 명 안 되는 아이들과 하나가 되어 가족처럼 지낼 수 있다는 것은 교사로서 가장 큰 행복이라고 생각해 왔다. 그런데 양평에서 그런 작은 학교들이 하나 둘씩 통폐합되어 가는 것을 바라보니 참 안타까웠다. 양평 지역의 몇몇 교사들과 함께 작은 학교를 살리는 방안에 대해 많은 이야기를 나누었지만 현실은 녹록치 않았다. 그러다 2007년, 우연한 기회에 작은학교교육연대 워크숍에 참가하게 되었다. 이 워크숍에서 농촌의 많은 작은 학교 교사들이 나와 같은 고민을 해 왔고 뜻을 같이하는 교사들이 모여 학교를 개혁하고 작은 학교를 되살리고 있다는 사례를 듣고 많은 충격을 받았다. 학교를 변화시키기 위해서는 교사의 열정이 필요하고 함께할 사람이 중요함을 새삼 알게 되었다. 양평에서도 작은 학교 살리기 운동에 뜻을 같이하는 교사들의 모임을 꾸

　　　　　　　　　　　　　작은 학교 행복한 아이들

리고 그해에 같이 근무했던 선생님 한 분과 함께 세월초로 학교를 옮기게 되었다. 새로운 학교를 만들겠다는 큰 목표를 가진 것도 아니고 그냥 아이들이 즐거운 학교를 만들어 보자는 데 뜻을 같이했다.

느린 걸음으로 시작하다

2007년, 세월초에 40대 초반의 젊은 두 교사가 부임하자 교장은 물론 학부모들까지 의아한 눈으로 쳐다보았다. 지금까지 이 학교는 승진 점수를 따기 위해 온 교사들이나 신규 교사로 채워지는 곳이었다. 관리자와 학부모들은 새로 부임한 두 교사의 행동 하나하나에 관심과 경계의 시선을 보냈다. 부임 첫해부터 학교의 변화를 주장하기보다는 먼저 학부모들의 신뢰를 얻는 것이 중요하다고 생각했다. 1년 동안 지역 유지들과 학부모님들과 지속적인 만남을 통하여 새로운 학교에 대한 상을 공유해 나갔다. 나와 함께 온 선생님이 초임 시절에 이 학교에서 근무했던 경험이 있어 지역 주민들과 자연스럽게 만날 수 있었던 것이 다행이었다. 특히 모교에 대한 애정이 남다른 동문회 모임을 적극 이용하여 지역 유지들과 연결 고리를 만들어 나갔다. 학교 동문들은 모교의 통폐합 반대 운동에 열성적으로 참여했던 분들이기에 모교 발전에 대한 우리들의 이야기에 귀 기울여 주었다.

2008년이 되자 우리와 뜻을 같이하는 두 선생님이 함께하기로 했다. 이 두 분은 양평에서 오랫동안 전교조 활동을 같이 하면서 알게 되었고, 2007년 경기 지역 교사들을 중심으로 만들어진 새로운학교를만드는사람들(schooldesign21) 모임을 함께했다. 모임 안에서 발도르프

교육, 프레네 교육, 배움의 공동체, 작은 학교 사례 등을 공부하면서 양평 지역에서도 의미 있는 새로운 학교를 만들어 보자는 공감대가 형성되었다.

2008년에는 학교 교육과정과 학교교육의 철학에 대해 본격적으로 고민을 하기 시작했다. 조직적인 준비도 없었고 그저 함께 모여서 아이들과 함께 행복한 학교를 만들어 보자는 정도의 합의만 있었기에 모든 것을 느린 걸음으로 시작하고자 했다.

어떤 일이든 시작이 참 어려운 것 같다. 우선 당장 우리가 할 수 있는 일이 무엇인지 찾기로 했다. 무엇부터 어떻게 해야 할지 막막하기만 하던 때에 외부에서 도움의 손길이 왔다. 경기문화재단에서 문화예술교육을 학교 교육과정에 접목해 보자는 제안을 해 온 것이다. 내가 부임했던 첫해인 2007년도에 경기문화재단의 문화예술교육교사─전문가협력모델사업으로 1년간 지원을 받은 적이 있었다. 이 사업은 담임교사와 예술교육 강사가 협력 수업 모형을 만드는 새로운 예술교육 강사 지원 사업이었다. 예술교육 강사를 지원받으면 강사에게 모든 것을 맡겨 버리고 교사들은 뒤로 빠지는 형태의 수업에 대한 문제점을 개선해 보고자 하는 의도였다. 이러한 인연으로 2008년에 다시 경기문화재단에서 문화예술교육을 학교 교육과정에 접목해 보자는 제안을 했던 것이다.

이 제안에 대해 여러 차례 교사회의를 거친 끝에 큰 틀에서 학교 축제를 통해 교육과정의 변화를 시도해 보는 것으로 의견이 모아졌다. 학교 축제가 일회성 행사로 그치는 것이 아니라 학교 교육과정 전체를 아우르는 큰 틀을 가지고 교과과정 속에 축제가 스며들도록 하자는 것이다. 대부분의 학교에서 하고 있는 학예회나 작품 발표회 수준의 축제가 아니라 교과과정을 풀어 헤쳐 문화예술교육 영역으로 재구성하고자 했다. 아이들이 자유롭게 생각을 표현하고 주체성을 기를 수 있는 교육이 가능하리라는 기대에 교사들은 쉽지 않은 결정을 내렸다. 의미는 있지만 그것이 과연 실현 가능할지, 두려운 마음과 설레는 마음으로 일은 시작되었다.

우선 관리자를 설득해야 했고 학부모와 마을 주민들을 이해시켜야 했다. 그 당시 학교의 가장 큰 현안은 다음 학년도 신입생이 급감하여 6학급에서 5학급으로 축소되는 문제였다. 학생 수를 늘려야 하는 게 가장 시급하고 큰 고민거리였다. 우리는 축제를 통해 학교를 외부에 알리고 학교가 새롭게 변하는 모습을 홍보하여 학생 수를 늘리자며 교장 선생님을 설득했다. 교장 선생님은 처음에는 반대했지만 학교를 살리자는 대의명분에 밀려 한 발짝 뒤로 물러서서 지켜보셨다. 결국 교사들이 지역 주민들과 동문들을 일일이 만나 축제를 통해 학교를 살리자고 설득하는 데 꼬박 두 달을 보내야 했다. 학부모들은 대놓고 반대하지는 않았지만 '조용히 아이들 공부나 가르치지 공부에 도움도 되지 않는데 무슨 축제냐'며 냉담한 반응을 보였다. 시간이 흐르면서 교사들의 열정에 조금씩 마음의 문을 열고 학교를 살리는 일에 동참해 주는 동문과 지역 주민들이 늘어났다. 지역과 동문들의 동참으로 학부모들도 한두 분씩 도움을 자청하며 힘을 실어 주었다.

학교 안에서는 축제 준비를 위해 외부 전문가와 함께하는 교사 연구모임이 조직되었다. 우리와 뜻을 같이하는 연극 단체, 공연 기획자와 함께 했고, 추계예술대 교수인 학보무의 동참은 큰 도움이 되었다. 학교의 변화는 교사의 힘만으로는 한계가 있다. 교사 스스로 학교의 울타리를 과감히 벗어나 다른 분야의 전문가와 함께 학교 문제를 고민하는 자세가 필요하다. 계속되는 교사 연구모임을 통해 마을학교 축제의 방향을 정했다. 일회적이지 않고 소비 지향적이지 않으며 아이들이 주체가 되어야 하고 일상의 수업 과정 하나하나가 축제가 되어야 하며, 더 나아가 축제를 통해 지역사회공동체를 복원할 수 있다면 좋겠다는 결론에 도달하게 되었다.

마을을 배우다

'축제'라는 단어 속에는 다양한 의미가 내포되어 있다. 그중에서도 화려함은 있지만 내용이 없는 일회성 행사라는 부정적 이미지가 크다. 마을학교 축제를 준비하면서 화려함만 있고 알맹이는 없고 교육적 의미도 찾을 수 없는 행사 위주의 축제가 되면 안 되겠다는 생각을 했다. 축제를 통해 아이들과 무엇을 공부할 수 있을까? 이 문제가 축제를 준비하는 우리 교사들의 주된 관심사였다. 교육과정과 축제를 연계할 방법을 찾기 위해 교사회의는 시간 가는 줄 모르고 밤늦도록 이어지곤 했다.

세월리도 다른 양평 지역과 마찬가지로 토착민과 전원주택을 짓고 들어온 외지인 사이에 깊은 골이 있다. 할머니, 할아버지와 함께 어렵게 사는 아이들과 도시 문화를 간직한 채 들어온 아이들 사이에도 문

작은 학교 행복한 아이들

화적 차이에 따른 갈등이 있다. 과거부터 마을은 삶의 공동체였는데 언제부터인지 농촌 마을에서도 과거의 공동체 문화가 많이 사라졌다. 아이들도 마을에 사는 이웃이나 어른들에게 관심이 별로 없는 것 같았다. 학교를 중심으로 과거의 지역공동체를 복원할 수 있다면 얼마나 좋을까? 아이들을 통해 마을을 이해하고 서로 나누는 공동체 문화를 이루어 낸다면 얼마나 좋을까? 그래서 축제의 테마를 '마을'로 하고 축제 명칭도 '세월마을학교 축제'라고 정했다. 과거에는 마을의 대소사가 있으면 마을 구성원이 모두 모여 음식을 나누며 잔치를 열었다. 이것을 통해 마을 사람들이 서로 정을 나누며 소통이 되었듯이 학교를 중심으로 축제를 통해 마을 단위의 지역공동체가 복원되고 학교의 아

＊
2008년 세월마을학교 축제는 교사 중심이 아니라 아이
들이 주체적으로 참여하고 준비하게 했다. 축제를 알리는
포스터를 아이들이 직접 그리고 마을 곳곳에 부착했다.

이들은 마을을 이해하고 그 속에 살아가는 이웃을 알아 간다면 그것이 바로 참삶을 가꾸는 교육이 아닐까?

축제를 교사 중심이 아니라 마을, 학부모 중심의 축제로 만들기 위해 축제준비위원회가 구성되었다. 여기에는 교사, 학부모, 지역 주민, 학교 동문 대표가 참여했다. 매주 금요일마다 정기적으로 모여서 축제 이야기뿐 아니라 아이들 생활, 학교의 교육과정까지 이야기를 나누었다. 작은 학교는 교사도 적고 학부모 수도 적기 때문에 큰 학교보다 공통된 의견을 모으기가 수월하다. 이 모임이 시발점이 되어 2년이 지난 지금까지도 세월초 금요 모임은 계속 이어지고 있다. 경기문화재단 담당자, 학부모, 담임교사가 매주 모여서 교사들의 수업도 평가하고 외부인의 시각에서 바라보는 교육과정은 어떠한지 논의하고 문화예술교육 프로그램을 연구한다. 아이들의 사소한 문제에 대해서도 해결 방안을 함께 논의하는 등 학교 교육과정 전반의 문제를 협의하는 모임으로 자리 잡았다. 이 모임을 통해 만들어진 온라인 카페 '세월마을학교'(cafe.daum.net/saewol)는 연구모임에서 논의된 것들을 학부모들과 공유하는 공간이 되었다. 카페에 교사들의 수업 이야기와 마을을 공부하는 아이들 글들이 많이 올라오면서 옛날 모교를 그리워하며 학교 살리기에 앞장섰던 동문들이 적극적으로 카페에 글을 남기게 되었다. 이 동문들을 중심으로 카페가 점점 활성화되자 학교 일에 무관심하던 학부모들도 하나 둘씩 카페에 들어와 댓글을 남기고 학교에서 일어나는 수업의 변화와 아이들의 변화에 관심을 갖게 되었다. 적극적으로 글을 남기는 분은 많지 않지만 카페에 들어오는 방문자

수가 점점 늘어나 지금은 회원 수가 250명이 넘는다. 도시에 비하여 학교 일에 아주 소극적인 농촌 학부모들의 성향을 생각해 보면 큰 변화이다. 학부모들은 카페에 들어와 아이들의 활동 사진, 교사의 수업 관찰 일기를 통하여 학교의 변화를 읽을 수 있다. 카페는 교사들의 열정적인 모습을 알려 내고 지역 주민과 학부모들의 신뢰를 얻는 데 큰 역할을 했다.

아이들이 만드는 축제

학교에서 이루어지는 교육적 행위의 대부분은 교사의 관점에서 계획이 세워지고 실행된다. 여기에 아이들의 생각이 비집고 들어올 틈은 없다. 우리는 축제를 준비하면서 아이들을 축제의 주체로 세우는 데 많은 시간을 보냈다.

축제 준비가 한창이던 2008년 6월, 교사회에서 학교 축제 이름이 필요하다는 이야기가 나왔다. 축제 이름을 교사모임에서 정할 것인지, 아이들에게 공모할 것인지 논의했다. 아이들에게 축제에 대한 관심을 갖게 하고 주체적으로 참여하도록 이끌기 위해 아이들에게 맡겨야 한다는 쪽으로 이야기가 모아졌다. 이미 아이들은 마을 조사 활동을 통해 축제에 대하여 대강의 내용을 알고 있어서 다양한 의견들이 나왔다. 특히 '세월'이라는 마을 이름의 유래를 알게 되어 달과 관계된 의견들이 많았다. '달님과 함께 놀아요', '세월아, 세월아', '달님과 함께 친구가 되어요' 등의 이름이 나왔고, 최종 교사회의에서 수정을 가하여 '달님과 손뼉 치기'로 정했다. 아이들의 의견을 존중하여 달님과 함께 논다는 의미와 여러 사람들이 함께 소통한다는 의미의 '손뼉 치기'를 합친 이름이다. 이렇게 아이들이 주체적으로 참여한 사례는 많다. 학교 담장에 300명의 마을 주민, 동문, 학생들이 참여하여 타일 벽화를 제작할 때에도 디자인을 1학년 아이들에게 맡겨 '우리들의 꿈터'라는 멋진 벽화가 완성되기도 했다. 축제가 다가오자 축제를 알리는 홍보 전단을 만들어야 했다. 많은 비용을 주고 업체에 맡기면 멋지게 만들 수도 있었지만 아이들이 직접 포스터를 만들게 하면 좋겠다는 것이 교사들의 생각이었다. 아이들은 직접 축제 포스터를 제작하고 그것을 마을 곳곳에 붙였다. 어디에 붙여야 사람들이 많이 볼 수 있을지 생각하기도 하고, 자기들이 붙인 포스터가 찢어지면 다시 가서 붙이곤 했다.

축제 당일에는 '아이들이 가르치는 체험 부스'를 진행하기도 했다. 1학년부터 6학년까지, 1년 동안 아이들이 교육과정을 통해 공부했던 내용을 축제에 온 손님들에게 재미있게 가르치도록 했다. 그 내용도 아이들이 정했다. '영화 만들기' 수업을 했던 6학년은 '움직이는 애니메이션'이라는 부스에서 애니메이션의 원리와 움직이는 그림을 가르쳤고, 목공 수업을 했던 5학년은 '우리 집 문패 만들기'라는 부스에서 손님들에게 톱질과 못질을 가르치며 문패를 만들었다. 기획할 때는 아이들에게 맡기면 제대로 할 수 있을지 걱정을 많이 했는데 기우에 불과했다. 아이들은 예상외로 평소 수업할 때보다 더 설명도 잘하고, 스스로 친구들과 역할을 나누며 하루 종일 신나게 체험 부스를 운영했다. 오신 손님들은 아이들에게 자세히 묻기도 하면서 관심을 보이고 학부모들은 자녀들의 자신감에 찬 모습을 보며 대견해했다. 축제는 교사의 축제, 어른들의 축제가 아니라 아이들의 축제가 되었다.

교과 수업이 축제가 되다

아이들은 교과 수업, 교과서, 시험 등의 낱말을 싫어한다. 학원에서 배운 내용을 학교에서 또 공부하고 그것을 달달 외워 시험을 보고 학교는 그것을 점수 매긴다. 학교는 단순히 달달 외워야 하는 지식을 전달하는 곳이 아니라 아이들에게 온전한 삶을 배우는 곳이어야 하는데 그렇지 못한 현실이 안타깝다. 이 축제를 통해서 아이들이 머리가 아니라 몸으로 생각하고 마음으로 느끼는 재미있는 공부를 하도록 했다. 축제의 테마를 '마을'로 정하고 교과 연계 수업을 계획하여 학교 울타리를 벗어나 마을 사람들을 만나면서 삶을 공부하는 살아 있는 교육과정을 만들고자 했다.

1학년부터 6학년까지 학년 프로그램은 각 학년 교사들의 관심과 흥미에 따라 선정했다. 1학년은 '그림책 읽기를 통한 마을 만나기', 2학년은 '마을의 자연과 함께 크는 아이들', 3학년은 '살아 있는 그림으로 바라보는 마을', 4학년은 '우리 마을 탐사 지도 그리기', 5학년은 '우리가 만드는 마을 표지판', 6학년은 '우리 마을 다큐 영화'로 정했다.

우선 아이들과 마을에 대하여 공부하는 일부터 시작했다. 6학년 아이들은 자기 마을의 할머니, 할아버지를 만나 마을의 옛이야기를 조사했다. 아이들은 삼삼오오 짝을 지어 마을회관으로 향했다. 마을회관에서 할머니들을 만나 인터뷰를 시작했다. 언제부터 이 마을에서 사셨는지, 옛날 우리 마을의 모습은 어떠했는지, 우리 동네 지명의 유래는 무

엇인지 조사했다. 할머니들은 난데없는 어린 꼬마들의 방문에 어리둥
절해하며 귀찮게 생각하시다가 이내 옛이야기를 풀어 놓으셨다. 시집
을 오게 된 이야기며, 전쟁으로 학교가 불에 탄 이야기, 중공군의 공격
으로 치열한 전쟁터로 변한 마을 이야기, 마을 한복판에 큰 시장이 있
었고 금을 캐기 위해 많은 사람들이 모여 살았던 이야기…… 아이들
이 조사해 온 이야기는 마을을 이해하는 정말 소중한 자료가 되었다.
조사한 이야기는 사회 수업에서 토론 발표 자료로 이용했다. 6학년이
조사한 내용은 곧 카페에 올려졌고 다른 학년들이 '마을'을 공부하는
자료로 사용되었다. 아이들은 보충할 자료를 더 얻기 위해 밭에서 일
하는 할아버지를 만나러 달려가기도 했다. 아이들이 이렇게 재미있게
공부한 적이 있었던가. 특히 세월이라는 마을 이름 말고도 다양한 이
름이 있다는 사실을 알게 된 아이들은 무슨 큰 발견을 한 듯 내게 달려
와 조사 내용을 떠들어 대곤 했다. 소주봉, 대숫개, 피자골, 다릿골, 장
터골, 윗말, 아랫말, 배석골…… 점점 사라져 가는 옛 지명들이 참 정
겹다. 이런 지명들은 이 아이들이 사용하지 않으면 다 사려져 버릴 것
이다.

마을 한가운데 큰 느티나무가 하나 있다. 나무의 둘레가 두세 사람
이 두 팔을 벌려야 할 정도로 큰 느티나무였다. 2학년 아이들은 우리
마을 자연을 조사하는 것이 과제여서 동네 이곳저곳을 돌아다니며 조
사하다가 이 느티나무를 발견하게 되었다. 물론 평소에도 길을 오가며
이 나무를 보기는 했지만 마을을 공부하면서 그 느티나무를 더 자세히
관찰하게 되었던 것이다. 크기가 클 뿐 아니라 생김새가 사람 얼굴처

작은 학교 행복한 아이들

럼 눈도 있고 입도 있다. 아이들은 이 나무를 '말하는 느티나무' 라고 부른다. 나무 한가운데 큰 구멍이 나 있는데 거기에는 구렁이가 산다는 이야기를 마을 어른들로부터 듣기도 했다. 일상 속에서 늘 보고 지나치는 나무였지만 친구들과 함께 공부하며 그 느티나무는 아이들에게 새롭게 다가왔다.

5학년은 실과에 나오는 목공 수업을 마을과 관련하여 진행했다. 목공 수업은 아이들이 가장 좋아하는 시간이다. 나무가 주는 부드러움과 향기를 느낄 수 있고 생활에 필요한 것들을 자기가 직접 만드는 재미도 있다. 다음은 목공 수업을 진행한 담임선생님의 수업관찰 일기의 일부분이다.

마을 알아보기 수업을 한 후에 '마을에 표지판을 붙여 주면 어떨까' 라는 수업을 했다. 마을에 붙어 있는 많은 표지판들은 어른의 눈으로 본 세상을 이야기한다. 그렇다면 아이들은 그런 표지판이 재미있을까? 그래서 아이들과 이야기를 했다.

"너희들은 이 마을에 살면서 사람들에게 알리고 싶었던 것이 있었니?"

"네, 있어요."

민섭이가 제일 먼저 '버스가 좀 늦어요' 라는 표지판이 있었으면 좋겠다고 했다. 버스 정류장에서 기다려도 오지 않는 버스에 대한 생각을 말한 것이다. 사람들에게 버스가 좀 늦을 수 있다는 것을 알리고 싶다고 했다.

"그래, 그러면 버스를 기다리면서 안 올까 봐 걱정하는 일은 없겠다."

겨울에 버스를 기다리다 넘어졌다는 아이는 '미끄러집니다', 집 근처에 돼지를 키우는 아저씨가 산다는 아이는 '돼지똥 냄새가 나요', 교실에 있으면 마음이 편하다고 '마음이 편해요', 자전거 타다가 넘어졌던 곳에는 '위험해요' 등의 표지판이 있으면 좋겠다고 말하는 아이도 있었다. 진구가 무엇을 해야 할지 모르겠다며 가만히 있으니까 아이들이 화장실을 '비밀 얘기 하는 곳'으로 정해 주며 그것을 하라고 했다.

표지판 만들기는 매주 두 시간씩 6주가 걸렸다. 가지치기한 은행나무 가지를 교실 뒤에 갖다 놓고 한 달 이상을 보냈다. 나무를 본 아이들은 나무로 칼을 만드느라고 정신이 없다. 나무를 자르고 벗기느라 2시간을 신나게 보냈다. 수학을 공부할 때는 재미없다고 기운 없이 앉아 있던 아이들이 한 가지 일에 놀라운 집중력을 보인다. 가장 먼저 한 사람은 지성이다. 지성이는 나와 함께 글자 모양대로 나무를 자르고 못질을 했다. 그 다음으로 빠른 사람이 민섭이다. 민섭이는 빨리 잘하고 싶은 마음 때문에 못질을 하면서 계속 짜증을 낸다. 아무 소리 없이 조용히 일을 하는 슬기와 지민이의 손놀림에 놀랐다. 못질이 잘 안 된다고 투덜대던 아이들이 어려움을 이겨 내고 작품을 완성해 내는 모습을 보며 나는 참 행복했다. 머리로 하는 공부도 중요하지만 몸으로 하는 공부도 아주 중요하다고 생각한다. 아이들은 몸으로 하는 공부를 더 잘한다. 우리 아이들의 특징에 맞는 목공 수업을 하게 되어 참 좋다. 못질도 하고 톱질하며 자신을 표현하려는 아이들의 모습은 참 행복해 보인다.

'세월마을학교' 카페에 올려진 5학년 담임교사의 수업관찰 일기 중에서

꿈꾸는 작은 미술관

농촌 마을을 가 보면 사람이 살지 않는 빈집들을 많이 볼 수 있다. 농촌을 떠나 도시로 간 흔적들이다. 이러한 집들은 대부분 서울 사람들이 구입하여 땅값이 오르기를 기다린다. 이런 빈집들이 하나 둘씩 늘어나면 마을은 황폐해지고 미관을 해친다. 학교 주변에도 여러 빈집들이 눈에 띄기 시작했다. 아이들은 우리 마을의 자연을 관찰하기 위해 산책을 하다가 이 빈집을 발견했다. 아이들은 이 집을 '유령의 집'이라고 했다. 마침 2학년 교육과정에 집의 구조와 종류에 대한 내용이 있어서 선생님은 아이들과 함께 이 집을 방문하기로 했다. 생각보다 집은 깨끗했지만 아이들은 들어가기를 꺼렸다. 몇몇 남자아이들은 벌써 집에 들어가 이곳저곳을 기웃거리며 신기한 물건을 발견했다고 야단이다. 집의 구조도 공부하고 방에 이름도 붙여 주는 수업이 진행되었다. 2학년 선생님은 이 빈집을 아이들과 어떻게 공부하면 좋을지 교사회의에서 조심스럽게 이야기를 꺼냈다. 다른 교사들도 그동안 흉물스럽게 동네 미관을 해치는 폐가에 대해 고민이 있었다는 것을 확인하고 빈집을 아이들과 함께 예쁘게 꾸며 작은 미술관으로 만들면 좋겠다는 의견이 모아졌다. 비교적 상태가 양호한 빈집을 찾아 주인의 양해를 구해 '빈집 프로젝트'를 시작했다. 우선 빈집을 꾸미려면 청소부터 해야 했다. 고학년 아이들의 도움을 얻어 마당을 쓸고 닦으며 깨끗이 청소를 했다. 떨어진 문짝에 창호지를 다시 붙이기도 했다. 아이들은 가져온 크레파스를 이용하여 벽면에 벽화를 그렸다. 나무도 그리고 사람도 그렸더니 그럴듯한 벽화가 완성되었다. 청소하다 나온 빨래판, 주걱, 그릇, 변기통, 소주병들을 아이들이 적당한 곳에 배치했더니 재미있는 설치미술이 되었다. 이 작업에 함께한 미술 교수는 은색 페인

트칠을 해 주었고 아이들은 작품에 멋진 이름을 써 붙였다. 이 집에서 살았던 사람들은 어떤 사람들이었는지, 어떤 생활을 했는지 아이들과 이야기를 나누기도 했다. 바깥벽도 예쁘게 꾸미고 싶었지만 집주인은 벽에 칠을 하는 것은 허락하지 않았다. 할 수 없이 광목천에 아이들이

2008년 세월마을학교 축제를 준비하며 마을 곳곳에 있는 빈집을 작은 미술관으로 변모시켰다. 아이들은 빈집을 청소한 후 벽을 예쁘게 색칠하고 빈집에서 나온 물건들을 전시했다. 외벽에는 걸개 그림을 걸었다. 흉물스럽게 방치되었던 빈집이 아이들의 미술 놀이터로 변했다.

작은 학교 행복한 아이들

대형 걸개그림을 그리고 외벽에 걸었더니 멋진 작품이 완성되었다. 집 이름을 '꿈꾸는 작은 미술관' 으로 지어 주고 간판은 5학년 목공의 달인 민섭이가 뚝딱 만들어 주었다. 이 빈집 프로젝트 '꿈꾸는 작은 미술관' 은 축제 기간 동안 많은 사람들이 관람하며 이목을 집중시켰다. 이제 아이들에게 빈집은 '유령의 집' 이 아니라 아름다운 미술관이 되었다. 다른 빈집들도 이렇게 예쁘게 꾸몄으면 좋겠다.

영화를 만들다

평소에 영화를 좋아했던 나는 아이들과 함께 영화를 꼭 만들어 보고 싶어서 6학년들과 영화를 만들기로 했다. 아이들은 물론 담임인 나도 영화에는 초보였기에 많은 시행착오를 겪어야 했다. 카메라 다루는 것을 배워야 했고, 스토리 구성과 편집을 어떻게 시작해야 하는지 몰라 공부해야 했다. 모든 것이 힘든 과정이었다. 극영화보다는 다큐멘터리 영화를 제작하기로 하고 영화 제작에 관한 공부를 아이들과 함께 시작했다. 인터넷에서 다큐 영화를 검색하여 보고 도서관에서 참고 도서를 찾아보기도 했다. 그런데 도움이 될 만한 참고 도서나 영화 제작 매뉴얼이 전혀 없었다. 할 수 없이 지인을 통해 알게 된 영화 제작 전문가를 초빙하여 아이들과 함께 배우기로 했다. 아이들과 영화를 제작해 본 경험이 많은 박정환 영화감독을 초대하여 영화의 기초에 대하여 공부했다. 박정환 감독의 두 시간 강의는 많은 도움이 되었다. 카메라의 앵글, 샷, 화면 배치의 기초 등을 공부했다. 영화를 제작하려면 감독과 배우만이 아니라 많은 스텝들이 힘을 합해야 한다는 사실도 아이들은 알게 되었다.

　수업이 끝나고 아이들과 어떤 내용으로 다큐 영화를 만들 것인지 토론했다. 아이들은 지금까지 마을에 대해 조사한 마을의 문화재나 오래된 물건 등에 대한 이야기를 만들자고 했다. 그러나 그것을 어떻게 이야기로 전개하여 촬영할지에 대한 의견이 좁혀지지 않았다. 마을의 문화재나 옛이야기가 아이들에게는 그렇게 마음에 와 닿지 않는 모양이었다. 며칠 동안 매일 아침 토론이 이어졌다. 진척이 되지 않는 아이들의 토론 과정에 내가 끼어들어 문화재가 어렵다면 인물 중심으로 하면 어떻겠냐고 제안했다. 마을이나 학교와 관련된 인물의 이야기를 촬영하여 보자고 이야기했다. 아이들은 오랫동안 학교 버스를 운전해 주신 목사님 이야기를 만들자고 했다. 8년이 넘게 하루도 빠지지 않고 봉사를 해 주신 목사님이 아이들의 마음속에 고마운 분으로 자리 잡고 있었다. 각자 자기 어머니에 대해서 이야기를 만들자는 의견도 나왔다. 성원이는 아빠가 이것저것 잘 고치신다며 아빠 이야기를 만들겠다고 했고, 재원이는 음식을 잘 만드는 엄마 이야기를 하겠다고 했다. 계속 이어지는 토론 끝에 생각해 낸 것이 '지민이 할머니'였다. 할머니는 학교 구석구석을 청소해 주는 분이다. 화장실 청소, 운동장 청소, 급식도 도와주시고, 잃어버린 가방도 찾아 주시고, 때로는 잘 못한다고 야단도 치시지만 아이들은 그런 할머니에 대한 고마움을 가슴 깊이 간직하고 있었다. 아이들이 대견스러웠다. 우리가 영화를 만들지 않았다면 이런 아이들의 마음을 알았을까? 그래, 우리 지민이 할머니 이야기를 만들자.

　　　　　　　　　　　作은 학교 행복한 아이들

✻ 2008년 1년간 재량활동 수업을 이용해 영화 만들기를 공부했다. 아이들은 카메라 감독, 조명 감독, 음악 감독도 되어 보고 배우로 출연도 했다.

이렇게 하여 영화 만들기가 시작되었고 숱한 우여곡절을 겪었다. 며칠에 걸쳐 찍은 테이프를 조작 미숙으로 다 날려 버리기도 했고, 할머니의 일상을 찍기 위해 새벽에 일어나 억수로 쏟아지는 장대비를 맞기도 했다. 편집을 하고 보니 배경음악과 녹음에 문제가 생겨 또 다시 촬영해야 하는 일도 생겼다. 점점 지쳐 가는 아이들을 다독여 가며 우리 영화 〈학교가 좋아요〉가 완성되었다.

2008년 10월 11일, 드디어 영화가 상영되던 날, 많은 관객으로부터 박수를 받았다. 아이들은 자신들이 만든 작품이 큰 무대에서 많은 관객을 대상으로 상영되는 성취감을 맛보았다. 아이들 이름이 자막으로 올라갈 때 나도 아이들도 눈물을 흘렸다. 이 아이들이 나중에 커서 영화를 만들던 아름다운 추억을 소중하게 간직했으면 좋겠다.

지역공동체 연극을 만들다

2007년에 세월초등학교에 부임하자마자 경기문화재단의 도움으로 우리 반 아이들을 대상으로 연극놀이 강사를 초빙하여 교사-전문가 협력 수업을 하게 되었다. 연극놀이가 무엇인지 몰랐던 내가 그 강사들과 함께 1년 가까이 수업을 하면서 연극놀이에 매료되었다. 놀면서 배우는 수업, 몸으로 배우는 수업이었다. 수업이 끝나면 강사와 함께 1시간이 넘도록 수업 평가를 하며 아이들의 문제를 이야기하고 가정 문제로 삐뚤어진 아이의 마음을 어루만져 줄 방안을 모색하기도 했다. 2

*
2008년 세월마을학교 축제에서 공동체 연극이 상연되었다. 공동체 연극은 교사, 학부모, 지역 주민, 전교생이 모두 출연하는 연극이다. 전쟁과 여러 갈등을 극복하고 마을공동체를 회복하는 내용은 많은 사람들에게 감동을 주었다.

작은 학교 행복한 아이들

학기부터는 강사의 도움을 받아 사회 수업을 연극놀이로 풀어 가기도 했다. 이런 인연으로 해서 축제를 기획하면서 연극놀이 강사로부터 지역공동체 연극을 제안받게 되었다. '지역공동체 연극'은 들어 보지 못한 생소한 이야기였다. 연극배우들을 캐스팅하여 무대에 올리거나 주어진 대본을 달달 외워 지겨운 반복 연습을 하는 연극이 아니라 지역주민들이 직접 그 지역의 이야기를 소재로 만들며 그 과정에서 서로소통하며 공동체를 회복하는 연극이라고 했다. 마을 사람들과 학교 아이들, 교사, 학부모가 함께 만드는 연극. 말만 들어도 해 보고 싶어졌다.

아이들은 마을 이야기를 조사하고 연출을 맡은 분은 매주 마을에 내려와 자료 조사를 했다. 여러 차례 동네 이장님과 어른들을 만나 이 연극의 의미를 이해시켜야 했다. 참여 의사가 있는 분을 모아 연극 동아리가 만들어졌고 매주 한 번씩 모였다. 물론 이 모임은 교사들의 헌신적인 참여가 동반되어야 했다. 나오지 않는 학부모에게 전화로 연락하고 밤늦은 시간까지 학부모들과 함께 연극 연습에 참여해야 했다. 그러나 학부모와 함께 연극을 하면서 그분들의 생각과 고민을 알 수 있어서 더욱 가까워지는 계기가 되었다. 연극의 내용은 아이들과 연극 수업을 하면서 아이들이 만들어 나갔다. 도시에서 전학을 온 아이의 눈으로 바라보는 세월초, 달님이 내려와 세월 마을을 이루고, 전쟁과 지역 갈등을 극복하고 마을 사람들의 화합으로 폐교 위기를 이겨 낸다는 내용이었다. 이 연극에는 마을 이장님, 동문, 학부모, 교감 선생님과 교사들, 그리고 전교생 56명의 아이들 모두가 무대에 올랐다.

이 연극에는 연극배우로 참여하신 분들뿐 아니라 무대 아래에서 자기 일처럼 애써 주신 분들이 많았다. 자비를 털어 무대를 제작해 준 동문도 있었고, 연극에 필요한 소품인 학교 종을 서울 남대문시장을 헤매며 사다 준 분도 있었다. 지역공동체 연극은 무대 위에서뿐만 아니라 무대 뒤의 많은 분들의 협력과 도움이 있어서 더 잔잔한 감동을 주었다. 우리가 축제를 처음 기획할 때 지역적 갈등을 해소하고 마을공동체를 복원하고자 했던 의미를 바로 이 지역공동체 연극 속에 담을 수 있어서 참 행복한 시간이었다.

축제의 날

2008년 10월 10일, 7개월에 걸쳐 준비한 축제의 날이 밝았다. 마을 입구부터 학교까지 화려한 만장이 걸리고 오색의 천으로 축제 분위기를 한껏 끌어 올렸다. 그동안 동문과 마을 사람들이 보내온 추억의 사진이 예쁘게 핀 코스모스와 함께 마을 길에 전시되었다.

오전 수업을 마친 아이들은 경운기와 트럭에 나눠 타고 마을로 향했다. 축제를 알리기 위해서였다. 징, 꽹과리, 북을 치면서 마을 어른들께 팸플릿을 나눠 주고 학교에서 축제가 있다는 것을 알렸다. 들에서 일하던 마을 사람들도 손을 흔들며 반갑게 인사를 해 주었다. 이미 마을 이장님의 안내 방송으로 오늘이 축제일이라는 것을 알고 있는 터였다. 마을을 돌던 아이들이 5시에 모두 학교에 모였다. 아이들은 흥겨운 풍물 장단에 흥이 한껏 돋아 있었다. 운동장 한가운데에는 큰 연극 무대가 설치되었고, 어마어마한 음향 장비로 시골의 조그마한 운동장이 화려한 무대로 변했다. 500석의 의자는 아직 텅 비어 있었다. 사람들이 오지 않으면 어쩌나 하고 마을 이장님과 교장 선생님은 초조하게 시계를 연신 바라보았다. 마을 어른들에게 저녁 식사가 제공되었고 어느덧 해가 어둑어둑해졌다. 한두 명 모여들기 시작하더니 어느새 500석 객석은 가득 메워졌고 운동장은 발 디딜 틈도 없었다. 지역공동체 연극이라는 생소한 장르가 국내에서 처음 시도된다는 소식에 언론과 방송에서도 큰 관심을 보였다. 문화예술계 사람들도 눈에 많이 띄었다. 교장 선생님의 학교 종 타종으로 공동체 연극 '달님과 손뼉 치기'가 시작되었다. 아이들과 교사, 학부모와 마을 사람들이 한마음이 되어 지난 몇 달을 준비한 연극이다. 학교를 상징하는 달님이 내려오고 별빛이 쏟아

2008년 10월 10일, 세월마을학교 축제 '달님과 손뼉 치기'가 열렸다. 1년 동안 이루어진 문화예술 수업을 발표하고 마을 주민들과 함께 나누는 시간을 가졌다. 연극 공연, 영화제, 작품 전시, 아이들이 가르치는 체험 부스 등이 마련되었다.

지며 연극은 시작된다. 학교의 역사와 마을의 이야기가 연극의 중심 테마가 되었다. 객석을 바라보니 눈물을 훔치는 사람들이 많았다. 감동의 물결 그 자체였다. 연극이 끝나고 운동장 가운데 모닥불 가까이에 모여 서로를 격려하며 온 마을이 하나임을 확인하는 시간을 가졌다.

이제는 교육과정이다

마을과 함께했던 지난 7개월간의 '세월마을학교 축제'는 성공리에 끝이 났다. 축제가 끝나고 며칠 후 축제를 평가하는 시간을 가졌다. 전체 학부모와 지역 주민 대표인 마을 이장님 등 모두 30여 명이 참석했다. 지난 1년간 진행해 온 축제의 의미에 대해 이야기하고 부족했던 점도 반성했다. 그리고 앞으로 세월초가 나아갈 방향에 대해 진지한 토의가 이루어졌다. 그동안 학부모 모임을 하면 10여 명 정도가 모이는 것이 고작이었는데 30명이 모였으니 축제를 통해 학부모들의 학교에 대한 관심이 높아졌음을 알 수 있었다. 문화예술교육을 통해 마을을 공부하고 아이들이 주체적으로 참여할 수 있게 해 자긍심을 주었다는 긍정적 평가와 함께 학업에 집중하지 못해 학습력이 떨어질 것을 걱정하는 일부 학부모의 의견도 나왔다. 이런 의견을 이야기하는 자리를 마련할 수 있었던 것 또한 축제의 성과였다고 생각한다.

평가회의 이후 2009년 학교 교육과정을 새롭게 만들기 위한 교사 모임이 2008년 11월부터 두 달 가까이 계속되었다. '이제는 교육과정이다'라는 의견에 모두들 동의했다. 외국 사례도 공부하고 다른 작은 학교 사례도 들여다보았다. 그러나 교육과정은 우리 아이들의 문제에서 출발해야 하고 그렇지 않으면 아무리 좋은 다른 학교 사례도 무의미하다는 결론을 내렸다. 우리 아이들이 어떤 문제를 안고 있는지, 어떻게 아이들을 도와야 하는지, 학력을 키운다는 것은 무엇인지, 학교 철학은 어떻게 가져야 하는지 등 시간이 가는 줄 모르고 끝없는 토론이 이어졌다. 부모의 돌봄이 필요한 아이들을 위한 프로그램이 필요하다는 이야기도 나왔고, 몰입이 있는 배움이 필요하다는 이야기, 문화예술교육을 어떻게 확대할 것인가에 대한 이야기도 있었다.

2008년에는 축제를 통해 교육과정을 만들었다면 2009년도에는 다른 작은 학교 사례를 연구하여 문화예술교육, 블록 수업, 다모임, 목공수업, 다지기 학습, 토요 체험학습 등의 교육과정 틀이 만들어지고 체계화되었다.

토요 체험학습은 삶을 배우는 체험학습 시간으로 정하고 '절기에 따른 음식 만들기'를 주제로 하여 계절에 따라 주변에서 볼 수 있는 식물을 관찰하고 옛날 사람들이 어떻게 자연에서 음식을 얻었는지 그 과정을 체험해 보았다. 학년에 따라서는 산행을 하거나 박물관 견학을 하는 등 교과와 연계된 프로젝트 수업을 진행했다. 목공 수업을 위해 목공실이 필요할 것 같아서 컨테이너 박스를 특별 주문하여 목공실을 만들었다. 아이들은 언제든지 목공실에서 뚝딱거리며 재미있는 목공 수업을 할 수 있다. 블록 수업과 다지기 학습은 몰입하는 배움이 필요하다는 문제의식에서 출발했다. 학급당 인원이 적기 때문에 아이들은 선의의 경쟁을 하거나 활발한 상호작용을 경험하기 어려워서 학습 의욕이 저하되기도 했다. 아이들의 기초 학습을 도와주고 스스로 배우고자

*

◎ 2009년 학교 교육과정을 만들면서 아이들에게 손작업을 통해 집중과 몰입을 경험하도록 하기 위해 목공 수업을 새로 시도했다. ◎ 2009년 9월 문화예술교육 주기집중 수업은 '우리 마을의 달인을 만나다' 라는 주제로 진행했다. 짚풀공예를 잘하는 마을 할아버지를 수업에 초청했다. 아이들은 할아버지한테 전통적인 새끼 꼬기를 배우며 마을을 이해하는 시간을 가졌다.

작은 학교 행복한 아이들

하는 의욕을 갖게 하는 것은 교사들에게 가장 어려운 부분이었다. 끊임없이 고민하고 공부하는 수밖에 없었다. 세월초 교육과정은 고정된 틀 속에 갇혀 있는 것이 아니라 지금도 끊임없이 교사들의 자율성으로 만들어 가고 있다.

우리 마을의 달인을 만나다

2008년 12월에 '2009년 교육과정을 위한 교사 워크숍'을 가졌다. 이 자리에서 문화예술 주기집중 수업에 대한 논의를 하며 다양한 이야기가 나왔다. 학사 일정 가운데 특정 기간을 정해서 문화예술교육을 집중하여 해 보자는 것이 이 주기집중 수업의 의도였다. 아이들은 학교생활을 하면서 교과 교육과 체험학습, 현장학습, 그리고 여러 행사를 경험하게 된다. 그러나 학교의 교육과정은 따로국밥처럼 분절적이다. 교육과정을 통합적으로 재구성하고 하나의 주제에 아이들이 몰입하여 활동하고 그런 과정을 통해 성취감을 맛보는 교육이 필요함을 느낀다. 2009년 여름방학에 주기집중 수업에 대한 논의가 구체적으로 진행되었고 작년 축제가 '마을'에 다가가지 못했다는 반성과 함께 좀 더 세밀하게 마을을 공부해 보자는 의견이 나왔다. 그 방법으로 마을 사람들을 초빙하여 수업에 끌어들이자는 제안, 아이들과 함께 마을로 나가자는 이야기 등이 나왔다. 마을에는 한 가지 일에 오랜 기간 매진해 온 분들도 많고 특정한 분야에 소질을 가지고 있는 분도 많다. 포도 농사를 잘하는 분, 젖소를 키우는 분, 버려지는 물건을 재활용하여 집안을 꾸미는 분 등 잘 찾아보면 재미있는 수업이 될 것 같았다. TV 프로그램 〈생

활 속의 달인〉처럼 마을에 살고 있는 달인을 찾아가서 삶의 경험을 배우
는 시간을 갖고자 했다.

교사회의에서 가을 주기집중 수업을 '우리 마을의 달인을 만나다'
라는 주제로 정하고 구체적인 수업에 대한 논의가 시작되었다. 달인이
란 생활 속에서 많은 경험과 노하우를 가지고 있는 사람을 말한다. 아
이들이 달인으로부터 기능을 배우기보다 그들이 살아온 삶의 경험과

작은 학교 행복한 아이들

열정, 가치를 배웠으면 하는 것이 교사들의 의견이었다.

농촌의 작은 마을에서 달인을 찾는 일이 쉽지 않기도 하며 또 찾는다 해도 그들을 어떻게 수업에 참여시킬지도 고민이었다. 이번 문화예술교육 주기집중 수업은 학년별로 진행이 되기 때문에 참여자 수도 많이 필요했다. 전화로 부탁할 수 있는 일이 아니어서 직접 마을을 돌아보면서 사람을 찾기로 했다. 3학년 선생님이 아이들과 산책하다가 발

*
'우리 마을의 달인을 만나다' 수업에는 학부모들이 직접 아이들을 가르치는 시간도 있었다. ◐ 수현이 어머니는 색 체험 놀이를 진행했는데 정형화된 미술 수업에서 벗어나 물감을 가지고 놀며 오감을 자극하는 신나는 수업이 되었다. ◐ 희태 어머니는 드럼을 가르쳐 주었다. 드럼을 처음 만져 본 아이들은 마냥 신기해했다.

견했다는 집을 찾아갔다. 집에 들어서니 정원은 돌로 꾸며져 있고 곳곳에 쓰다 버린 물건을 재활용해서 만든 아이디어가 번뜩이는 물건들이 많았다. 동네의 쓸모없는 폐자재를 주워다가 예쁘게 별채를 지어 놓았고, 구멍 난 변기, 맷돌 등은 멋진 예술작품으로 둔갑해 있었다. 그분께는 아이들에게 자원 재활용과 생활 아이디어를 가르쳐 달라고 부탁드렸다. 지푸라기를 이용하여 망태기, 멍석, 짚신 등 무엇이든지 만들 수 있다는 할아버지도 만났다. 아이들에게 새끼 꼬기를 가르쳐 달라고 부탁드렸다. 아이들에게 손작업을 통해 집중력을 키우고 옛사람들의 생활문화도 들을 수 있는 기회를 주고 싶었다. 또 전북리라는 마을에 계시는 돌 수집가를 만났다. 이분은 건물이 헐리는 곳이면 어디든지 달려가 돌을 주워 와서 새로운 건축물을 만드는 작업을 하신다. 이분의 집에는 온통 돌로 만들어진 희귀한 건축물이 많다. 삼풍백화점이 붕괴되었을 때 나온 돌도 있고, 이승만 대통령 집에 있던 돌도 있단다. 각각 사연이 있는 돌을 모아 탑과 같은 건축물을 만드신다. 아이들에게 돌에 대한 집념과 열정을 가르쳐 주고 싶었다. 이렇게 일일이 만나고 전화로 부탁해서 모두 20여 명의 달인을 섭외하게 되었다. 우리 마을의 달인을 만나는 수업은 4일 동안 진행되었다.

지푸라기를 이용하여 새끼를 꼬는 일에 달인인 마을의 할아버지가 초청되었다. 짚으로 만드는 것은 무엇이든 다 할 수 있는 할아버지다. 젊었을 때는 짚으로 짚신, 멍석, 망태기 등을 만드는 세월의 최고의 장인이었다. 경기도민대회에서 트로피까지 받았다고 한다. 아이들의 손을 잡아 주며 친절히 가르쳐 주시는 할아

작은 학교 행복한 아이들

버지, 참 정겹다. 훈훈하다. 교과 시간이면 공부가 싫어 짜증을 부리던 우리 6학년 아이들이 정말 집중력을 보인다. 민섭이는 오늘 어김없이 손재주를 발휘한다. 공부에는 소질이 없지만 만드는 것은 누구 못지않다. 우리는 모든 아이들을 공부 한 곳으로 몰아가고 있다. 공부를 못하면 낙오자, 바보 취급한다. 정말 그 아이가 잘하는 것이 있는데 말이다. 왜 목공 학교, 짚풀공예 학교는 없는가? 우리 동네에 살고 계신 할아버지가 오셔서 손주 대하듯 가르쳐 주는 이 광경은 이번 주기집중 수업 가운데 가장 아름다운 모습이었다. 아이들은 할아버지가 아주 멋있고 존경스러운 어른으로 보였을 것이다. 이제 아이들은 동네에서 그 할아버지를 만나면 달려가 인사를 하게 될 것이다. 이게 마을을 공부하는 이유 아닐까.　**'세월마을학교' 카페에 올려진 2학년 담임교사의 수업관찰 일기 중에서**

　　마을의 달인은 아주 특별한 분이 아니라 우리 마을 주민 가운데 자기 분야에 열정을 가지고 살아온 평범한 사람들이다. 아이들에게는 그런 분들을 만나는 것 자체가 교육이었다. 아이들에게 우리 마을 사람에 대해 관심을 갖고 서로 이웃임을 알게 해 주는 기회가 되었다. 학부모들이 직접 했던 수업도 좋았다. 수현이 어머니는 색 체험 놀이를 진행했는데 유치원 아이들부터 3학년 아이들까지 발바닥에 물감을 묻혀 신나게 노는 수업이었다. 학부모들의 수업은 교사의 수업과 참 많이 다르다. 교사를 오래 하다 보면 편협한 사고에 갇혀 버리기 쉽다. 다양한 아이디어로 수업을 이끌어 가는 학부모들에게 교사들은 많이 배우고 자신의 교육 활동을 반성하기도 했다.

　　'우리 마을의 달인을 만나다' 수업을 하는 동안 아이들은 달인의 집을 찾아가고, 달인을 만났으며, 달인의 이야기를 통해 지식과 경험, 열정을 배웠다. 버려진 물건을 다시 쓰는 재활용의 달인을 만났으며, 평생 돌 수집에 열정을 바친 분을 만났으며, 국내 유일의 마차 제작자를 만났으며, 평범한 대나무로 아름다운 소리를 만들어 내는 달인을 만났고, 환경을 지키는 노하우를 가진 분을 만났다. 우리 아이들이 배운 것은 기술이 아니라 마음이며 열정이며 삶의 가치였다. 그것은 눈으로 보이지 않으며 점수로 표현되지도 않는다. 그리고 우리 마을에 이렇게 훌륭한 분이 살고 있음을 알고 마을을 더 아끼고 학교를 더 사랑하게 되기를 기대해 본다.

행복한 학교를 꿈꾸며

학교가 조금씩 알려지자 인근 양평읍이나 대도시에서 전학을 오기도 하고 전입 문의도 끊임없이 온다. 그들에게 왜 세월초로 오고 싶냐고 물으면 경직되지 않고 자유스러워서 좋다고 이야기한다. 얼마 전에 인근 학교에서 전학 상담차 온 학부모는 아이들이 생활하는 모습을 잠깐 보고는 바로 전학을 결정했다. 전학을 결정하게 된 이유를 묻자 이렇게 말씀하셨다.

"이 학교 아이들은 눈빛이 살아 있어요. 복도에서 아이들이 선생님과 어깨동무를 하며 이야기하는 모습은 처음 봐요. 전에 우리 아이가 다녔던 학교에서는 복도에서 뛰었다고 벌을 세우더라고요. 이 학교에서는 자유스럽고 허용적인 분위기가 느껴져요."

우리 학교에서는 크게 문제가 되지 않으면 뛰어다니는 아이들을 보고 누구도 제제를 가하거나 통제를 하지 않는다. 심지어는 선생님 이름을 부르며 장난을 걸어오는 아이들도 있다. 교사들은 아무렇지 않은 듯 장난을 받아 준다. 선생님 이름을 부르며 장난을 거는 아이들이 늘어나자 이 문제를 두고 교사회의에서 선생님 이름을 부르는 것을 허용할 것인가에 대한 깊은 논란도 있었다. 논의하는 과정에서 그 아이가 무례하거나 예의에 벗어난 행동을 한 것이라기보다는 선생님과 친밀한 관계를 만들어 가는 하나의 방식임을 교사들이 이해하게 되었다. 이런 문제가 있을 때 해결 방법은 억압과 통제보다는 아이들을 관찰하고 그 아이들이 그런 행동을 하게 된 이유를 찾아보는 것이다. 큰 학교에서는 불가능한 일이다. 학교 구성원 모두가 그런 생각에 동의해야만 가능하다. 교사 한 명만 동의하지 않아도 이 문제를 원만히 해결하기는 어렵다. 교사회의에서 모두가 동의할 때까지 토론이 이어진다. 물론 서로에 대한 믿음과 존중이 없으면 그런 토론은 가능하지 않다. 서로에 대한 신뢰, 동료성이 우리 학교 공동체를 이루어 내는 가장 큰 동력이 되었다.

우리 학교에는 발달장애를 가진 아이가 한 명 있다. 누군가의 도움이 없으면 걷지 못한다. 아이들은 어느 누구도 그 아이를 놀리거나 괴롭히지 않는다. 휠체어를 밀어 주고 부축해 주고 발음이 안 되면 몇 번이고 다시 말해 주고 침이 흐르면 닦아 준다. 누가 아이들에게 그렇게 하라고 가르쳐 준 적도 없다. 그저 교사들이 몸으로 보여 주었을 뿐이다. 1학년 담임선생님은 어머니처럼 달래고 업고 안아 주며 그 아이의 발이 되어 준다. 지난봄 현장학습으로 등산을 간 적이 있다. 그 아이를 데리고 갈 수 있을지 논의했다. 휠체어를 타고 등산을 할 수는 없었다. 6학년 선생님은 6학년 아이들과 그 아이를 업고 등산하겠다고 선뜻 이야기했다. 6학년 아이들은 불평 없이 그 아이를 부축하며 등산을 했다. 지난 가을 운동회에서도 이어달리기를 할 때 그 아이가 소외되지 않도록 교사들이 업고 뛰었다. 마치 전 구성원들이 가족 같다. 아이들은 학교에서 진정한 배려와 나눔의 삶을 배우고 있는 것 같다.

아침이면 교실마다 생활하는 모습이 각양각색이다. 산책을 좋아하는 3학년 선생님은 아이들과 함께 동네를 걷고 들길을 걷는다. 마을 산과 나무가 계절마다 달라지는 모습, 마을 사람들이 사는 모습을 볼 수 있어서 좋다고 한다. 길을 걸으면 아이들은 이야기꾼이 된다. 친구 이야기, 집에서 있었던 이야기, 공부 이야기, 좋은 이야기, 나쁜 이야기……. 그런 이야기를 하는 아침 산책 길은 행복하다고 말씀하셨다.

6학년 아이 중에 비만인 아이들이 있다. 그 아이를 위해 6학년 선생님은 매일 아침 달리기를 한다. 2학년 교실에서는 조용한 음악과 함께 전통 차를 마신다. 녹차, 허브차, 감잎차, 오미자차……. 아이들은 차를 마시면서 이야기를 하기도 하고 책을 보기도 한다. 선생님에게 어제 있었던 이야기를 꺼내는 아이도 있다. 세월의 아이들은 이렇게 서로 다른 모습으로 아침을 맞는다. 교감 선생님은 인형극과 춤에 재능이 있다. 아이들에게 가끔 인형극을 보여 주고 춤도 가르쳐 준다. 교감이라고 권위를 부리는 모습은 찾아볼 수가 없다. 교장 선생님은 저학년 아이들에게 책을 읽어 준다. 책을 읽어 주며 옛날이야기도 해 주고 아이들의 머리도 쓰다듬어 준다. 그리고 멀리 양평읍에서 다니는 아이들을 데려다 준다. 아이들은 언제든지 교장실 문을 열고 "교장 선생님! 양평읍까지 데려다 주세요"라고 말한다. 모두 다른 모습으로 행복을 만들어 간다.

아이들에게 학교는 참다운 삶을 배우는 곳이어야 한다고 생각한다. 잘 짜인 교육과정도 중요하지만 머리로 배우는 것보다 몸으로 배우고, 삶으로 배우는 그런 학교가 세월초였으면 좋겠다. 폐교의 위기에서 마을을 공부하며 지역과 함께하려고 했던 노력들이 모아져 점점 아이들 수가 늘어나는 것을 보면 행복해진다.

우리 학교는 여느 다른 학교처럼 체계화되고 잘 짜여진 교육과정은 아직 없다. 그것이 오히려 교사들은 옥죄고 자율성을 해칠 염려가 있기에 다소 느슨한 교육과정을 가져왔다. 앞으로 이 원칙은 크게 달라지지 않을 것이다. 교사의 열정, 서로에 대한 믿음. 이것이 세월초를 이끌어 온 힘이 아닐까 생각한다.

행복한 학교란 어떤 학교일까? 20여 년을 교사로 살면서 행복한 학교를 많이 꿈꾸었다. 그리고 그런 학교를 만들기 위해 관리자들과 싸워도 보고 주변 동료 교사들을 설득도 해 보았다. 그러다 스스로 지쳐 '우리 반 아이들하고만 잘 살면 되지' 하며 홀로 열심히 학급운영도 해 보았다. 그런데 학교 현실은 암담하기만 했다. 혼자 힘으로는 아무리 발버둥 쳐도 불가능했다. 하지만 함께할 사람이 있다면 행복한 학교도 가능하다는 것을 지난 3년 동안 세월초에서 배웠다. 아침마다 양평읍에서 통학하는 아이들을 차에 가득 태우고 계절마다 바뀌는 들판을 보며 행복한 학교를 꿈꾼다.

솔뫼^松^山에 이는
새로운 바람

별량초 송산분교장

김현진

본문 사진 제공 별량초 송산분교장

소중한 사람들과 함께 시작하다

방학이 되면 대학 때 친구들과 모여서 회포를 푼다.

교대를 나왔기 때문에 모두 교사라는 직업을 갖고 있어서 우리의 대화 소재는 늘 학교 이야기이다. 2007년의 그날도 그랬다. 각자 근무하고 있는 학교의 교장 이야기, 교육과정 이야기, 학부모 이야기, 아이들 이야기로 채워졌다. 늘 아이들을 중심에 두고 열심히 가르쳤지만 관리자의 철학과 잣대로 학급운영조차 마음대로 할 수 없었던 상황은 누구나 한번쯤 경험한 일이었다. 교육과정과 연계한 체험학습을 한번 하려고 해도 편하게 가자고 하는 동학년 교사들을 설득해야 하고 교무, 교감, 교장으로 이어지는 결재를 받아야 하고, 행정실에 여러 가지 필요한 서류를 보내야 하는 것도 지역과 학교를 불문하고 모두 똑같이 겪는 일이었다. 이러한 학교 상황을 극복하기 위해 동료 교사들을 만나고, 교장 선생님을 설득하면서 조금은 민주적인 학교 운영 체제를 만들어 나가더라도 이후 교장이 바뀌어 버리면 도루묵이

작은 학교 행복한 아이들

되고 말았다. 정말 안타까운 현실이었다. 우리의 뜻과 맞지 않는 교육 현장, 교장이 바뀌면 같이 바뀌어 버리는 학교 교육과정과 분위기, 동학년조차도 마음을 모으지 못하는 한계, 안전과 지침을 운운하기에 하고 싶어도 할 수 없는 활동……. 그 속에서 우리들은 모두 답답함과 한계를 느끼며 근무하고 있었고, 아이들은 오직 일등만을 꿈꾸며 방과 후에 학원으로 달려 나가기 일쑤였다.

그날, 이러한 이야기들이 오가다가 자연스럽게 그럼 우리가 무엇을 할 수 있겠는지에 대한 주제로 옮겨갔다. 처음에는 각자 돈을 모아 학교를 설립하고 교장은 돌아가면서 하자는 우스갯소리가 나왔다. 한바탕 웃음이 쏟아졌다. 괜찮은 교장이 있는 학교에 모여서 같이 근무하는 것이 더 좋겠다는 이야기도 나왔다. 하지만 교장이 바뀌면 학교가 또 바뀌어 버리니 다람쥐 쳇바퀴 돌 듯 똑같은 상황이 될 것이라는 걱정이 이어졌다. 결론은 학교 시스템을 민주적으로 만들고 교사와 아이들과 학부모가 교육과정을 함께 만들어 가야 한다는 것으로 모아졌다. 이야기를 나누다가 '우리가 직접 한번 학교를 만들어 보자!' 는 데 의견이 모아졌다. 이미 다른 지역에서 작은 학교를 새롭게 일군 사례

김현진 jasmin0511@hanmail.net

경력 12년의 초등학교 교사입니다. 아이들과 함께 삶을 공유하고 생각을 나누는 교사가 되기 위해 노력하고 있습니다. 내가 가지고 있는 다양한 재능과 장점은 아이들에게 알려 주고 내게 부족한 점은 아이들을 통해 채우며 조그마한 부분에서부터 교육을 바꾸어 나가면 모두가 행복하고 평등한 세상을 이룰 수 있으리라는 꿈을 가지고 살아갑니다. 그리고, 그 꿈은 많은 사람들이 함께 꾸면 꿀수록 빨리 이루어질 것입니다.

들이 있었다. 우리 지역에서도 교사들을 중심으로 학교 교육과정을 만들어 내고 학부모들을 학교에 참여하게 하면서 신뢰를 이끌어 내고, 진정으로 아이들이 행복한 학교를 만들어 보자고 의기투합했다. 어렵지 않을 것 같았다. 우리가 처음 걷는 길이 아니기에 다른 학교의 사례를 찾아보고 공부하면 우리가 꿈꿔 왔던 학교의 모습을 만들어 나갈 수 있을 것이라 생각했다. 우리는 당장이라도 꿈에 그리던 학교를 만들어 낼 수 있을 것 같아 희망에 부풀기 시작했다.

우연한 만남은 인연이 되고

그 만남이 있은 지 일주일 정도 지났을까. 전교조 순천지회를 통해 우연히 전화 한 통을 받게 되었다. 순천 지역에 있는 한 초등 대안학교에 아이를 보내는 학부모였다. 우리 지역에도 남한산초처럼 대안적인 교육과정을 접목하는 공립학교가 있으면 좋겠다는 제안이었다. 많은 학부모가 그러하듯이 이분 역시 아이가 초등학교에 들어갈 즈음 학교에 대한 고민을 시작했다. 그동안 주위에서 학교에 대한 부정적인 이야기를 많이 들어서 주저 없이 아이를 대안학교에 보냈다고 한다. 대안학

＊
새로운 학교를 만들기 위해 순천에 있는 분교를 둘러보던 중, 주위 풍광이 아름다운 송산분교가 우리 모두의 마음에 쏙 들어왔다.

작은 학교 행복한 아이들

교의 자연 친화적인 교육 방식과 시험으로 줄을 세우지 않는 철학에 만족했고 교사의 관심과 사랑 속에서 학교생활을 즐거워하는 아이를 지켜보며 행복했는데 아이가 매년 비슷하게 진행되는 체험학습, 반복되는 수업 방식에 차츰 흥미를 잃고 일반 학교 친구들의 학교생활을 조금씩 동경하기 시작했다고 한다. 졸업 후 중학교 진학 문제, 검정고시 등 여러 가지 현실적인 어려움도 생각하지 않을 수 없었다. 그러다가 공교육 학교의 개혁 사례를 접하고 전교조의 문을 두드리게 된 것이다.

일단 직접 만나서 이야기를 나누기로 했다. 만남을 앞두고 슬슬 걱정이 되었다. 공교육에 대한 불신 때문에 대안학교를 선택한 분들이었다. 과연 그분들과 함께해 나갈 수 있을까. 아무리 좋은 학부모와 교사 관계도 아이들 교육에 대해 생각하는 게 다르면 쉽게 관계가 어긋나는 경우를 많이 보았다.

전화를 했던 학부모 두 분과 나, 그리고 다른 교사 한 명, 이렇게 4명이 만났다. 황토를 바른 작은 방이 첫 만남의 어색함을 잊게 해 주었다. 서로가 간절히 원하는 학교상에 대해 솔직하게 이야기를 나누었다. 그분들은 학부모로서 느끼는 우리 교육에 대한 절망감을 이야기했다. 공교육의 경쟁 체제 속으로 아이를 내몰고 싶지 않아서 많은 교육비를 내고 대안학교에 보냈지만 그 또한 만족스럽지는 않았다고 했다. 우리 역시 교사로서 꿈과 희망은 오간 데 없고 오로지 지시와 통제만으로 일관하는 학교의 분위기와 아이들과 함께 해 보고 싶은 활동을 하지 못하고 접어야만 했던 안타까움을 토로했다. 학부모와 교사 입장에서 이야기가 자연스레 오가며 교육의 지향점이 무엇이어야 하는지 합의점을 찾게 되었다. 학부모와 교사, 위치는 다르지만 같은 아픔을 느끼며 살아가고 있는 우리는 서로에게 신뢰를 느꼈다. 학부모들은 우리에게서 아이들과 학교교육을 위해 헌신할 교사라는 믿음을 느끼게 되었고, 우리는 그들에게서 진정으로 학교의 주체가 되어 학부모로서 역할을 해 줄 수 있을 거라는 확신을 갖게 되었다. '내 아이만의 문제' 가 아닌 '우리 교육의 문제'에 대해 인식하고 민주적인 새로운 학교를 만들어 지역사회 안에서 작은 교육 개혁의 바람을 일으켜 보자는 데 마음을 모았다.

우리는 모임의 명칭을 '새학교를꿈꾸는순천시민의모임(새학교모임)'이라 정하고 일주일에 한 번 토론 시간을 갖게 되었다. 처음 한 달 동안은 우리가 바라는 학교상에 대해 토론하고 필요한 정보와 자료를 수집하고 논의했다. 학부모가 바라는 학교의 모습과 교사들이 만들려고 하는 학교의 모습은 많이 다르지 않았다. 실적이나 성과 중심이 아니라 우리 아이들이 중심이 되는 교육과정을 모두 원하고 있었다. 교과서 위주의 암기식 학습이 아니라 몸으로 체험하고 마음으로 깨닫는 학습을 요구하고 있었다. 교사와 학생, 교사와 학부모 관계도 인위적이고 기계적인 관계가 아니라 믿음과 사랑으로 함께 나아가는 관계를 서로 원했다. 서로가 바라는 학교상에 대해서 어느 정도 합의를 한 다음에는 다른 지역 학교의 사례를 공부했다. 남한산초에서 근무했던 서길원 교사를 모셔서 강연을 들을 수 있는 기회를 갖기도 했다. 폐교 위기의 학교를 살려내고 실험적인 교육과정으로 공교육의 개혁 사례로

행복을 만드는 작은 학교 이야기

떠오른 남한산초 이야기는 우리를 희망에 부풀게 했다. 학교를 거점으로 학부모와 주민들이 지역공동체를 만들어 가는 이야기를 들으며 우리가 만들어 가야 할 학교상을 그려 보았다.

함께 만들면 길이 되는 것이다

일단 순천에서 새학교모임에 함께할 수 있는 교사들을 모았다. 새로운 학교를 갈망하는 교사들이 많았기에 말 꺼내기는 어렵지 않았으나 부담감이 큰 탓인지 4명의 교사가 모여 시작하게 되었다. 적은 수이지만 지역교육운동의 새로운 지평을 여는 소중한 몸짓을 함께하게 되었다.

새학교모임에 함께하려는 학부모들의 숫자는 한 주 한 주가 다르게 우후죽순처럼 늘어났다. 모임에 참여하여 작은 감동을 받은 학부모들이 주위 사람들에게 이야기하여 입소문이 나게 되었다. 대안학교에서 일반 학교로 전입했으나 적응하지 못하는 아이를 보며 눈물로 세월을 보내던 학부모, 시내 큰 학교에서 적응을 하지 못해 학교 가기를 싫어하는 아이를 둔 학부모, 생태환경교육에 관심이 많은 학부모, 지역 교육의 변화를 꿈꾸며 참여한 학부모 등 다양한 요구와 바람을 가지고 새학교모임에 참여하기 시작했다.

두어 달 동안의 학부모와 교사들의 토론 결과를 바탕으로 새학교모임에 대한 홍보물을 만들어 지역의 학부모들에게 안내했다. 원활한 소통을 위해 카페를 개설하고 게시판을 통해 홍보물을 선전하기도 했다.

그 무엇보다 사람을 소중히 여기는 '새 학교'를 만들어 가고자 합니다.

아이들과 함께 자신의 삶을 가치 있게 만들어 가며 배움과 삶이 하나가 되며 배움의 순간순간 행복을 느끼는 학교를 가꾸어 나가려고 합니다. 무엇이 되는가보다는 어떻게 사는 것이 소중한지 생각하는 학교를 만들어 보고자 하는 이들이 모여 '새학교를꿈꾸는순천시민의모임'을 만들었습니다.

1. 자율과 자유, 그리고 창의적 삶을 생각하는 자주적인 학교를 만들어 가고자 합니다.

새 학교는 자율과 자유, 창의적 삶의 즐거움을 교육을 통해 경험하고 실천하는 공간이 되길 바랍니다. 아이들은 두려움 없이 즐겁게 배우고 자신 있게 행동하며, 학교와 교사는 학생들의 자발적인 움직임을 소중히 여기는 진득한 소통이 있는 학교를 교육 주체들의 자주적 의지로 만들어 나가려고 합니다.

2. 삶을 가꾸어 가며 배우는 학교를 만들어 가고자 합니다.

몸과 마음으로 만나는 공부, 삶과 연계된 살아 있는 학습이 단순 지식보다 더 귀하게 여겨지는 학교를 생각합니다. 노작, 역사와 자연, 전통과 문화, 예술적 교감, 감성, 인성, 체험교육 등 참삶의 요소들이 교육과정으로 구체화되어 모든 학교교육 프로그램 속에서 통합적이고도 지속적으로 이루어지는 학교를 지향하고자 합니다.

3. 학부모와 지역사회가 주체적으로 학교교육에 참여하는 공동체 학교를 만들어 가고자 합니다.

학부모와 학생, 교사 모두가 학교교육의 권한과 책임을 동시에 갖는 교육공동체를 지향합니다. 학교와 학부모가 서로에 대한 신뢰와 존경을 바탕으로 함께 만들어 나가는 학교를 만들고자 합니다.

학교, 학부모, 지역사회가 마음을 모아 모두 함께 행복해지고자 합니다. '새학교를 꿈꾸는순천시민의모임'의 취지에 동의하시는 분들과 함께 이 큰 꿈을 실현해 가고자 합니다. 많은 관심과 참여를 부탁드립니다.

행복을 만드는 작은 학교 이야기

2007년 9월부터 11월까지, 새 학교를 만드는 작업은 예상보다 빠르게 진행되었다. 학교상에 대한 논의를 마치자 2008년에 당장 교사와 아이들이 전입할 수 있는 학교를 찾았다. 일단은 교육과정을 운영하는 데 자율성을 보장받을 수 있고 이런저런 잡다한 학교 업무가 없는 분교여야만 했다. 그리고 논과 밭이 펼쳐져 있고, 산책할 수 있는 산이 있고, 계절마다 꽃들이 피고 지며 가까운 곳에 갯벌도 있는 풍광이 아름다운 전원 학교를 찾았다. 순천 관내의 학교를 물색하다가 학생 수가 11명이어서 폐교 위기에 놓인 별량초 송산분교장으로 학교를 정했다.

학교를 정하고 별량초 본교 교장 선생님과 새학교모임 교사들이 만났다. 교장 선생님은 교사들이 열정을 가지고 특성화된 교육과정을 운영하겠다는데 왜 막겠냐며 모두들 시골에서 도시로 전학을 가는 추세인데 순천 시내에서 전학을 오겠다니 진심으로 환대한다고 했다. 교장 선생님은 하루 빨리 학부모들을 만날 수 있기를 원했다.

2008년 3월에 전입할 37명의 아이들이 채워진 후 별량초 본교 교장 선생님과 학부모들이 처음 만나는 자리를 만들었다. 본교 교장 선생님, 교감 선생님, 교무부장 선생님과 학부모 대표 5명이 만났다. 먼저 그동안 모임에서 나눈 논의 결과를 바탕으로 우리가 꿈꾸는 학교상과 지금까지의 준비 과정을 이야기했다. 준비된 전학 예정 학생 수와 다른 지역의 학교 사례도 제출했고 시내에서 거주하는 학생들의 전입에 대해서도 이야기했다. 학교 측에서는 작은 학교가 가지고 있는 장점과 특화된 교육과정을 기대하며 전학을 왔다가 다시 떠나버리는 상황을 걱정했다. 두어 시간 논의한 끝에 검토해 보겠다는 긍정적인 답변을 얻었고 며칠 뒤, 승낙하겠다는 연락을 받았다.

다만, 학교에서는 몇 개의 조건을 내세웠다. 첫째, 학부모들이 교육 과정에 대해 지나친 침해를 하지 말 것. 둘째, 학생 수가 늘어나서 필요한 보조 급식 도우미 채용 비용을 학부모들이 부담할 것. 셋째, 시내에서 1시간 가까이 통학해야 하는 위험성을 안고 있는 만큼 사고 발생 시 학교에 책임을 묻지 않을 것. 이 세 가지였다. 학부모들은 이 모든 조건을 수용하기로 하고 각서를 쓰고 전학을 오기로 결정을 했다.

11월 말, 새학교모임의 학부모와 교사들은 마을 어르신들을 만나기로 했다. 학구 내에 거주하고 있는 11명의 아이들이 위축되지는 않을까, 마을 분들이 외지에서 이곳으로 전학 온 시내 사람들에게 거부감을 가지지는 않을까 걱정이 되었기 때문이다. 먼저, 송산분교 출신의 동문회장, 시의원, 변호사를 만나서 마을에 대한 정보를 나누고 마을 일에 적극적인 어르신도 한 분 만나 뵈었다. 행여 마을 분들이 전학을 반대하면 어쩌나 하는 노파심도 들었다. 하지만 마을 어르신들은 학교 이야기를 듣더니 매우 좋아하며 전학 올 아이들의 학부모들을 만나 보고 싶어 했다.

얼마 후 학교 앞 경로당에서 조촐한 다과를 차려 놓고 마을 어르신들과 학부모, 교사들이 모두 모여 담소를 나누었다. 학교가 살아야 지역이 살 수 있다는 게 어르신들의 생각이었다. 그분들은 학교 운동장에서 뛰어노는 아이들이 없으니 생동감이 없다며 그나마 있던 아이들도 시내의 학교로 계속 전학을 가고 있다고 안타까워 하셨다. 학교를 살리는 데 혹여 어려운 일이 있다면 적극 돕겠다는 말씀도 하셨다. 마을 분들을 설득

행복을 만드는 작은 학교 이야기

하는 일이 쉽지 않을 줄 알았는데 이렇게 반겨 주시니 한결 든든했다.

3월 전입을 앞두고 보니 폐교 직전에 있었던 학교인지라 건물이 엉망이었다. 구석구석 쌓인 먼지도 많았고 사용하지 않는 교실은 창고처럼 이용되고 있었다. 2월 말 전입과 입학을 앞둔 가족들은 송산에 모두 모여 대청소를 했다. 운동장을 가득 메운 차들을 보며 가슴이 벅차올랐다. 청소를 마친 후 교무실에 가득 둘러앉아 도시락을 먹었는데 흡사 봄날 들녘으로 소풍 나온 가족의 모습과 같았다. 지금 갖고 있는 두려움은 이렇게 함께 힘을 모아 청소하듯 하나씩 해결해 나가자 마음도 모았다.

학교의 이곳저곳을 둘러보고 1년 동안 나와 아이들이 함께 가꿀 교실에 들어가 창밖을 내다보았다. 2월의 찬 겨울바람이 가슴속까지 스며들었다. 아! 송산松山에 이는 바람……. 너른 운동장에서 불어오던 바람, 학교를 둘러싼 대나무 숲에서 울려 대던 바람, 아이들이 뛰어노는 소리와 함께 불어왔던 그 바람을 차가운 줄 모르고 가슴 깊이 들이마셨다. 큰 꿈과 희망을 들이마시듯이.

드디어 2008년 3월 2일, 입학식이 열렸다. 전입한 아이들은 직접 허리에 장구를 메고 마을을 한 바퀴 돌며 송산분교의 새로운 시작을 알

* 2008년 입학식 날에는 흥겨운 사물놀이와 함께 마을을 한 바퀴 돌며 송산분교의 새로운 시작을 알렸다. 부모님과 아이들, 그리고 마을이 함께한 입학식은 이후 학교 모습에 대한 기대를 높였다.

렸다. 찬바람이 채 가시지 않았던 송산분교의 운동장은 사물놀이 축하
공연과 함께 전입한 37명의 아이들과 5명의 교사들의 기대와 희망으
로 꽉 채워졌다.

교사가 중요하다

새로운 학교를 만드는 데 교사가 중요하다는 것은 두말할 나위도 없
다. 아이들에게는 있는 그대로의 아이들 모습을 존중하며 기다려 줄
수 있는 교사. 그리고 학부모와는 수평적 관계를 유지하며 소통할 수
있는 교사. 그렇게 교사와 학부모, 학생 사이에 사랑과 신뢰의 관계가
정착될 때만이 새 학교가 가능하다. 또한, 학교 교육과정 운영에 대한
열정과 노하우가 있어야 하고 무엇보다 '새 학교'를 만들어 나가고자
하는 취지에 동의해야 한다. 그런 교사 진영을 만드는 일은 쉽지 않았
다. 새학교모임을 함께했던 분들은 마음은 가득하나 점수가 부족하여
인사이동을 할 수 없었다. 여러 교사들을 수차례 만나고 설득도 해 봤
지만 지레 겁을 먹고 손사래를 치는 분들도 많았다. 내 아이는 그 학교
에 보내고 싶으나 나는 근무할 수 없다고 말씀하는 분들도 더러 있었
다. 체험 위주로, 아이들 중심으로 교육과정이 이루어지는 학교는 몸
도 마음도 힘들 것이라고 판단하는 분들이 많았다. 교사로서 보람도
중요하지만 아무런 이익도, 특혜도 없는데 굳이 발 벗고 밤늦은 시간
까지 뛰고 싶지 않다고들 했다. 함께하는 학부모에 대한 불신도 있었
다. 대안학교에 아이를 보내다가 문제가 생기자 다시 공교육을 찾은
학부모들의 이기심을 지적하며 새 학교가 마음에 안 들면 언제든지 철

새처럼 떠날 것이라고 우려하기도 했다.

처음에는 동료 교사들에게 많이 실망했다. 순천에 있는 전교조 교사 500명 중에 5명도 안 모아지나 싶어 마음이 상하기도 했다. 그러나 교사들을 만나면 만날수록 우리 교육 안에서 그들이 겪고 있는 고초가 느껴졌고, 그것은 당연히 우리가 안아야 할 짐이라는 결론을 내렸다. 늘 지시와 통제로 일관하는 학교 안에서 길들여진 교사, 다른 이들과 다르면 부당한 처우를 받을 수 있는 학교 구조, 학부모와 관계 속에서 어려움을 겪을 수밖에 없는 교사의 입장, 교사이자 아내, 부모라는 많은 역할이 주어진 여교사들의 삶 등……. 어쩌면 새 학교를 만드는 것은 교사들을 새롭게 만드는 일이자 이 사회를 바꿔 가는 일일지도 모른다는 사실을 실감하기도 했다.

할 수 없이 이미 본교에서 근무하고 있는 교사 두 분을 모셨다. 그분들은 이런저런 부담감이 없는 것은 아니지만 함께하기로 하셨다. 다섯 학급에 나를 포함한 교사 3명이 구성되었고 나머지 두 분은 교장 선생님 재량으로 인사 발령을 했다. 새 학교의 지향에 동의하지 않고 정년 2년을 앞둔 선생님과 교장 선생님의 친구인 교사 한 분이었다. 물론 교장 선생님께서는 교육과정 운영에 대해 전적으로 동의하고 함께 운영해 나갈 것을 요구하셨기 때문에 함께하는 데 큰 문제가 있을 것 같지는 않았다.

나는 2월 종업식을 마치고 나서 바로 다른 작은 학교의 교육과정을 수정, 보완하여 송산분교의 교육과정을 만들기 시작했다. 그렇게 몇 날 며칠을 밤 새워 혼자 고민해 가며 교육과정을 만들었다. 부끄러운 이야기지만 그때는 학교 운영에 대한 철학도 깊지 않고 고민도 많이 하지 못했다. 그저 막연히 민주적인 의사 결정 과정이 있으면 좋겠다, 체험 위주의 교육 활동이 중요하다, 새학교모임에서 교사와 학부모들이 고민하며 이야기했던 내용들이 교육과정에 녹아들어 가야 한다는 당위뿐이었다.

2008년 2월 말쯤, 교사들의 인사이동이 정리가 되었을 때 송산분교에서 교사들은 처음 만남을 가지게 되었다. 교장 선생님께서는 그 자리에서 2008년 송산분교 교육과정 운영 계획을 브리핑할 것을 요구했다. 송산분교의 학교상과 교육과정에 대해 교사들이 서로 논의할 시간조차 갖지 못한 채 학교를 시작하게 되었다.

준비가 덜 되었기 때문에 겪는 어려움도 많았다. 토요 체험학습이며, 재량활동을 집중적으로 운영하는 계절학교며, 학예회, 그리고 아이들이 모두 모여 토론하는 다모임 등 숱한 프로그램들이 처음으로 해 보는 것이라 일일이 의논하고 학교 실정에 맞게 세심하게 고쳐 나가야만 했다. 쉽지는 않았지만 이전의 학교처럼 지시와 통제로 운영되는 게 아니라 작은 일까지도 모두 함께 자율적으로 논의하고 진행해 갔다. 퇴근 시간이 되면 자연스럽게 협의실에 모여 아이들에 대한 이야기, 학교 교육과정에 대한 이야기를 나누면서 새로운 학교를 만들어 나갔다.

어려운 일도 많았다. 기존의 주입식, 암기식 교육을 넘어 노작과 체험학습, 인성교육 위주로 교육과정을 만들어 가야 한다는 데 서로 공감대를 형성했지만 학력도 중요하다는 의견도 만만치 않았다. 체험 위

행복을 만드는 작은 학교 이야기

주도 좋지만 학력을 중시하는 한국 교육 현실을 무시해서는 안 된다는 주장이었다. 교사와 학부모 관계가 삐거덕거리기도 했다. 일부 교사들은 학부모들이 교사가 결정해야 할 일까지 참견한다며 불편해하기도 했다.

이렇게 가끔 다투기도 하고 의견의 차이도 많았지만, 이런 과정 속에서 '사람'을 잃어서는 안 된다는 것과 서로의 다름을 인정하고 존중해 주어야 한다는 소중한 배움을 얻었다. 의견이 다르더라도 사람은 미워하지 말자고 다짐했다. 그렇게 1년의 시간이 지난 후에 정년을 2년 앞둔 선생님께서 "이 학교에서 정년을 맞고 싶네"라고 말씀하실 때 그동안의 고생은 다 날아가 버렸다. 많은 부담감을 안고 본교에서 전입

＊
물속에 사는 여러 가지 생물을 관찰하기 위해 학교 근처에 있는 계곡을 찾았다. 물이 너무 깨끗해서 물고기는 많이 없었지만 쏟아지는 햇살 속에서 맑은 공기를 마시며 물에서 노는 것만으로도 즐거웠다.

한 선생님께서도 "가르친다는 일이, 그리고 아이들이 행복하게 배운다는 것이 이런 것이었구나!"를 깨달았다고 말씀하셨다.

2008년, 늦가을 시월의 마지막 밤! 가을 계절학교 발표회 '솔뫼 달빛 큰잔치'가 펼쳐졌다. '솔뫼 달빛 큰잔치'라는 명칭도 한 시간 가량 논의 끝에 만들어 냈다. 남들이 들으면 웃을지도 모르지만 사소한 일에도 시간을 아끼지 않고 논의를 했던 우리들의 모습 중 하나이다.

계절학교를 위해 아이들이 열심히 연습했는데 정작 공연을 선보일 무대가 없어서 고민이었다. 폐교 위기에 놓였던 학교인지라 변변한 방송 시설 하나 없었고, 70여 명의 아이들과 학부모들이 모일 수 있는 강당조차 없었다. 무대와 조명, 방송 시설을 해 줄 수 있는 곳을 알아보니 가격이 턱없이 비싸서 엄두가 안 났다. 여러 차례의 논의 끝에 운동장에서 학예회를 하기로 하고 무대는 트럭을 빌려 꾸미기로 했다. 조명도 그리 화려하지 않은, 아이들 얼굴을 비출 수 있는 조명등 2개로 했다. 너무나 보잘 것 없는 무대라서 아이들에게 미안했지만 오히려 송산분교만의 특징을 살린 소박한 발표회가 되었다. 드디어 발표회 날. 쌀쌀한 기운이 감돌았던 운동장에 큰 모닥불이 지펴지며 학예회가

❋
2008년 10월, 솔뫼 달빛 큰잔치 무대에서 전교생이 함께 노래를 불렀다. 곁에 있는 친구 한 명 한 명이 모두 소중하다는 노래 〈바로 그 한 사람이〉를 부르며 송산의 아이들은 하나가 되었다.

시작되었고, 모닥불 안에는 아이들이 직접 가꾼 고구마가 익어 가고 있었다. 도시처럼 화려한 의상과 화장으로 꾸민 공연은 아니었지만 아이들의 땀과 정성으로 만든 공연이 선보였고, 지역의 탈패에서는 평소에 보기 힘든 사자탈춤을 보여 주기도 했다. 마을 어르신들을 위해 준비한 막걸리는 흥을 돋우었다. 아이들의 소박한 공연도 감동이었지만 학부모와 마을 어르신들은 교사들이 준비한 공연도 좋았다고 했다. 교사들이 준비한 건 기타 반주를 곁들인 노래 공연이었다. 개성이 강했던 5명의 교사가 하나가 되어 모두에게 마음의 울림을 주었던 것이다.

작은 발상의 전환이 행복으로 이어지다

송산분교의 교육과정은 다른 작은 학교들의 교육과정을 참고해 우리 학교와 지역 상황에 맞게 재구성한 것이다. 교과 시간은 손댈 수 있는 여지가 많지 않다. 그래서 재량활동과 특별활동을 재구성했다. 토요일은 재량활동 시간을 안배하여 체험학습일로 운영했다. 견학, 답사, 공연 관람, 계절 운동, 탐구대회 등으로 구성했다. 학부모들은 참여를 이끌기 위해 도우미로 참여하게 했다. 지역의 축제와 결합하여 순천만 갈대 체험, 순천만 우리 밀밭 체험, 순천 낙안읍성 탐방 등도 전개했다.

순천 낙안읍성 탐방은 교사들이 어떻게 학습을 계획하고 진행해야 하는지 깨닫게 하는 기회가 되었다. 낙안읍성의 역사적 의의에 대해 일방적으로 알려 주고 한번 휙 둘러보고 메모지에 기록하는 체험학습이 아니었다. 모둠은 1학년부터 5학년까지 고루 섞이도록 편성하고 아이들의 문제 해결 능력과 협동심을 키워 줄 수 있도록 프로그램을 짰다. 체험학습 전 사전 답사를 다녀오느라 주말을 온통 낙안읍성에서 보냈다. 낙안읍성의 지도를 보고 문제를 만들고 직접 돌아다니며 아이들끼리 해결할 수 있는 과제를 만들었다. 체험학습 당일에는 모듬원끼리 깃발을 만들고 문제지를 받은 후에 지도를 보며 이동했다. 처음에는 어려워하더니 서로 토론해 가며 문제를 해결해 가는 아이들의 모습은 무척 대견했다.

토요 체험학습 중 가장 인기 있었던 프로그램은 갯벌 체험이었다. 학교 가까운 곳에 환경과 생명을 살리는 갯벌이 있으리라고는, 그리고

행복을 만드는 작은 학교 이야기

※
학교 근처의 갯벌로 토요 체험학
습을 갔다. 발이 푹푹 빠지는 갯
벌 속에서 움직이기가 쉽지 않자
준우가 "이렇게 엎드려서 움직이
면 쉬워요!" 하며 헤벌쭉 웃고
있다. 허리까지 푹푹 빠지는 갯
벌 속에서 아예 의자에 걸터앉듯
편하게 앉아서 즐거워하는 아이
도 있고 갯벌이 피부에 좋다는
말을 듣고 얼굴에 뻘흙을 묻히는
아이도 있었다.

그 속에 들어가 온몸에 머드팩을 할 거라고는 상상도 못해 봤을 거다.
거침이 없고 활발한 우리 아이들은 갯벌 안의 생물들을 관찰하며 뒹굴
기도 하고, 발이 쏙쏙 빠지는 갯벌 속에서 몸 면적이 넓어야 이동이 쉽
다는 원칙을 스스로 알아내기도 했다. 도우미로 함께한 학부모와 교사
들도 갯벌이 몸에 묻는 것쯤은 아랑곳하지 않았다. 뒷짐 지고 손가락
으로 지시하는 사람은 아무도 없었다.

다음으로 아이들이 좋아했던 활동은 과학 체험이었다. 일률적인 과
학 행사와 작품 시상이 아닌 체험 중심으로 이루어졌다. 답답한 교실
을 벗어나 운동장 곳곳에서 부스 형태로 진행했는데 아이들은 여기저
기 신나게 뛰어다니며 체험을 했다. 신기한 과학 현상에 탄성과 환호
성이 절로 터져 나왔고 아이들은 스스로 원리를 탐구해 갔다. 물론 그
전에 몇 번을 논의하고 사전 실험을 해 가며 노력했던 교사들의 몸짓
이 있었기에 가능한 것이었다.

송산분교에서 새로 시도한 것 중에 가장 좋았던 것은 중간놀이 시간에 체조를 하지 않는다는 점이었다. 체조를 하기 위해 1,000여 명 가까이 되는 아이들이 운동장에 모여 줄을 서고 찡그린 표정으로 체조를 하고, 또 다시 교실로 들어가는 그 아우성 속에서 해방되었다는 기쁨은 컸다. 우리는 체조 대신에 학교 뒷산으로 산책을 간다. 1학년에서부터 5학년까지 골고루 편성되어 있는 모둠끼리 이동을 하니 고학년이 저학년 동생들을 알뜰히 보살펴 주게 되었다. 내가 모르는 온갖 들풀과 꽃의 이름을 알려 주는 아이들도 있다.

텃밭을 가꾸고 수확하는 활동은 아이들에게는 큰 행복이었지만, 나처럼 농사를 지어 보지 않은 교사에게는 그야말로 노동이었다. 텃밭은

✳
먹을거리의 소중함을 알고 농사짓는 분들의 노고를 몸으로 체험하기 위해 학교 텃밭을 가꾸었다. 1년 동안 내가 먹을 음식을 제공할 텃밭을 다듬고 씨를 뿌리며 열심히 가꿀 것을 다짐했다. '잘 자라서 맛난 채소를 제공해다오!'

먹을거리의 중요성을 인식하고, 뿌리고 가꾸고 수확하는 일을 몸소 체험하는 공간이었다. 아이들은 스스로 땀을 흘려 가꾼 상추나 열무를 직접 따서 급식 시간에 쌈을 싸 먹기도 했다.

가을이 깊어질 무렵, 아이들이 학교 귀퉁이에 있는 작은 비밀 기지를 발견했다. 급기야는 남자아이와 여자아이들이 나뉘어져 서로 비밀 기지를 차지하려고 다투는 사건이 발생했다. 교사들은 급히 이 문제에 대해서 논의했고 아이들에게 스스로 자신들만의 작은 공간을 만들 기회를 주기로 했다. 만약 내가 일반 학교에 근무했더라면 어떤 결론을 내렸을까. 아이들이 원하는 비밀스런 작은 공간을 만들 기회를 주고 싶어도 해 줄 수 없는 학교 구조를 탓하며 남자와 여자아이들의 싸움을 중재하는 것이 최선이라고 위로했을 것이다. 작은 학교이기에 가능한 행복한 결론이었다.

햇살이 넉넉한 가을 어느 날, 마을 이장님이 구해 준 짚으로 새끼를 꼬아서 기지에 움집을 만들었다. 그 기지는 이듬해 정월 대보름날, 저마다의 소원을 담은 소원지를 매달아 훨훨 태우는 의식을 마지막으로 아이들의 추억 속으로 사라졌다. 2학년 한 여자아이의 소원은 오랫동안 우리에게 웃음을 주었다.

'상우(좋아하는 남자 친구)랑 같이 살게 해 주세요!'

기존에 해 왔던 관성적인 사고와 구조를 탈피하여 조금만 발상을 새롭게 하여도 모두가 행복한 교육을 할 수 있다는 사실을 몸소 체험하며 그렇게 1년을 보냈다. 11명이던 학교는 3월 48명으로, 2008년 12월에는 70명으로 늘어났다. 시내에서 전학 오는 아이들이 하나 둘 이어졌고 거대 학교에서만 지내다가 온 아이들은 자연의 품에서 쉴 새 없이 뛰어다녔다.

다양한 체험을 통해 가치를 배우다

아이들은 교과서만이 아니라 교실 밖, 학교 밖의 다양한 활동을 통해서 자기를 발견하고 서로를 배려하는 방법을 배우게 된다. 아이들이

✻
◎ 송산 축구 동아리 리틀드래곤즈 아이들은 주말에도 모여서 유니폼을 입고 연습을 한다. 땀을 흠뻑 흘리며 뛰고 나면 그동안의 스트레스가 날아가 버린다고 한다. ◎◎ 2009년 5월 운동회. 누가 시키지도 않았는데 댄스를 선보이겠다고 댄스 동아리 아이들이 나섰다. 스스로 안무를 짜고 많은 사람들 앞에서 선보일 때면 긴장돼서 가슴이 두근거리지만 부모님과 친구들의 환호와 갈채를 받으면 힘이 더 솟고 마치 연애인이 된 기분이란다.

행복을 만드는 작은 학교 이야기

스스로 조직해서 운영하는 동아리 활동과 봉사 활동도 아이들을 성장시키는 좋은 기회가 되었다. 동아리 활동은 댄스를 좋아하는 아이들이 모여서 연습할 시간을 요청하면서 처음 시작되었다. 댄스 동아리를 만든다는 소문이 퍼지자 축구를 좋아하는 아이, 바둑, 마술, 그림을 좋아하는 아이들도 나서서 교사의 지도를 받지 않는 동아리 활동을 하고 싶다고 했다. 다모임 시간을 통해 동아리를 만들고 활동할 시간을 따로 만들어 주었다.

댄동(댄스 동아리)은 스스로 안무를 짜고 중요한 행사 때 댄스를 선보이며 박수갈채를 받기도 했다. 종이접기 동아리를 가끔 들여다보면 고학년 여자아이들이 저학년 아이들을 직접 가르치고 있다. 축구 교실은 한 학부모가 매주 학교에 오셔서 아이들과 함께 공을 차면서 지도해 주고 있다. 아이들은 그분을 감독님이라고 부르며 가끔 교문 앞까지 마중 나가 있기도 한다. 축구선수가 꿈인 몇몇 아이들은 순천축구단 활동도 하며 전국적으로 뛰어다니기도 한다. 동아리 활동은 스스로 선택하고 운영하기에 아이들이 놀라울 정도로 관심을 가지고 집중해서 활동한다. 어느 날엔가 아파서 못 나온다는 녀석이 점심시간쯤 학교에 나왔다. 이유를 물으니 오후에 동아리 활동에 꼭 참여하고 싶어서란다.

아이들은 매월 정기적으로 학교 가까이에 있는 '섬돌 요양원'이라는 곳으로 봉사 활동을 간다. 중증 노인들과 치매 환자를 위해 운영되는 요양원이다. 아이들은 이곳을 방문하여 봉사 활동을 하고 공연을 펼친다. 어려운 처지에 있는 사람들을 도우면서 세상에는 다양한 사람들이 살고 있음을 이해하고 남을 배려하는 따뜻한 마음을 갖기도 한다.

❋
올해 가을 소풍은 친환경 논을 체험하기로 했다. 논 안에 살고 있는 우렁이도
잡고 벼를 갉아 먹고 있는 메뚜기도 잡았다. 메뚜기를 많이 잡아야 벼가 더 잘
자란다며 아이들은 논두렁 이곳저곳을 거닐며 메뚜기 잡기에 여념이 없었다.

우리 송산 아이들은 45인승 전세 버스 두 대를 이용하여 등하교를 한
다. 순천 시내 곳곳을 거쳐서 오기 때문에 오가는 길에 이 버스를 보았던
학부모와 시민들, 지역단체에서 관심을 가지고 문의를 해 오곤 한다. 특
히 지역의 기관과 각 단체에서는 학교와 함께 여러 가지 활동을 해 보고
싶다는 의견을 보이기도 한다. 아이들과 함께할 수 있는 여러 가지 프로
젝트 학습을 고민하던 나에게는 단비와 같은 소식이었다. 순천 기적의
도서관에서는 움직이는 이동도서관 차량을 보내 주어 독서 활동을 함께
하고 있다. 지역 전통 놀이 문화패 〈연희〉에서는 아이들에게 탈춤을 지
도해 주고 지역 어르신들과 함께 볼 수 있는 마당극도 선사해 주었다. 아

행복을 만드는 작은 학교 이야기

이들은 이렇게 다양한 체험을 통해 소중한 가치들을 배우게 된다.

열정적인 학부모가 있기에 가능하다

처음에 새학교모임을 시작한 학부모들은 모두 아이들 교육 문제에 대해 고민이 많았던 분들이었다. 경쟁 위주의 현 교육 체제 속으로 아이를 떠밀지 않고 싶어서 대안학교에 보냈다가 여러 어려움을 겪었던 학부모들이 주축이었다. 아이들이 일반 학교에 잘 맞지 않아서 힘들어하다 새학교모임의 문을 두드린 학부모들도 있었다. 자신의 아이가 다른 아이와는 조금 다른데 일반 학교에서는 교사와 다른 친구들이 제대로 품어 주지 못했다고 했다. 조금만 배려하고 기다려 주면 얼마든지 잘할 수 있는 아이인데 거대 학교, 과밀학급 안에서는 불가능한 일이라 판단한 것이다. 그들은 작은 학교라면 아이를 품어 줄 수 있을 것이라 기대하고 학교를 찾아왔다. 교사에 대한 불만을 가진 분들도 많았다. 명절이나 행사가 있을 때면 선물이라도 준비해야 하고, 부모가 학교에 찾아가 청소라도 해야만 아이가 교사 눈 밖에 나지 않는다며 분개했다. 괜한 체벌에 마음이 아팠던 경험담을 얘기하며 눈물을 흘리는 분도 있었다. 개혁적인 생각을 가진 학부모들도 새학교모임을 찾아왔다. 그분들은 사교육을 받지 않으면 낙오되는 현재 한국 사회의 공교육은 바꾸어야 한다는 생각을 가지고 작은 학교 안에서 그런 개혁이 시작되었으면 한다고 부탁했다. 생태나 환경교육에 대한 중요성도 역설하셨다. 처음부터 모임에 함께하지는 않았지만 나중에 학교 이야기를 듣고 전학을 결정한 학부모들은 자연 친화적인 교육 방식과 체험 위주의 교

✳
순천 지역 행사인 '우리밀 축제'에 아이들과 함께 참가했다. 밀을 줄기째 자르고 불에 구워 손바닥으로 비비면 고소한 밀 알갱이가 얼굴을 내민다. 우리밀로 반죽한 밀떡을 대나무 끝에 돌돌 말아 구워 먹으면 고소한 맛이 일품이다.

육과정, 공동체적 삶을 배울 수 있는 학교 교육과정에 만족해했다. 시내의 거대 학교에서 적응을 하지 못했거나 따돌림을 당했던 아이의 부모도 아이가 학교생활에 잘 적응한다고 안심하셨다. 아이에게 '가고 싶은 학교'가 생길 줄은 몰랐다며 눈시울을 붉히셨다. 간혹 사립학교 수준의 특별 교육을 받는 학교로 오해하고 아이를 전학시킨 분들도 있

행복을 만드는 작은 학교 이야기

었다. 물론, 그런 분들은 분교의 여건상 학교 시설이 열악하고 교육적 혜택이 적다는 문제 때문에 결국 다시 학교를 떠나고 말았다.

　송산분교의 학부모들은 무슨 일이든 적극적이다. 매월 학부모들은 자체 모임을 갖고 다른 학교의 사례를 공부하며 학부모의 역할에 대해 논의한다. 다른 지역의 학부모를 초대하여 강연을 듣고 우리 학교에 적용할 만한 내용을 고민하기도 한다. 또한, 아이들의 학교생활을 함께 공유하고 필요한 일들을 논의해 간다. 교육과정지원분과, 차량지원

*
한 달에 한 번, 생일을 축하하는 다모임 행사를 한다. 생일 주인공은 부
모님께 감사의 편지를 쓰고 자신의 꿈과 희망을 이야기한다. 다른 친구
들은 주인공들에게 축하 메시지를 쓰고 모둠별로 축하 공연을 준비한다.

분과, 노작분과 등을 만들어 학교교육에 일조할 수 있는 시스템을 스
스로 만들어 나가기도 한다. 어떨 때는 학부모에게서 교사보다 더 큰
열정을 느끼기도 한다.

학교에서는 매월 1회 학부모 다모임을 주관하고 있다. 학교의 중요
한 행사나 교육과정을 알리기도 하고 학부모 교양 강좌 시간을 갖기도
한다. 학부모들의 제안을 허심탄회하게 듣고 학교 운영에 대해 함께
논의하는 '좋은 소리함' 이라는 제도도 운영하고 있다.

2009년 들어서는 학부모들이 학년 캠프나 모임을 통해서 친목을 쌓
을 수 있는 기회를 가졌다. 특히, 1학년 신입생 학부모들에게는 이런
학부모 모임이 학교교육에 적극적으로 참여하고 다른 재학생 학부모

와 친밀감을 쌓을 수 있는 기회를 주고 있다.

사람을 만나면 길이 열린다

2008년, 송산에서 새 학교를 시작했을 때 모두 5학급으로 구성되었다. 중학교 진학에 대한 대안이 없었기에 6학년을 모집할 수 없었다. 5학년 학부모나 교사들 모두 아이들 중학교 진학에 대한 고민이 많았다.

전남교육청 앞에서 교사대회가 열렸던 어느 날, 순천의 초등 교사와 중등 교사가 한 대의 버스로 함께 이동하게 되었다. 광주까지 이동하는 중에 송산분교에서 새로운 학교를 만들어 가는 이야기들을 나누게 되었고 몇몇 중등 교사들이 중학교에서도 그런 학교를 만드는 게 가능하지 않겠냐며 의기투합을 하기에 이르렀다. 그리고 얼마 후 중등 교사 몇 분이 연락을 해 왔다. 두어 차례 중등 선생님들을 만나 송산분교의 경험을 나누었다. 중등에서 새로운 학교를 만드는 일은 쉽지가 않다. 교과 교사들을 고루 모아야 하는데 그러기 위해서는 인사이동이 문제가 되었다. 그리고 중등은 대학 입시에 종속된 교육 체계를 바꾸기가 쉽지 않다. 우리는 가능한 수준에서 시작해 보기로 했다. 중학교 선생님들의 열정은 뜨거웠다. 매주 만남을 통해 논의를 하다가 점점 나눌 이야기가 많아지자 매일 만나다시피 하며 새 학교를 준비했다. 학교는 송산분교 아이들이 졸업 후 진학하는 별량중학교로 결정했다. 중학교 교장 선생님께서도 교사들의 열정적인 모습을 보며 흔쾌히 승낙하고 교육과정을 짜고 실현하는 일을 교사들에게 일임했다고 한다.

문제는 시내에서 통학하는 아이들의 학구 문제였다. 별량중학교로

*

2009년 7월, 송산 친구들이 꿈에 그리던 도서관이 드디어 만들어졌다. 아이들의 생활 리듬에 맞추어 동선을 짜고 친환경 자재로 지은 도서관에서 아이들은 책의 바다에 빠지곤 한다. 그중에서도 2층 다락방은 아이들이 제일 좋아하는 공간이다.

행복을 만드는 작은 학교 이야기

전학을 원하는 아이들의 학부모들은 궁리 끝에 교육청에 직접 요구를 했고 교육청은 학부모들의 요구를 받아들여 주었다.

2009년 3월, 별량중학교는 1학년 2개 학급으로 확대 편성돼 새로운 학교의 시작을 알렸다. 지금은 보통 중학교에서 시도하기 힘든 체험 중심의 재량활동을 운영하고 있다. 특별활동이나 방과후수업도 아이들이 배우고 싶은 것을 선택하여 운영하고 있다.

그 시작을 이끌었던 한 선생님께서는 얼마 전 이렇게 말씀했다. "한 아이의 엄마로서, 아내로서, 며느리로서, 교사로서 많은 역할들을 하며 살아왔지만 올해 1년 동안 나는 오로지 교사로서 역할만 하고 살았다."

생각해 보면 예기치 않았던 우연한 기회에 사람들과의 만남이 있었고, 그 만남 속에서 새 학교가 시작이 되고 중학교가 준비되었다. 그렇다. 묵묵히 길을 찾다 보면 사람들을 만나게 되고 사람들을 만나면 길이 열린다.

꿈꾸는 이는 행복하다

2009년 9월, 송산 가족은 95명으로 불었다. 새 학교를 꿈꾸는 교사가 몇 분 전입하고, 교감 선생님도 부임했다. 관리자가 가지고 있는 교육에 대한 가치가 학교 운영 방식에 얼마나 큰 영향을 미치는지 체감하며 때론 실망하고 때론 아파하기도 했다. 송산분교가 본교가 되어 교장도 있고, 함께할 수 있는 교사도 많다면 더할 나위 없이 좋겠지만 그러기에는 아직 갈 길이 멀기만 하다. 그러나 우리 교육이 갖고 있는 이런 한계점을 극복하기 위해서는 고민하며 실천하는 게 중요하다는 것을 알기에 커다란 벽을 넘는 담쟁이처럼 그렇게 노력하고 있다. 가끔 이런저런 소소한 일들로 의견 차가 생기기도 하지만 서로를 존중하며 어떠한 경우에도 사람을 잃어서는 안 된다는 원칙만은 잊지 않으려 한다.

올해 들어 우리 학교에는 신나는 일들이 많아졌다. 시내에서 통학하는 아이들이 많아져 버스 두 대로도 좌석이 부족해 당분간 더 이상 전학생을 받을 수 없다는 행복한 고민을 해야 했고, 여름방학 동안에는 낙후된 교실들을 보수했다. 시청을 여러 차례 방문한 결과 방과후수업에 대한 지원을 받고 상수도 시설을 보수하고 야외에도 수도를 설치할 수 있었다. 얼마 전에는 도교육청과 기업의 후원으로 학교 도서관이 완성되었다. 너무나 예쁘게 지어진 학교 도서관에서 옹기종기 모여 앉아 책을 읽으며 꿈을 키우고 있는 아이들을 볼 때마다 마냥 행복하다.

1년 반 동안 작은 학교 교육과정을 운영하면서 가장 절실하게 느낀 것은 학교를 유지하기 위해서는 우리 학교만의 철학을 세우는 것이 무엇보다 중요하다는 사실이었다. 다양하고 특성화된 교육과정을 일시적으로 운영할 수 있지만 교사와 학부모들의 열정을 지속적으로 담아낼 철학을 하나로 모으는 일은 쉽지 않다. 교육이란 어떤 가치와 목적을 위해 존재해야 하는지, 학교와 교사들은 어떤 자세와 입장으로 교육에 임해야 하는지, 학부모들은 어떤 철학과 역할로 학교 교육과정에 참여해야 하는지 마음을 모으는 일이 중요하다. 학교와 학습, 그리고 아이들을 바라보는 가치와 관점이 일치하지 않으면 함께 힘을 모아 앞으로 나아갈 수 없고 변화의 속도도 더디다.

올해부터는 순천 지역에서 '교사 소모임'을 꾸려 운영하고 있다. 공교육 안에서 대안적인 교육과정을 만들어 내고, 참교육 실천 활동을 통합적으로 모아 내고, 지역을 살리는 지역공동체 학교로 거듭나기 위해서다. 우선, 작은 학교 교육과정에 관심이 있는 교사들 15명을 모았다. 다른 나라의 자유학교에 대한 책을 골라 읽고 한국의 학교와 어떻게 다른지부터 공부하기 시작했다. 서로의 이야기를 나누며 자신의 교단생활과 아이들과의 관계를 되돌아보기도 했다. 간디학교나 이우학교 같은 대안학교에 대해서도 책을 읽으며 공부했다. 여름방학에는 다른 지역의 작은 학교 사례를 수집해서 논의하기도 하고 직접 탐방하기도 했다. 학기 중에라도 작은 학교와 관련된 강연이 있다는 소식이 들리면 한걸음에 달려가기도 했다. 이번 겨울방학에는 일본 배움의 공동체 탐방을 계획하고 있다.

반도 남녘 순천에서는 늘 솔뫼松山의 향기가 훈훈하게 불어올 것이다. 공교육의 대안이 되는 작은 학교 개혁의 바람이 행복한 아이들의 웃음소리에 섞여서.

작은학교운동이 걸어온 길

서길원

두밀분교, 작은학교운동의 시작

1982년 9월, 처음 교단에 발을 들여놓은 이후 20년 넘게 농촌 학교에서 근무했다. 그중에서도 특히 기억에 남는 학교는 이제는 폐교가 된 한강가의 안평초등학교와 남한산도립공원 소나무 숲속에 자리 잡고 있는 남한산초등학교이다.

안평초는 전교조 해직 사태가 일어나기 전해인 1988년에 근무했던 작은 학교다. 길거리에서 참교육을 외치기도 하고 단식도 하며 힘든 한 해를 보냈지만 학교 안에서는 아이들과 산과 들로, 강으로 놀러 다니며 공부하던 아름다운 추억이 남아 있는 학교이다. 남한산초는 전교조가 합법화된 이듬해 첫 합법 전교조 경기지부에서 전임을 마치고 복직했던 학교이다. 2001년 1월, 전교생 26명의 폐교 직전의 학교에 복직해 2007년 2월까지 6년 2개월을 근무했다. 새로운 학교를 만들기 위해 쏟았던 열정과 나와 뜻을 함께했던 사람들의 온기가 여전히 뜨겁게 남아 있는 듯하다. 지금껏 내가 꿈꿔 오고 만들고자 했던 새로운 학교 모습은 이 두 학교의 경험에서 출발했다. 삼사십 대 젊은 교사 시절에 가졌던 열정과 교육적 상상력, 절망과 희망을 이들 학교에서 찾을 수 있다.

서길원 ssggwww@chol.com

2001년 1월부터 남한산초에서 근무하며 작은학교운동을 시작했습니다. 2005년부터 작은학교교육연대의 대표를 맡아 일하며 작은학교운동의 확산과 지원을 위한 활동에 힘써 왔습니다.
2009년 9월부터는 보평초등학교에 공모 교장으로 부임하여 도시 학교에서 '미니스쿨'을 통한 작은학교운동의 접목 가능성을 탐색하고 있습니다.

내게는 남한산초와 만나기 전에 또 하나의 중요한 경험이 있다. 1994년, 경기 가평 두밀분교 폐교 반대 투쟁이다. 낭만적인 참교육을 꿈꾸며 살던 내게 페다고지를 새롭게 한 사건이었다. 두밀분교 투쟁은 지역의 학부모와 지역사회가 나서 작은 학교 살리기를 운동적 차원에서 전개한 최초의 사건이었다. 지역에서 학교가 사라지면 마을도 황폐해진다고 생각한 지역 주민들은 교육 주권을 지키기 위해 국가를 상대로 싸우기 시작했다. 학교를 살리기 위한 싸움은 2년이 넘는 기간 동안 이어졌고 결국 대법원까지 가는 법정 투쟁에서는 패소했지만 두밀분교 폐교 반대 운동은 지역사회에서 학교가 어떤 의미인지 사람들의 머릿속에 뚜렷한 각인을 남기며 이후 작은 학교 살리기 운동의 시발점이 되었다.

남한산초에서 희망을 찾다

2000년, 폐교 위기에서 새롭게 태어난 남한산초를 통해 작은학교운동은 새로운 전기를 마련하게 된다. 1999년 교육부는 한 해 동안 971개교가 통폐합될 정도로 대대적인 농어촌 학교 통폐합 정책을 추진했다. 교육부의 일방적이고 무리한 통폐합 정책은 지역 주민들의 반발을 사며 작은 학교 살리기 운동을 촉발시키는 계기가 되었다. 남한산초 역시 이듬해인 2000년 폐교가 될 학교였다. 남한산초 사례가 가지는 의미는 작은학교운동이 '작은 학교 지키기'를 넘어 '새로운 학교 만들기' 운동으로 진화했다는 데 있다. 농어촌 학교의 한계를 희망으로 바꾸어 낸 것이다. 그간의 운동이 지역 주민 중심의 방어적 운동이었다면 남한산초에서 시작한 작은학교운동은 지역 주민과 학부모, 그리고 교사들이 연대한 새로운 학교 만들기 운동이었다. 교사들은 관료주의 학교 체제에서 벗어나 교육적 상상력을 펼칠 수 있는 실험적인 학교가 필요했고, 학부모는 생활 근거 지를 옮기지 않고서도 자연과 가까이 할 수 있고 인간적인 관계가 살아 있는 학교를 원했다. 지역 주민 입장에서도 학교를 폐교의 위기에서 지켜 내면서 지역사회를 살릴 수 있는 기회였다.

남한산초 사례는 공교육에서 새로운 희망을 찾고자 했던 많은 교사와 학부모들의 입과 귀를 통해 널리 알려지며 제2, 제3의 남한산초를 만들어 내기 시작했다. 2002년에는 두밀분교 폐교 반대 투쟁에 앞장섰던 순천향대 장호순 교수와 아산 지역 글쓰기 교사 모임, 그리고 환경 운동을 하던 시민들이 함께 거산초를 일구었다. '전원형 작은 학교'를 지향했던 거산초는 생태환경교육과 글쓰기 교육에 남다른 애정을 쏟았다. 2003년에는 폐교 위기에 놓인 두 학교가 자율적인 통합을 이루어 내며 새로운 학교로 거듭나게 되는데 바로 전북 완주의 삼우초등학교이다. 삼우초는 남한산초와 거산초의 사례를 적극 수용하면서도 농촌의 지역 학교로 자리 매김하기 위해 돌봄, 교육 복지, 명상, 농사 체험, 전통문화를 교육과정에 담아내는 데 집중했다. 2005년에는 경북 상주 지역에서 '참교육실천학교' 모임을 하던 교사들이 시내 외곽에 있는 상주남부초등학교를 문화예술교육과 프로젝트 학습을 특성화한 학교로 일구게 된다.

작은 학교 네트워크를 만들다

남한산초와 거산초에 삼우초, 그리고 상주남부초까지 합세하자 작은 학교운동은 새로운 교육운동으로 자리 잡았다. 이들 학교들은 새로운 학교로 출발하는 과정에서 서로 경험을 공유하며 도움을 주고받게 되었다. 자연스럽게 작은 학교들을 연계해 주고 새로 시작하는 학교들을 지원해 줄 수 있는 네트워크를 필요로 하게 되었고 2005년 여름, 충남 공주의 한 유스호스텔에서 '작은학교교육연대' 라는 모임을 결성하게 된다. 작은학교운동이 개별 학교 운동에서 전국적인 연대 운동으로 발전하게 된 것이다.

이후에도 전국 곳곳에서 새로운 학교 소식들이 들려왔다. 2006년에는 부산교육연구소 초등 교사들이 중심이 되어 금성산성 안에 있는 폐교 직전의 금성초등학교를 문화예술 학교로 꽃피워 낸다. 2007년 겨울에는 전남 순천 지역의 학부모와 전교조 교사들이 작은학교운동에 동참하여 전교생 11명의 별량초등학교 송산분교에서 '돌아오는 작은 학교 만들기'를 시작하게 된다. 지역에서 네트워크를 구축하며 새로운 발전을 모색하는 학교들도 있다. 경기도에서는 남한산초등학교를 거점으로 전원 학교 벨트를 구축하기 위해 인근의 광지원초등학교, 번천초등학교, 분원초등학교가 교육과정을 공유하는 사업을 진행하고 있고, 양평에서는 작은학교교육연대 회원들이 조현초등학교, 세월초등학교, 수입초등학교 등의 학교에 흩어져 들어가 지역사회 학교를 만들며 학교간 네트워크를 구축하고 있다. 상주에서는 상주남부초등학교와 백원초등학교, 그리고 대서중학교가 함께하는 작은 학교 모임을 꾸렸고, 순천에서는 송산분교과 별량중학교가 손을 잡고 초중등교육이 연계될 수 있도록 협력하고 있다. 이렇게 작은 학교들의 사례가 점점 늘어나는 것

작은 학교 행복한 아이들

은 무엇을 의미할까. 그것은 작은학교운동이 단지 우리 지역의 학교만 살리는 데 머무르지 않고 서로 끈끈하게 연대하고 발전하면서 다른 지역으로 계속 확산돼 가고 있다는 것이다. 마치 민들레가 멀리 멀리 씨를 날려 보내듯이.

작은 학교에는 열정적인 교사가 있다

작은학교교육연대에 속해 있는 학교는 대부분 폐교 직전의 학교에서 2~3년 안에 폐교 위기를 극복하고 새로운 학교로 거듭나게 된 학교들이다. 이런 성공의 비결에는 교사의 열정과 헌신성, 지역사회와 학부모의 새로운 교육에 대한 열망, 그리고 이를 뒷받침할 수 있는 학교 재구조화 전략이 있다. 그중에서도 가장 중요한 건 교사들의 열정과 헌신성이다. 이러한 열정이 없었다면 다들 근무를 기피하고 떠나는 폐교 직전의 학교에서 새로운 전망을 찾는다는 것이 쉽지는 않았을 것이다. 이들교사들은 일반 공립학교에서 근무하며 한 번쯤은 좌절을 겪어 본 경험이 있다. 숨 막히는 공교육의 틀을 벗어나 대안학교로 가려고 고민하기도 하고, 학교교육을 바꾸기 위해 제도 개혁 투쟁에 나서기도 했다. 학교를 떠나려고 마음먹은 교사도 있다.

이들은 왜 유독 폐교 직전의 작은 학교에서 다시 새로운 교육에 대한 희망의 꽃을 피우려고 했을까? 그건 교사 개인의 교육적 상상력이나 열정만으로는 교육적 이상을 펼칠 수 없다는 것을 경험했기 때문이다. 학교를 바꾸기 위해서는 함께할 동료 교사가 꼭 필요하지만 구조화된 근대 학교 틀에서는 뜻을 함께하는 교사들과 머리를 맞대고 일하며 이상을 현실화하는 게 불가능하다. 작은 학교는 자신들의 능력을 펼칠 수 있는 적정한 규모이고, 그간의 연구모임을 통해 이런 정도는 실천해 볼 수 있는 역량을 축적하고 있었고 함께할 인적 네트워크가 있었다.

작은 학교가 추구하는 학교 개혁의 특징은 제도 개혁을 통해 일시적인 문제를 해결하기보다는 학교가 처한 현실적인 조건에서 문제를 해결해 나가려 한다는 점이다. 작은학교운동은 공립학교에서 일어나는 운동이기 때문에 대안학교와 같은 새로운 학교를 만들기보다는 학교를 재구조화하는, 일종의 리모델링 방식을 취하게 된다. 작은 학교들은 자신들이 만들어 가야 할 학교상을 외국의 교육 사조나 이론에 기대거나 대안교육을 공교육에 이식하기보다는 교사 자신의 경험과 학부모의 요구에서 찾았다. 이들 학교가 기울인 노력은 학교교육의 잘못된 관행을 바로 잡는 일과 작은 학교가 가지고 있는 장점을 살린 교육과정을 구현하는 일이었다.

작은학교교육연대는 이들 학교가 준비 모임을 꾸릴 때부터 학교가 순조롭게 자리 잡을 수 있도록 지원하고 컨설팅을 해 주었다. 남한산초의 경험을 이야기해 달라는 강연 요청이 오면 나는 전국 어디라도 마다하지 않고 달려갔고 밤늦은 시간까지 소주잔을 기울였다. 말이 컨설팅이지 그것은 그저 남한산초에서의 경험을 나누며 희망과 자신감을 주는 일이었다. 나는 이러한 과정을 통해 새로운 교육에 대한 열망을 가진 많은 교사들이 현재 학교교육의 틀 속에서 얼마나 많이 제도적으로 억압받고 교육적 상상력이 좌절당하는지를 보게 되었다. 그러한 이들에게 작은 학교는 교사로서 주체적 삶을 살 수 있는 유일한 공간이고 탈출구이자 교사로서 운명을 걸어 볼 만한 가치가 있는 곳이었다. 작은 학교에서 이들은 교사로서 보람을 느끼며 성장해 나갔다. 작은 학교 교사들의 교육에 대한 열정은 곧 우리 교육의 희망으로 이어졌다. 자주적인 교사들의 집단적 사유와 공동 실천을 통한 성공 사례는 우리 교육에 집단지성이 살아 있음을 보여 주고 있다.

배움이 살아 있는 학교

작은 학교들이 가장 먼저 시작하는 일은 관료주의적 관행에 찌든 학교를 과감하게 뜯어 고쳐 교육 활동 중심 체제로 바꾸는 일이었다. 통제와 지시 그리고 경쟁에 의해 유지되는 학교 체제를 자발성과 협력이 살아 있는 역동적인 학교로 만들고자 한 것이다.

먼저 실적을 쌓기 위한 각종 대회와 행사 참여, 공문서, 전시적인 행사를 없애고 배움을 중시하는 학교 풍토를 만들어 갔다. 입간판, 조회대 등 권위주의적인 시설물들을 걷어 내거나 주번 제도, 운동장 조회, 선발 위주의 시상 제도 등 낡은 틀과 관행을 바꾸어 가기도 했다. 지역 교육청에서 실시하는 각종 대회나 졸업식에서 외부 기관이 주는 상을 없애 소외되는 아이들이 없이 모든 아이들이 주인공이 되도록 노력하기도 했다.

그 다음에 시도한 일은 교육과정을 새롭게 하는 것이었다. 일반 학교에서는 교육과정을 새로 구성하는 일이 쉽지 않다. 행사를 조금 새롭게 만들려고 해도 넘어야 할 장애물이 만만치가 않다. 국가 교육과정이 일곱 차례나 바뀌었지만 교사들의 교육 활동은 크게 달라지지 않았다. 시수와 진도 그리고 성적에 매여 교과서와 시간표를 벗어나지 못한다. 달라진 것이 있다면 사이버 학습에 의존하는 '클릭맨' 교사와 교육과정을 검색과 다운에 의존하는 '다운맨' 교사가 늘어가고 있다는 점이다. 작은 학교 교사들 또한 경험해 보지 않은 새로운 교육과정을 시도하는 것은 쉽지 않은 도전이었다. 그렇기 때문에 이들 학교는 교육과정을 전면적으로 바꾸기보다 법적으로 보장된 범위 내에서 자율성을 최대한 발휘해 작은 학교의 특수성을 살린 교육과정을 만들어 갔다. 학교마다 차이는 있지만 작은 학교들의 특성화된 교육과정으로 블록 수업과 체험학습, 프로젝트 학습 등을 들 수 있다. 블록 수업은 일반적으로 40분 수업하고 10분 쉬는 교수학습 리듬을 80분 수업하고 30분 쉬는 리듬으로 바꿈으로써 교수자 중심의 수업 방식을 학습자 중심의 수업으로 바꾸었다. 수업 시간이 늘어나면서 교수 방법을 다양하게 시도할 수 있었고 소주제 중심의 차시 학습 방식에서 단원 목표 중심의 학습으로 변화를 가져오기도 했다. 아이들의 학습에 대한 집중력과 흥미도 높아졌다.

체험 중심의 프로젝트 학습은 기존의 교과 시수와 진도에 매여 운영되고 있는 교과 운영 틀에서 벗어나 통합적으로 교육과정을 재조직화했다. 자연스럽게 교실을 개방하고 프로그램을 공동으로 개발하고 팀 티칭 등을 하게 되기 때문에 수업을 중심으로 학교공동체가 형성되어 간다. 특히 계절학교 프로그램은 기존의 40분 단위의 표준 시간표에 의해 운영되는 교사 중심의 교육과정을 바꾸어 한 주 동안, 한 학생이 선택한 주제 교과를 주기집중형 학습으로 수행하게 된다. 작은 학교는

작은 학교 행복한 아이들

교수 인력이 부족하기 마련이라 이런 계절학교 등을 통해 외부 전문 강사나 학부모 도우미를 초빙해서 아이들에게 다양한 교육 기회를 줄 수 있다. 학부모와 지역사회와 협력하면서 서로 소통하는 학교 문화를 만들 수도 있다. 작은 학교 교사들은 새로운 교육과정을 통해 자신들이 지금껏 지켜 온 타성의 틀을 깨고 변화하며 성장하게 된다. 새로운 배움의 공동체 문화가 창조되는 것이다.

아이들이 행복한 학교

작은학교교육연대의 학교가 공통으로 추구하는 가치는 대체로 '참삶을 가꾸는 교육', '행복한 학교', '공동체 교육' 등으로 압축할 수 있다. 각각의 학교들이 추구하는 가치는 조금씩 다르겠지만 작은 학교들이 가장 중요하게 생각하는 가치가 '아이들이 건강하고 조화로운 삶을 살 수 있도록 교육을 하자'는 것임에는 이견이 없는 것 같다. 학교를 새롭게 혁신하는 데 가장 중요한 기준은 아이들이다. 그동안 국가나 학교장, 그리고 교사들에게 있었던 학교의 주인 자리를 아이들에게 되돌려 주는 것이다. 작은 학교는 이러한 가치를 구호화하지 않고 실제 교육 현장에서 바꾸어 나간다. 학교 교육과정뿐만 아니라 각종 시설과 환경, 그리고 학교 운영 방식과 기존 관행을 철폐하는 데 이르기까지 아이들을 중심에 두고 바꾸어 간다.

작은 학교에 전입해 오거나 전입하기 위해 상담을 하는 아이들 중에는 이전의 학교에서 부적응을 경험한 경우가 많다. 학교가 싫어 몇 달씩 학교에 다니지 않은 아이도 있고 친구 관계가 어려워 대안학교를 다닌 아이도 있다. 학업에 대한 스트레스 때문에 정신과 치료를 받은 아이들도 있다. 이러한 다양한 어려움을 겪은 아이들이 작은 학교에 와서 자연스럽게 치유되고 건강하게 생활하는 경우를 종종 보게 된다. 경쟁시키지 않고 권위적으로 통제하지 않는 방식이 아이들에게 긍정적인 영향을 미치는 것 같다. 다양한 학습 형태도 아이들에게 학습에 대한 긴장감을 줄여 주는 역할을 했던 것 같다. 작은 학교의 아이들이 학교에서 생활하는 시간은 일반 학교에 비해서 짧지 않다. 학습량도 적지 않다. 그런데도 아이들은 학교에서 즐겁게 놀았다는 이야기를 많이 한다. 교과서 진도에 얽매이거나 40분 단위 시간표에 매여 있지 않고 교육과정이 유연하기 때문이다. 교과서와 교실에 묶여 있지 않고 이루어지는 체험학습은 읽고 쓰는 반복 학습에서 오는 지루함과 성적에 대한 부담감에서 벗어나게 해 주기도 한다. 교실 밖에서 이루어지는 예술 표현활동은 집중력과 자신감을 길러 줘서 배움에 대한 두려움을 없애 준다. 작은 학교는 국정 교과서를 바꾸지도, 국가 교육과정에서 크게 벗어나지도 않는다. 행사와 실적 그리고 진도와 성적에 매여 있던 틀을 바꾸어 학교를 아이들에게 되돌려 주는 것뿐이다.

함께 꾸는 꿈

2000년 겨울, 남한산초 살리기 운동으로 시작한 작은학교운동은 10년이 지나며 많은 발전을 가져왔다. 작은학교운동을 하겠다는 학교들이 전국 여기저기에서 생겨나고 네트워크를 구축하여 서로의 경험을 공유하기 시작했다. 이제 시작하는 학교들은 앞선 학교를 따라잡기 바쁘고,

작은 학교 행복한 아이들

경험이 쌓인 학교들은 학교의 정체성을 지키면서 앞으로 지속 가능한 발전 방향을 모색하기도 한다.

작은학교운동은 다양한 조건에서 시작하지만 공통점은 마을 학교 지키기 운동과 새로운 교육을 열망하는 학부모와 교사들의 새로운 학교 운동이 결합한 운동이라는 점이다. 그렇기 때문에 교사, 학부모, 지역이라는 세 주체의 조화는 작은 학교 교육의 정체성을 유지하는 관건이라고도 할 수 있다. 어느 한 주체가 중심이 되어 학교를 살렸다 하더라도 한 축의 힘이 약화되거나 네트워크가 원활하지 못할 때는 교육의 본질이 위협받거나 공공성의 가치를 잃거나 관료제 학교로 회귀할 수 있다. 교사들의 입장이 너무 크면 관료화되기 쉽고, 학부모의 입장이 커지면 공공성을 잃기 쉽고, 지역사회 입장이 너무 커지면 교육의 본질이 위협받기도 한다. 하지만 한편으로는 학부모는 관료제화를 막고, 지역사회는 공공성을 유지하는 힘이 되고, 교사들은 교육의 본질을 지키는 힘이 된다. 이들 세 주체 간의 균형 있는 관계와 협력적 소통은 작은 학교를 지속하게 하는 힘이다.

기존의 권위적인 학교를 해체하고 새로운 질서를 만드는 과정은 때로 치열한 토론을 동반했고 그 과정에서 서로 반목하고 상처받기도 했다. 학교 살리기 운동을 시작하던 초기, 학부모들의 요구는 '아이들이 행복한 학교'처럼 단순했다. 그러나 학교가 알려지고 교육열이 남다른 학부모들로 채워지면서 많은 갈등이 일어나기도 했다. 처음에 전학 올 때는 기존의 학교 틀에서 벗어난 자유로운 분위기만으로도 충분히 만족하지만 학년이 올라가면서 학력에 대한 요구가 커지기도 했다. 때론

＊

작은 학교들의 네트워크인 작은학교교육연대는 매년 여름과 겨울,
두 차례 함께 모여 워크숍을 열고 서로의 경험을 나누고 앞으로 발
전 방향을 모색한다. 사진은 지난여름, 전남 순천에서 열린 9회 워크
숍. 1박 2일의 일정을 모두 마친 후 함께 모여 기념사진을 찍었다.

교사의 교수 방식이나 학급운영에 지나치게 관여하면서 충돌이 생기기
도 했다. 교권과 학습권, 그리고 교사의 역할과 학부모 참여라는 경계
를 두고 대립하기도 했다. 학교 일에 적극적으로 참여할 수 있는 학부
모와 맞벌이 등으로 학교 일에서 상대적으로 소외될 수밖에 없는 학부
모 사이에 미묘한 갈등이 생기기도 하고 지역 원주민과 도시에서 전입

작은 학교 행복한 아이들

해 온 이주민 사이의 문화적 경제적 차이가 소외감을 불러일으키기도 했다.

어쩌면 이러한 긴장 관계와 대립은 꼭 필요한 통과의례였는지도 모르겠다. 이런 갈등을 겪으며 우리는 서로를 존중하고 신뢰하는 방법을 배웠다. 학교 구성원 간에 서로 이해하고 배려하는 것이 학교를 지키는 일임을 알게 되었고 그러면서 학교공동체는 더 단단하게 여물었다. 행복한 학교를 만드는 일은 아이들뿐만 아니라 학교 구성원 모두가 교육적인 삶의 태도를 배우고 건강하고 행복한 삶을 가꾸기 위해 함께 노력하는 일인지도 모른다.

두밀분교라는 한 학교에서 일어났던 폐교 반대 투쟁이 작은학교운동으로 진화했듯이 작은학교운동 역시 새로운 학교 운동으로 조심스런 진화가 일어나고 있다. 작은학교운동이 농촌 소규모 학교에서 새로운 교육에 대해 모색했던 운동이라면 새로운 학교 운동은 주로 도심 학교에서 일어나고 있는 운동이라 할 수 있다. 전국 각지의 참교육을 대한 열망을 가진 교사들이 '새로운학교네트워크' 라는 모임을 만들어 작은학교의 경험을 도심의 학교에서도 실현 가능하도록 다양한 아이디어를 모으고 있다. 교장공모제를 통해 민주적 리더십을 가진 교장을 세우고 새로운 교육적 실험을 시도하고 있는 학교들도 생기고 있다. 교실 안에서 혼자서 상상할 때는 불가능해 보이던 꿈들이 뜻을 같이하는 사람들과 함께하자 현실에서 이루어졌다. 작은학교운동이 주는 가장 큰 의미는 바로 이것인지도 모른다. 공교육 안에서도 다른 교육이 가능하다는 꿈과 희망을 심어 주었다는 점 말이다.

희망의 학교를
꿈꾸는 이들에게

서근원

소박한 꿈

나날이 시계추처럼 정해진 시간에 집과 일터만을 오가는 이들은 해마다 여름휴가를 손꼽아 기다린다. 맨발에, 반바지에, 가슴을 풀어헤친 셔츠 차림으로 바람을 맞으며 파도가 밀려오는 해변을 어슬렁거리고 싶어 한다. 그의 앞에는 촌각을 다투어 결재를 받아야 하는 서류도 없고, 그의 곁에는 승진을 앞두고 경쟁해야 하는 먼 동료도 없다. 멀리 바다 위로 펼쳐지는 해 붉은 노을과 해변을 스삭이는 파도 소리, 한 걸음 한 걸음 내디딜 때마다 발가락 사이를 간질이며 삐져 올라오는 축축한 모래의 느낌만이 있을 뿐이다. 그 노을과 파도 소리와 느낌을 제각각 이야기 나누는 가족과 친구가 곁에 있을 뿐이다. 서둘러야 할 일도 없고 다툴 일도 없다. 시시각각 달라지는 노을빛에서 시간의 흐름을 본다. 다가섰다가 물러서기를 되풀이하는 파도 소리에서 〈섬집 아기〉의 잔잔한 자장가를 듣는다. 걸음마다 전해 오는 모래의 간지럼으로 몸 구석구석이 잠에서 깨어난다. 살아 있음을, 자연 속에 머물러 있음을, 자연과 이웃과 내가 하나로 연결되어 있음을 안다. 해변의 모래밭에서 배구를 할 때도, 바다에 뛰어들어 자맥질을 할 때도, 별 아래 모닥불에 둘

서근원 coist@naver.com

서울교대를 졸업하고, 서울 시내 초등학교에서 10년가량 교사로 근무했습니다. 학교의 문화에 한계를 느끼고 학교 문화를 연구하기 위해서 서울대학교 대학원에서 교육인류학 전공으로 석사와 박사학위를 취득했습니다. 박사학위 논문을 쓰는 과정에서 남한산초에서 2001년부터 2004년까지 손님으로 지냈습니다. 지금은 교수자 중심의 학교 문화를 개선하기 위한 실천적인 연구 방법으로서 "아이의 눈으로 아이의 수업 보기" 방법을 개발하여 수업을 연구하고 보급하고 있습니다. 이 방법으로 수업을 보면 내 눈이 뒤집어지고 세상이 달리 보입니다. 재미있습니다.

러앉아 이슬을 맞으며 도란거릴 때도 그들이 내 안에 있음을, 그들이 있음으로써 내가 있음을 안다. 주변의 모든 타자들이 고맙고, 그들에게 너그러워진다.

그러나 이것은 단지 한여름의 짧은 휴가 동안의 일일 뿐이다. 휴가를 마치면 다시 시계추와 같은 기나긴 일상이 기다린다. 양 눈가를 가리운 경주마처럼 주로를 따라서 목표만을 향해서 매진해야만 하는 일상이. 남보다 먼저 그 목표를 달성하기 위해서 자신을 끊임없이 채찍질하고, 목표를 방해하는 것은 가차 없이 제거하고 제거당하면서 지쳐 간다. 그런 일상의 절반은 지난 휴가의 여운으로 살고, 나머지 절반은 다가올 휴가에 대한 기대로 살아간다. 그렇게 10년, 20년을 반복하다가, 드디어 길고 쓸쓸한 휴가를 맞이한다. 기계의 한 부품으로서 역할을 하다가 수명이 다 되어 고물상 마당의 한 귀퉁이를 뒹구는 쇳덩이처럼. 둔감해진 몸은 더 이상 노을과 파도 소리와 모래의 촉감을 예전처럼 느끼지 못한다. 해변의 모래밭에서 함께 배구할 친구도, 바닷속을 자맥질하여 물안경을 찾아 줄 아이도, 모닥불에 둘러앉아 이야기 나눌 연인도 이젠 그의 곁에 없다. 주체할 수 없이 무의미한 시간만 홍수처럼 주어져 있다. 왜 이렇게 살아왔는지, 왜 이렇게 살아올 수밖에 없었는지 후회하지만, 지나간 시간은 되돌아오지 않는다.

어떤 사람들은 꿈꾼다. 휴가와 같은 일상을 살아갈 수 있기를. 일상 속에서도 여유롭게 주변의 타자들을 느끼고 그들과 유대를 맺으며 살아갈 수 있기를. 거대한 기계와 같은 조직 속에서 자신을 잃어버린 채 한 부품으로서 짓눌려 살다가 쓸모없어지면 폐기되기보다, 어머니의 품과 같은 이웃 속에서 온전한 사람으로서 각자의 개성을 펼쳐 가며 더불어 살아가다가 삶을 마칠 수 있기를. 비록 지금 자신은 그렇게 살아갈 수 없다고 할지라도 자신의 아이만이라도 그런 삶을 살아가기를 바란다. 아이가 살아갈 미래의 사회만이라도 어머니의 품과 같은 곳이 되기를, 그들이 자라서 그들이 살아가게 될 사회를 어머니의 품과 같은 곳으로 바꾸어 놓기를.

어떤 사람들은 다시 꿈꾼다. 아이가 지금 일상을 살아가는 학교가 휴가지와 같은 곳이 되기를. 산과 들에서 친구들과 함께 뛰놀면서 자신의 몸으로 자연을 느끼고 이웃을 느끼고 삶을 느끼기를 바란다. 시간표에 얽매이지 않고, 진도에 얽매이지 않고, 과목에 얽매이지 않고, 정답에 얽매이지 않고, 닭장 속에서 알을 품던 에디슨처럼, 호기심에 가득 찬 눈으로 세상에 묻고 자신의 대답을 스스로 찾아 나아가기를 바란다. 그리하여 열린 눈으로 세상을 바라보고, 열린 마음으로 타자들을 대하는 넓은 사람으로 성장해 가기를 바란다. 손쉬운 길만 찾아다니지 않고, 작은 어려움에도 쉽게 좌절하지 않고, 에베레스트를 일삼아 찾아 올라가는 고산 등반가처럼, 어려운 길을 스스로 맞아 헤쳐 나가고, 큰 어려움을 즐겁게 풀어 나가기를 바란다. 그리하여 깊은 눈으로 세상을 바라보고, 깊은 마음으로 타자들을 대하는 아름다운 사람으로 성장해 가기를 바란다. 그 길에서 책에 담긴 선인들의 지혜를 하나 둘씩 자기 것으로 깨달아 가기를 바란다. 비록, 더디고 들쭉날쭉해도 말이다.

그러나 우리 아이들이 지금 살아가는 학교의 일상은 휴가지가 아니다. 그곳은 어른들의 일상의 연장이자 예행 연습장이다. 아이들은 아침부터 저녁까지, 월요일부터 토요일까지, 봄부터 겨울까지 시계추처럼 네모난 교실의 네모난 책상 앞에 앉아서 네모난 책을 보면서 네모난 칠판에 적힌 글자를 네모난 공책에 받아 적었다가 네모난 시험지에 네모난 정답을 베껴 낸다. 하루 종일, 한 달 내내, 한 해 내내 주어진 질문에 억지 정답을 만들어 내느라고 눈의 초점은 점점 흐려 가고, 몸은 지쳐 간다. 그럼에도 불구하고 아이들은, 부모들은 낙오되지 않기 위해서, 내가 선택받기 위해서 자신을 매질하고 동료를 배척한다. 주변의 타자들은 나의 성취를 위한 도구가 된다. 자신마저도. 그럴수록 그의 영혼은 점점 더 네모를 닮아 간다. 닫힌 눈으로 세상을 바라보고, 닫힌 마음으로 타자들을 대한다. 나와 다른 이와 대립하고, 나보다 약한 이를 억압한다. 닦이지 않은 길은 가지 않으며, 케이블카를 타고 산에 오르는 행락객처럼, 어려운 길은 피해 간다. 그리하여 얕은 마음으로 세상을 바라보고, 얕은 마음으로 타자들을 대하는 가냘픈 사람으로 자라 간다. 비록, 빠르고 번듯해 보여도 말이다. 그 길에서 그의 머릿속에 담겨진 선인들의 지혜는 대뇌 피질에만 잠시 머무르다 쓸모가 다하면 연기처럼 사라진다.

이런 네모난 학교에서 둥근 영혼을 가진 아이들, 둥근 영혼을 네모 속에 구겨 넣지 못하는 아이들, 둥근 영혼을 네모난 것처럼 꾸미지 못하는 아이들은 억눌리고, 저항하고, 탈출하고, 마침내 스스로 목숨을 끊는다. 우리는 그런 아이들을 학습 부진아, 학교 부적응아, 학업 중도 탈락자라고 부른다. 교수 부진 교사, 학생 부적응 학교, 불량 교육기관 이라고 부르지 않는다. 아이는 교사의 지시에 따라서 수업에 참여해야 하고, 교사의 진도에 맞추어서 학습해야 한다. 아이는 아무리 궁금한 것이 있어도 교사의 수업과 진도에 방해해서는 안 된다. 아이의 학습을 위해서 수업이 이루어지는 것이 아니라 수업을 위해서 아이가 학습한다. 교사는 학교의 계획과 방침과 관리자의 지시를 따라야 한다. 아무리 아이의 학습이 더디고 어려움을 겪고 다른 데 관심을 두어도 학교의 계획과 방침을 어겨서는 안 된다. 교사가 아이를 위해서 존재하는 것이 아니라 학교를 위해서 존재한다. 학교는 교육청의 지시와 국가의 정책을 따라야 한다. 둥근 영혼을 가진 수많은 아이들이 학교에서 좌절하고 방황해도, 수많은 교사들이 그들과 갈등하고 그들의 아픔을 호소해도, 교육청과 국가가 요구하는 업무를 먼저 시행하고 실적을 만들어 내야 한다. 그리하여 학교의 명예를 높여야 한다. 학교가 아이와 교사를 위해서 존재하는 것이 아니라 교육청과 국가를 위해서 존재한다. 그 학교를 위해서 교사와 아이가 존재한다. 둥근 영혼을 가진 아이들이 살아갈 길이 없다.

네모난 학교에서 둥근 영혼들이 겪는 아픔을 함께 아파하는 어른들은 다시 꿈을 꾼다. 그들이 둥근 모습 그대로 살아갈 수 있는 학교를. 애써 네모지지 않아도, 거짓으로 네모난 척하지 않아도 함께 어울려 살아갈 수 있는 학교를. 아이의 아픔과 기쁨과 슬픔과 즐거움을 함께 나누고 아이를 함께 북돋을 수 있는 학교가 되기 바란다. 아이가 좁고 네모난 교실만이 아니라 넓고 둥근 들에서 산에서 바다에서 마음껏 움직일 수 있기를 바란다. 학교의 네모난 담장과 벽을 벗어나 넓은 세상을 둥글게 만날 수 있기를 바란다. 그렇지만, 학교의 네모난 담장 위에는

학생의 안전과 학교의 성적과 학교의 명예를 사수하는 감시인이 자리
잡고 있다. 그 감시인의 차가운 눈 앞에서 그들의 꿈은 그저 소박한 꿈
으로만 머물 뿐이다. 그것은 머나먼 바다 건너 영국의 서머힐 학교나,
독일의 발도르프 학교나, 프랑스의 프레네 학교에서나 찾아볼 수 있는
신기루와 같은 것이다.

희망

어느 날, 신기루만 같았던 그 소박한 꿈이 우리 눈앞에 현실이 되어서
나타났다. 그것도 하나가 아니라 여럿이 줄지어, 잠깐이 아니라 죽 이
어. 2001년 경기도 광주의 남한산초등학교를 시작으로, 충청남도 아산
의 거산초등학교, 전라북도 완주의 삼우초등학교, 경기도 시흥의 계수
초등학교, 경상북도의 상주남부초등학교, 부산의 금성초등학교, 경기
도 양평의 세월초등학교와 조현초등학교, 전라남도 순천의 별량초등학
교 송산분교, 충청남도 홍성의 홍동중학교 등이 해마다 하나씩 둘씩 주
인공이 되어서 나타났다. 그곳에서는 바다 건너 먼 나라에서나 벌어질
것 같은 일들이 벌어진다.

전교생이 학교 앞 논둑에 모여 쑥 캐기에 여념이 없다. 모두들 도란도란 둘러
앉아 이야기 꽃을 피운다.
"선생님, 여기 무당벌레 좀 보세요."
"얘들아, 여기 애기똥풀 좀 봐!"
쑥을 캐다 말고 장난꾸러기 2학년 남자 녀석들이 무당벌레를 잡느라 야단이

다. 오늘은 전교생이 쑥을 캐서 쑥버무리를 해 먹는 토요 체험학습의 날이다. 바구니 가득 캐 온 쑥으로 교실마다 쑥 향기가 넘쳐난다.

세월초등학교, 본문 206쪽

학교에 간 아이들이 네모난 교실에 갇혀 있지 않고 들에 나가 이른 봄의 서늘한 바람을 마시며 푹신한 논둑에 쪼그리고 앉아서 덤불 사이로 희푸르게 돋아나는 쑥을 하나씩 조심스레 발라 바구니에 담는다. 그때마다 쑥 내음이 바람을 타고 손 끝에서 코 속으로 전해진다. 아이는 봄을 느낀다. 아이에게 봄은 서늘한 바람 속의 쑥 내음과 함께 온다. 덤불 사이를 기어 다니는 무당벌레에 눈을 빼앗긴 아이의 봄은 무당벌레다. 그 옆의 아이는 애기똥풀이다. 아이들의 봄은 진달래와 개나리와 신록만이 아니다. 그렇게 아이들은 서로 다른 봄을 맞고, 그들의 봄은 모자이크를 이룬다.

맨 처음 학교에서 아이들이 모자이크와 같은 봄을 맞을 수 있게 한 것은 남한산초등학교다. 남한산초등학교 아이들은 매일 아침 학교 뒷산을 산책하는 것으로 하루를 시작한다. 1년 내내 매일같이 학교 뒷산을 오르며 계절의 변화를 만진다. 산책을 마치면 교실에 둘러앉아 저마다 만진 계절을 찻잔 속에 담아 나누어 마신다. 수업 시간에는 왁자지껄 떠들며 둥근 생각들을 무지개처럼 쏟아낸다. 긴 쉬는 시간에는 운동장에 나가 귀밑머리가 땀에 젖도록 뛰놀고, 다시 돌아와 교실을 무지개로 채운다. 하루 일과를 마치면 관심에 따라서 거문고, 가야금, 해금, 대금, 피리 등의 악기와 친구가 된다. 아이들끼리 동아리를 만들어서

춤과 노래와 기술을 익히기도 한다. 매주 토요일이 되면 모두가 교실 밖, 학교 밖으로 나가서 세상을 직접 만난다. 학교 주변의 산과 들과 개울에 가서 그곳에 자리 잡고 살아가는 것들을 직접 보고 듣고 만지며 부딪친다. 내 몸으로 시장에 가서 내 돈으로 물건을 사고, 공연장에 가서 내 눈으로 공연을 본다. 매주 금요일이 되면 모든 아이들이 한자리에 앉아서 자신들의 문제를 꺼내서 이야기 나누고, 해결 방법을 찾는다. 그것을 해결하기 위한 모둠을 만들어서 해결해 나간다.

숲의 나무가 초록으로 우거지면 모든 아이들은 남한산성 이십 리 길을 한 바퀴 돌고, 가족과 함께 운동장 한가운데 모닥불 주위에 둘러앉아 감자를 구워 먹으며 밤이슬을 맞는다. 매미 소리가 들리기 시작하면 한 주 동안 목수가 되어서 집을 짓거나, 주방장이 되어서 음식을 만들거나, 재봉사가 되어서 옷을 짓거나, 도예가가 되어서 그릇을 빚거나, 조각가가 되어서 나무를 새긴다. 그렇게 만든 작품을 펼쳐 놓고 방학을 맞이한다. 매미 소리가 잦아들면 다시 학교에 나와 뒷산을 산책하고, 차를 마시고, 생각을 나누고, 뛰놀고, 악기와 친구가 된다. 길어진 밤하늘에 귀뚜라미 노랫소리가 떠오를 때쯤이면 다시 한 주 동안 연주가가 되거나, 춤꾼이 되거나, 연극배우가 된다. 한 주 동안 닦은 실력을 무대 위에서 펼쳐 보인다. 남한산초등학교 아이들은 이렇게 한 해 내내 나날이 모든 것을 하나씩 몸으로 익혀 간다.

온 나라 곳곳에서 남한산초등학교의 소식을 듣고 교사들과 부모들이 다녀갔다. 그들 가운데 몇몇은 남한산초등학교에 자리를 잡았고, 몇은 돌아가 시계추의 움직임과 같은 자신의 학교 시간표에 아침 산책, 명상, 차 마시기, 블록 타임 수업, 중간놀이 시간, 방과후 특기적성, 토요 체험학습, 다모임, 숲 체험, 여름 계절학교, 가을 계절학교 등을 수놓았다. 민들레 홀씨가 바람에 날려 바위틈에 싹을 틔우고 뿌리를 내리듯 남한산초등학교의 그것이 하나 둘씩 퍼져 갔다. 남한산초등학교를 닮은 학교를 곳곳에 만들었다.

민들레 홀씨가 흙을 고르지 않고 흙에 따라서 싹을 틔우고 뿌리를 내리듯이 그들도 그랬다. 들판에 있는 학교는 들녘이, 바닷가에 있는 학교는 갯벌이 아이들의 배움터, 놀이터, 삶터가 되게 했다. 그렇게 해서 이제는 그들이 저마다 자라 민들레가 되고, 꽃을 피워 또 다른 홀씨를 퍼트릴 준비를 하고 있다. 신기루와 같았던 소박한 꿈이 점점 다가와 현실이 되어 가고 있다. 우리는 이제 더 많은 아이들이 지금 우리 학교에서 저마다 둥글고 아름답게 피어날 수 있을 것이라는 희망을 가질 수 있게 되었다.

가시 돋힌 꿈

백조가 유리처럼 맑은 호수 위를 고요히 미끄러져 나아가기 위해서는 물 밑에서 수많은 발길질을 해 대야 한다. 남한산초등학교와 남한산초등학교를 닮은 학교들도 그랬다. 그들 학교에서 아침 산책, 명상, 차 마시기, 블록 타임 수업, 중간놀이 시간, 방과후 특기적성, 토요 체험학습, 다모임, 숲 체험, 여름 계절학교, 가을 계절학교 등이 이루어지고 이어지기까지는 수많은 발길질과 발길질 사이의 부딪힘이 있었다. 나는 2001년부터 2004년까지 남한산초등학교에 구경꾼으로 머물면서 물 밑의 그런 모습들을 내내 보았다.[1] 남한산초등학교를 닮은 다른 학교들에서도 닮은 일들이 벌어지는 것을 보고 들었다.

꿈이 꿈으로 머물 때는 소박하고 아름답다. 그러나, 그것을 현실로 만들겠다고 마음먹는 순간 그것은 칼날이 된다. 타인에게, 그리고 자신에게. 꿈을 꾸는 것은 혼자서도 할 수 있지만, 꿈을 실현하는 것은 혼자서할 수 없다. 그 꿈이 희망의 학교를 만드는 일이라면 더욱 그렇다. 희망의학교를 만들려면 같은 꿈을 가진 동료가 있어야 한다. 같은 꿈을 실현하고자 하는 의지를 가진 동료가 있어야 한다. 같은 꿈을 가진 동료를 찾는것은 쉽지 않다. 꿈을 실현하고자 하는 의지를 가진 동료를 가까이서 찾는 것은 더 어렵다. 설령 그 사람을 찾았다고 해도 알고 보면 다르다. 그들이 입 밖으로 내뱉는 소리는 같지만, 그 소리에 담긴 뜻은 서로 다르다. 각각의 소리에는 그 사람이 살아온 내력과 그 사람의 현재 처지와 그 사람이 살아가고자 하는 미래가 담겨 있다. 소리가 같다는 점을 믿고 함께일을 시작하지만 시간이 지날수록 점점 뜻이 다름이 드러나고, 그것을서로 알아채게 된다. 그 차이로 인해서 서로 다른 주장을 내세우고, 자신의 주장을 상대에게 관철시키려고 하고, 그 과정에서 서로 갈등하게 된다. 교사와 교사 사이에, 학부모와 학부모 사이에, 학부모와 교사 사이에.

남한산초등학교에서도 그랬다. 현실의 학교에 대해서 같은 문제의식과 같은 꿈을 가지고 있다고 믿었던 사람들이 서로 갈등했다. 한쪽에서는 교사들이 각자의 교실에 갇혀서 개별적인 내용과 방식으로 아이들

---

1 _ 이와 관련된 구체적인 내용은 서울대학교 대학원 박사학위 논문 〈산들초등학교 교육공동체 형성에 관한 교육인류학적 연구〉(2004)에 기술되어 있다.

을 가르쳐서는 안 된다고 생각했다. 모든 아이들과 모든 교사가 함께 교실 밖 세상에서 다양한 체험을 해야 한다고 주장했다. 다른 한쪽에서는 학교에서 1년 내내 행사만을 벌임으로써 아이들이 항상 들떠 있고, 교사들이 행사를 준비하느라고 지쳐서 일상의 수업을 제대로 할 수 없다고 주장했다. 또 한쪽에서는 아이들이 규율에 얽매이지 않고 자유롭게 생활할 수 있어야 한다고 생각했다. 그 과정에서 다른 아이들과 어울리고 부딪히면서 스스로 규율을 터득해 간다고 주장했다. 또 다른 한쪽에서는 학교가 아이들을 엄격하게 규제하지 않음으로써 아이들이 무질서하고, 아이들 사이에 강자가 지배하는 정글의 법칙이 만들어져 가고 있다고 생각했다. 일상의 기본적인 규율만큼은 엄격하게 내세워서 질서를 바로잡아야 한다고 주장했다. 또 한쪽에서는 학부모가 학교의 의사결정 과정 단계에서부터 실행의 과정에 이르기까지 주체적이고 능동적으로 학교의 교육 활동에 참여해야 한다고 주장했다. 그것이 교육공동체라고 생각했다. 또또 다른 한쪽에서는 학부모는 학교가 결정한 사항을 실행하는 데 필요한 도움을 제공하는 수준에서 분업적인 방식으로 참여해야 한다고 주장했다. 그것이 교육공동체라고 생각했다. 또또또 한쪽에서는 학구에 위장 전입했거나 잠시 머물렀다가 성남으로 내려간 아이들은 통학 버스를 이용할 수 없다고 주장했다. 원칙을 지켜야 한다고 생각했다. 그래야 남한산초등학교의 교육공동체를 지킬 수 있다고 생각했다. 또또또 다른 한쪽에서는 이미 학교에 입학한 아이들은 통학 버스를 이용할 수 있게 해야 한다고 주장했다. 원칙은 사람을 위해서 존재해야 한다고 생각했다. 그것이 남한산초등학교의 교육공동체를 실현하는 일이라고 생각했다.

　모두가 옳았다, 자신의 처지에서는. 누구는 옳고 누구는 그르지 않았다. 모두가 글렀다, 상대의 처지에서는. 누구는 옳고 누구는 그르지 않았다. 서로 옳고, 서로 글렀다. 서로 옳은 생각을 상대에게 관철하려고 했다. 권력에 의해서, 권위에 의해서, 회유에 의해서. 권력을 가진 사람이, 권위를 가지고 있다고 믿는 사람이, 언변이 화려한 사람이 그렇지 않은 사람에게. 그렇지 않은 사람은 회유에 현혹되거나 권위에 짓눌리거나 권력에 마지못해 복종했다. 아니면, 하나 둘씩 학교를 떠났다. 회유에 현혹되지 않고, 권위에 짓눌리지 않고, 권력에 복종하지는 않는 스스로 옳은 사람들은 끊임없이 자신의 꿈을 서로에게 칼날처럼 휘둘렀다. 칼날이 부딪치는 소리가 한동안 끊이지 않았다. 남한산초등학교가 그랬고, 남한산초등학교를 닮은 여러 학교들이 그랬다.

　학교상을 '참삶을 가꾸는 행복한 작은 학교'로 세우고 학교 운영 계획을 짠 후 학교발전위원회를 통하여 학부모들뿐만 아니라 동창회, 지역사회 인사들과 공유하는 절차를 거쳤다. 우리는 당연히 지역과 학부모들이 새 학교 운동을 진정으로 환영하고 있는 줄 알고 있었다. 그런데 3월이 되어 프로그램이 투입되면서부터 학부모들의 태도가 달라지기 시작했다. 각자가 바라는 학교상이 같지 않았던 것이다. 교사들은 '자율', '더불어 사는 것', '아름다운 감성', '과정 중시' 같은 가치를 지향하고 싶은데 '경쟁성', '수월성', '가시적 성과'를 바라는 학부모들이 있었다. 우리가 지향하는 '삶을 가꾸는 교육'에 대하여 의심하는 시선도 있었다. 학교에서 공부는 소홀히 하고 쓸데없는 활동에 골몰하고 있다는 것이었다. "농촌 학교에서 노작 체험이 왜 필요하냐?"
"'행복한'이라는 표현도 의심이 간다. 언제 아이들이 공부를 좋아했는가?"
특히 학구의 학부모들은 시내 학교 아이들보다 앞서는 학력을 갖도록 해 주
길 바랐다. 아이들이 멋대로 놀도록 내버려 두지 말고 싫어하고 힘들어해도
아이들 장래를 위해서 공부를 열심히 가르쳐야 한다고 했다. 반대로 시내에
서 전학 온 학부모들은 '참삶을 가꾸는 행복한 작은 학교'를 선택하여 찾아
왔으니 약속대로 학교 교육과정을 이행해 주기를 요구했다. 결국 양측 학부
모가 편을 갈라 싸우는 형국이 되고 말았다. 학구 학부모들은 학교와 교사 그
리고 시내 학부모들이 자기들을 무시한다고 여기기도 했다.

상주남부초등학교, 본문 145~146쪽

그 칼날은 안으로뿐만 아니라 밖으로도 향했다. 남한산초등학교가
다른 학교와 다름을 내세우면 내세울수록, 한편으로는 같은 꿈을 좇는
일부 사람들에게는 희망의 별이 되었지만 같은 꿈을 좇지 않는 사람들
에게는 경계와 지탄의 대상이 되기도 했다. 남한산초등학교는 어떤 기
준으로건 학생을 줄 세우고 경쟁하지 않도록 하기 위해서 졸업식 때 학
생에게 주어지는 교육청장의 상을 거부하기도 했다. 철마다 이루어지
는 명목뿐인 외부 대회나 행사에 아이들을 참여시키지 않기도 했다. 형
식적인 외부 출장을 거부하기도 했다. 학교의 모든 일은 교사들이 교무
회의에서 의결해서 결정한다고 했다. 그것은 모두 그들의 꿈인 아이를
위한 학교, 민주적인 학교를 오롯이 실현하기 위한 것들이었다. 그러나
바깥 사람들은 그것을 자신을 향해 겨누는 칼날로 받아들였다. 기존의

질서와 관행을 무너뜨리는 것이라고 생각했다. 내 꿈을 온전히 실현하려고 하면 할수록 밖으로 향하는 그 칼날은 더 날카로워졌다. 남한산초등학교가 그랬고, 남한산초등학교를 닮은 여러 학교들이 그랬다.

> 부산시교육청은 처음부터 금성초에서 구현하고자 하는 교육 활동에 동의하고 귀를 기울여 주었으며 어려운 여건에서도 교사 전보 문제를 지원해 주었다. 그러나 금성초만의 교육철학을 실현하는 데서 교육청과 마찰이 생겼다. 가장 큰 갈등은 최근 강화되고 있는 획일적인 학업성취도평가 문제다. '나눔과 어울림'을 강조하고 일반 수업뿐만 아니라 시험을 볼 때도 서로 돕는 '배움의 공동체'를 지향해 왔던 금성에게 모든 학교가 동시에 치르고 아이들을 일렬로 세우는 일제고사는 받아들이기 어려운 제도였다. 대부분의 학부모들은 교육청의 획일적인 평가를 거부했고 이 문제가 언론에 기사화되면서 금성을 지원해 준 교육청으로서도 난감한 처지에 놓이고 말았다. 게다가 특정 교원단체가 그릇된 사상으로 학교를 장악하려고 한다는 악의적인 소문이 퍼지면서 오해와 갈등은 더 커졌다.   금성초등학교, 본문 186쪽

그리고 그 칼날은 부메랑이 되어서 자신에게 되돌아왔다. 내 꿈이 더 아름다움을 내세우면 내세울수록 상대의 경계와 반대와 저항은 안팎으로 더 강해져서 결국 내 꿈을 실현하는 것이 어렵게 되었다. 내 꿈을 한꺼번에 모두 다 실현하려고 하면 할수록 어느 꿈도 제대로 실현할 수 없게 되었다. 앞의 꿈도 제대로 실현하지 못한 상태에서 새로운 꿈을 실현하려고 하니 어느 꿈도 제대로 실현할 수 없게 되었다. 꿈이 너무

아름다워서, 꿈이 너무 많아서, 꿈을 너무 자주 꾸어서 그 꿈들이 모두
자신을 향한 칼날이 되고 말았다. 남한산초등학교가 그랬고, 남한산초
등학교를 닮은 여러 학교들이 그랬다.

또 한 가지 어려운 점은 교사들에게 가중되는 업무이다. 일반적으로 소규모
학교는 교사 수가 적기 때문에 상대적으로 업무가 많은데 금성초는 다양한
프로그램을 만들어 내고 무료 방과후 프로그램까지 운영하기 때문에 교사들
의 업무 부담이 상당히 컸다. 금성초는 '아이들은 행복한 학교, 교사들은 찌
들리는 학교'라는 우스갯소리도 돌았다. 서로 모여 학교 운영 방향에 대해 협
의할 시간조차 갖지 못할 정도로 하루하루가 힘겨웠다. 방학이 되어도 재충
전을 위한 연수를 받을 시간도 없이 정신없이 보냈다. 해가 바뀔 때면 금성초
에서 함께할 교사들을 초빙해야 하는데 금성초에서 함께 일해 보고 싶다고
말하던 교사들도 막상 교사 초빙 시기가 되면 건강이 안 좋다거나 프로그램
을 운영할 능력이 부족하다는 이유로 전입을 고사했다. 금성초에 들어오면서
편안한 교직 생활을 하리라고는 생각하지 않았지만 교사들이 행복하지 않다
면 그 영향은 아이들에게도 미칠 것이다. 희생과 열정만으로 이루어지는 학
교는 오래 지속될 수도 없고 다른 학교로 확산될 수도 없다. 가능하면 잡무를
줄이고 아이들과 함께할 수 있는 시간을 늘려야 한다는 명제는 앞으로 금성
초가 풀어야 할 숙제이다.   금성초등학교, 본문 187쪽

내 꿈을 버리지 못해서, 한 꿈을 버리지 못해서, 헌 꿈을 버리지 못해
서 생기는 일들이다. 과연 "찌들리는 교사"가 아이들을 행복하게 해 줄

수 있을까? 입으로는 가능하겠지만, 몸으로도 가능할까? 나는 말은 믿지 않는다. 행동을 믿는다. 잠깐은 가능하겠지만, 내내 가능할까? 나는 의지는 믿지 않는다. 몸을 믿는다.

꿈과 현실

백조는 늘 우아하게 호수 위를 미끄러져 가지 않는다. 우아하지 못하게 똥구녕을 하늘로 쳐들고 고개를 물속에 처박고 먹을 것을 뒤진다. 무거운 몸을 하늘로 띄워 올리기 위해서 볼품없이 퍼득대기도 한다. 그렇게 해서 살아남아야 호수 위의 우아한 주인공이 될 수 있다. 항상 우아하고자 한다면 굶어 죽거나 약어 밥이 될 수 있다. 살지 못하면 우아할 수 없다. 그런 것이다. 꿈이란 것은. 현실이 있어야 꿈도 있다. 현실은 꿈이 뿌리를 내리고 꽃을 피우는 땅이다. 현실이 없다면 꿈도 없다. 현실은 꿈의 토대이자 가능성이다. 그렇지만, 지금 이 현실은 내 꿈을 실현하기 위해서 존재하지 않는다. 현실은 현실대로 있을 뿐이다. 현실은 언제나 꿈과 다르다. 그 현실과 다른 꿈을 내가 가지고 있다. 내 꿈과 다른 현실 속에서 꿈을 실현하는 것은 내 몫이지 현실의 몫이 아니다. 현실이 꿈을 실현하기에 적합하지 않다면, 적합하지 않다고 본다면, 그것은 꿈이 잘못된 것이다. 적합하지 않은 현실 속에서 꿈을 실현하고자 하는 사람이 잘못된 것이다.

그럼에도 불구하고 지금까지 많은 사람들이 자신의 꿈을 실현하기 위해서 현실을 비난해 왔다. 그 곁에서 더 많은 사람들이 현실을 비난하는 그 사람을 다시 비난해 왔다. 교육학자와 교육 관료들이 그랬고,

작은 학교 행복한 아이들

그 곁의 교사들이 그랬다. 많은 교육학자들이 다른 나라에 가서 새로운 교육 이론, 새로운 교육과정, 새로운 교수법을 배워다가 교육 관료들의 힘을 빌어서 우리나라 학교에서 실현하려고 애써 왔다. 생활중심교육, 완전학습, 탐구학습, 열린교육, 수준별 교육과정…… 그러면서 이렇게 말했다. "21세기 아이들을 20세기 교실에서 19세기 교사들이 가르치고 있다"고. 그러면서 한마디 덧붙였다. "학교 개혁의 가장 큰 걸림돌은 교사들이다"라고. 그러면 교사들은 이렇게 말했다. "19세기 학교에서 20세기 교사들에게 21세기 방식으로 가르치도록 요구한다"고. 그러면서 한마디 덧붙였다. "우리나라 교육은 교육학자들과 교육 관료들이 다 망쳐 놓았다"고. 그러면서 이제 자신들이 교육학자와 교육 관료들의 일을 대신하려고 한다. 서머힐을, 발도르프를, 프레네를, 배움의 공동체를, 남한산초등학교를 자기 학교에서 만들려고 한다. 그러면서 또다시 현실을 탓한다. 교육청이 문제고, 동료가 문제고, 교사가 문제고, 학부모가 문제고, 아이들이 문제라고. 그런데, 그들의 꿈은 그르고, 내 꿈은 옳은가? 나는 그들과는 다른 방식으로 꿈을 실현하려고 하는가? 과연 나는 교육을 망치지 않고 있을까?

지금의 학교는 어느 날 문득 하늘에서 떨어지지 않았다. 땅에서 솟지도 않았다. 오랜 세월 동안, 적어도 100년 이상 많은 사람들의 손길에 의해서 만들어지고 다듬어진 것이다. 많은 사람들의 발길에 의해서 길들여진 것이다. 그 손길과 발길에는 그들의 꿈이 담겨 있다. 누구나 평등하게 똑같은 교육을 받을 수 있게 하고자 하는 꿈. 남자건 여자건, 서울 아이건 시골 아이건, 부잣집 아이건 빈자 집 아이건 구분하지 않고 능력만 있다면 누구나 선택될 수 있게 하겠다는 꿈. 그리하여 공정하고 조화로운 세상을 만들겠다는 꿈. 최신의 학문과 기술과 예술을 더 효과적이고 효율적으로 가르치고자 하는 꿈. 많은 인재를 양성하여 나라를 부강하게 하고자 하는 꿈. 내 능력에 의해서 더 많이 배우고 더 좋은 인재가 되겠다는 꿈. 그 꿈을 실현하기 위해서 교육목표가, 교육과정이, 교육 방법이, 시험이, 건물이, 운동장이, 교원이, 행정기관이 발명되었다. 거기에는 돌도 있지만 옥도 있다. 지금 이 현실은 그들이 100년 넘게 실현한 꿈이고, 우리 모두 그 꿈 속에서 자랐다. 부정할 수 없는 사실이다. 그 꿈이 나쁘기만 한 것일까? 목욕물을 버리느라고 아이까지 버려서는 안 된다. 목욕물과 아이를 구분해서 버려야 한다.

학교는 바다 위에 홀로 떠 있는 섬이 아니다. 그곳이 도시이건 시골이건 학교는 어느 마을에 있다. 학교의 주변에는 산이 있고, 들이 있고, 강이 있고, 건물이 있고, 사람들과 사건들이 있고, 제도와 문화가 있다. 학교 주변에는 산이 없고, 들이 없고, 강이 없고, 건물이 없고, 사람들과 사건들이 없고, 제도와 문화가 없다. 무엇인가는 있고, 무엇인가는 없다. 모든 것이 함께 있는 경우는 없다. 있는 것이건, 없는 것이건 그것들은 모두 학교의 가능성이기도 하고 한계이기도 하다. 학교는 지역교육청, 시도교육청, 교육부, 정부, 국민으로 이어져 있다. 그 행정기관은 학교를 통제하고 규제하기도 하지만 지원하기도 한다. 학교에 필요한 시설, 인력, 예산의 대부분을 정부가 지원한다. 그들은 학교의 멍에이기도 하지만 젖줄이기도 하다. 학부모들은 각종 체험 활동을 위하여 돈을 대고 손을 내고 말을 낸다. 그들은 학교의 걸림돌이기도 하지만 디딤돌이기도 하다. 많은 대안학교들이 실패하거나 어려움을 겪는 이유를 살펴보아야 한다.

아이는 바다 위에 홀로 떠 있는 섬의 주민이 아니다. 아이는 땅으로부터 물과 영양분을 빨아들이고, 하늘로부터 햇볕을 받아들이고, 바람으로부터 숨을 들이쉬며 자라는 나무와 같다. 땅의 물과 영양분, 하늘의 햇볕, 바람의 숨이 모여 한 그루 나무가 되듯이, 아이는 가정의 부모와 친지, 동네의 또래, 텔레비전 속의 연예인, 책 속의 인물들, 그리고 주변의 모든 사물과 사건과 연결되어서 한 사람이 된다. 아이는 고립된 한 개인이 아니다. 주변의 세상을 응축한 존재이며, 그 세상의 일원이다. 햇볕이 중요하다고 햇볕만을 받아들이게 해서는 안 되고, 물이 중요하다고 해서 물만 많이 주어서도 안 된다. 그래서는 아이가 말라 죽고 썩어 죽는다.

아이는 사물이 아니다. 석공 앞에 놓인 바위도, 목수 앞에 놓인 나무도, 조각가 앞에 놓인 찰흙도, 텅 비어 있는 바구니도 아니다. 교사가, 부모가 원하는 대로 만들어지고 채워지는 존재가 아니다. 아이는 스스로 보고, 듣고, 생각하고, 움직이는 존재다. 자신이 보고 선택하고 해석함으로써 자신을, 스스로를 만들어 가는 존재다. 아이마다 서로 다른 것을 보고 서로 다르게 보고 서로 다르게 해석하고 스스로를 서로 다르게 만들어 간다. 똑같은 솔방울에서 떨어진 솔 씨라고 해도 어디에 떨어져서 싹을 틔우는가에 따라서 소나무의 모습이 서로 달라지듯이 아이는 그렇게 서로 다르게 자라 간다. 그것은 어른들이 스스로를 서로 다른 사람으로 만들어 온 것과 조금도 다르지 않다.

무엇보다도, 내 주변의 모든 사람은 서로 다르다. 다르지 않은 사람은 단 한 사람도 없다. 사람들은 모두가 서로 다른 바탕과 결을 가지고 있다. 같은 꿈을 가졌다고 생각하는 사람조차도 그 바탕이 다르고 결이 다르다. 그 바탕과 결에 따라서 꿈이 다르고, 꿈의 빛깔이 다르다. 그것이 사람이다. 그 사람들이 모여서 세상을 이룬다. 다르기 때문에 갈등하기도 하지만, 다르기 때문에 조화를 이루기도 한다. 다르지 않으면 조화를 이룰 수 없다. 축구 경기를 하는데 모든 선수가 공격만 하거나 모든 선수가 수비만 해서는 팀을 이룰 수 없고 경기가 진행될 수 없다. 화면에 한 가지 색만 잔뜩 칠해 놓거나, 지면에 똑같은 말을 반복해서는 작품이 될 수가 없다. 사람들이 다를 수밖에 없고, 서로 다른 사람들이 함께 살아가는 것이 이 세상이다.

꿈은 바로 이런 현실 속에서 이루어진다. 이 세상에는 항상 무엇인가가 먼저 있다. 누군가의 꿈이 실현되어 있다. 이 상황 속에서 꿈을 실현하는 것은 마치 이미 사람들이 살고 있는 도시 위에 새로운 도시를 만드는 일과 같다. 이 세상이 백지와 같다고 생각하고 꿈을 실현하고자 한다면 그자는 백치다. 이 세상에는 나와 다른 바탕과 결을 가진 많은 사람들이 있다. 이 서로 다른 사람들을 한 가지 빛깔로 만들거나, 한 가지 빛깔인 것처럼 간주하고 꿈을 실현하려고 한다면 그것은 정신이상자의 망상이다. 이 세상의 모든 사람들은 저마다 자기만의 꿈을 가지고 살아간다. 자기의 꿈을 실현하고 싶어 한다. 그들의 꿈을 억누르고 내 꿈만을 실현하려고 한다면 그것은 타자에 대한 폭력이다. 아이는 자신의 주변과 관계를 맺고 스스로 자라 가는 존재다. 모든 아이를 내가 원하는 대로 만들겠다면 그것은 아이를 사물로 취급하는 일이다.

이미 주어진 현실 속에서, 나와 다른 많은 사람들 속에서, 아이의 바탕과 결에 따라서 스스로 자라 갈 수 있게 하는 길을 찾아야 한다. 서로 다른 바탕과 결을 가진 사람들이, 서로 다른 빛깔의 꿈들이 어울려 또 다른 꿈을 만들어 갈 수 있는 길을 찾아야 한다. 그러기 위해서는 무엇보다도 내가 놓인 현실을 살필 수 있어야 한다. 꿈을 꾸는 것과 꿈을 실현하는 것은 전혀 다른 일이다. 꿈만 꾸어서는 현실을 알 수 없다. 현실을 살피지 않고는 꿈을 실현할 수 없다. 현실을 살피지 않고 섣불리 자기 꿈을 실현하려고 하는 것은 나무를 뿌리 없이 심는 것과 마찬가지다. 지금까지 많은 사람들이 그렇게 해 왔다. 지금도 누군가는 그렇게 하고 있다.

민들레의 지혜

민들레는 제가 떨어진 땅에 뿌리를 내린다. 제가 떨어진 땅이 마음에 들지 않는다고 흙을 탓하거나, 흙을 바꾸거나, 다른 땅으로 옮겨 가지 않는다. 기름진 땅에서는 풍성하게, 척박한 땅에서는 강인하게 뿌리를 내리고 꽃을 피운다. 주어진 현실 속에서 꿈을 이루기 위해서는 민들레의 지혜가 필요하다. 땅을 가리지 않고, 주어진 땅에서 싹을 틔우고 뿌리를 내리고, 줄기와 잎과 꽃을 피워 내는 민들레의 지혜가. 민들레는 어떻게 그 일을 해낼까?

민들레의 꽃은 하늘을 향하고 있지만, 잎은 땅바닥에 대고 있다. 땅바닥에 대고서 땅의 소리를 듣는다. 씨앗일 때부터 그렇다. 장차 하늘을 향해 꽃을 피울 운명이지만 결코 하늘을 바라보지 않는다. 철저히 땅으로 향하고 땅을 살핀다. 땅을 향하고 땅을 살피는 일이 곧 하늘을 향하는 일이다. 그것이 바로 민들레의 지혜다. 우리가 배워야 할 것이다.

우리가 살펴야 할 땅은 무엇인가? 바로 지금 내가 서 있는 이곳이다. 바로 여기에 이미 누군가의 꿈이 학교로 실현되어 있다. 그 학교를 운영하는 거대한 교육제도가 있다. 그런 교육제도를 낳은 정신이 있다. 그런 교육제도를 운영하는 방법들이 있다. 그런 교육제도를 현실 속에서 작동하게 하는 문화가 있다. 수많은 사람들이 그런 교육제도에 기대어 살아가고 있다. 그 학교가 어느 마을에 있다. 아이가 세상과 연결되어 있다. 아이가 세상 속에서 스스로 자신을 만들어 간다. 그 학교와 연관된 많은 사람들이 각자 서로 다른 꿈을 가지고 있다. 이것이 우리가 살펴야 할 우리 땅이다. 그 땅을 살펴서, 민들레 씨앗이 흙 사이의 실낱 같은 물기를 찾아서 뿌리를 뻗어 내고, 돌과 비닐을 피하고 부드러운 흙을 찾아서 뿌리를 내리듯이 꿈을 내려야 한다. 남의 나라, 남의 것을 살핀다고 내가 뿌리내릴 땅을 알게 되는 것이 아니다. 하늘만 살펴서는 뿌리를 내릴 수 없다. 그것은 참고사항일 뿐이다. 남한산은 남한산일 뿐이다. 그것 역시 남의 것이다.

우리 땅을 살핀다는 것은 어떻게 하는 것인가? 우리 땅에게 묻고 듣는 것이다. 우리가 놓여 있는 현실이 어떻게 되어 있는지, 왜 그렇게 되어 있는지, 그것이 무엇을 뜻하는지 묻고 듣는 것이다. 아는 사람이 아니라 모르는 사람으로서, 말하지 않고 듣는 것이다. 학교에게, 교육제도에게, 거기에 기대어 살아가는 사람들에게, 아이에게, 그리고 같은

작은 학교 행복한 아이들

꿈을 꾼다고 믿었던 사람들에게. 무엇보다도 아이에게 묻고 들어야 한다. 아이의 바탕과 결이 무엇인지, 아이가 놓여 있는 곳이 어떤 곳인지, 아이는 그곳의 무엇과 어떻게 연결되어 있는지, 아이는 그것들을 어떻게 해석하고 자기 것으로 만들어 가는지 살펴야 한다. 그것으로부터 아이에게 필요한 것이 무엇인지, 그것을 언제 어떤 방법으로 제공해 주는 것이 적절한지 찾아야 한다. 그것이 아이의 교육과정이고 아이의 수업이고 아이의 학습이고 아이의 체험이다. 내가 보기에 아이에게 필요하다고 생각하는 것을 내게 편리한 때와 방법으로 주어서는 안 된다. 그것은 환자를 진단하지도 않고 치료하는 의사와 다르지 않다. 아이에게 주어진 것이 어떻게 아이의 내면에서 아이 것으로 만들어지는지 살피지도 않고 내가 주고 싶은 것을 마구 주어서는 안 된다. 그것은 환자에게 투약한 뒤 경과를 살피지도 않고 새 약을 투약하는 의사와 다르지 않다. 그렇게 해서는 결코 꿈을 실현할 수 없다. 교육은 내 맘대로 하는 한풀이가 아니다.

우리 땅에게 묻고 들으려면 어떻게 해야 하는가? 묻고 듣는 방법을 익혀야 한다. 방법方法, method은 기법技法, technique이 아니다. 방법은 질문으로부터 대답에 이르는 길meta hodus[2]이다. 그 길은 밖에 있지 않고 우리 안에 있다. 그 길은 결코 저절로 만들어지지 않는다. 저 밖의 길이 사람들이 자주 다녀서 만들어지듯이, 우리 안의 길은 우리가 몸에 익을

---

2 _ 우리말 '방법'에 대응하는 영어 method는 라틴어 meta와 hodus가 결합된 말이다. 라틴어로 meta는 다음을, hodus는 길을 뜻한다. 따라서 방법은 길 다음의 길, 또는 길에 관한 길을 뜻한다.

때까지 되풀이해서 만들어진다. 그 되풀이를 통해서 익혀야 하는 것은 바로 나와 다른 타자에게 묻고 듣는 것이다. 나와 다른 타자를 판단하지 않고, 평가하지 않고, 비판하지 않고, 있는 그대로 보는 것이다. 있는 그대로 보이는 그에게 묻는 것이다. 그의 말과 몸짓을 듣는 것이다. 그 속에서 내가 알지 못했던 것, 내가 보지 못했던 것을 알아 가는 것이다. 타자를 이해under-stand해 가는 것이다.

묻는다는 것은 모른다는 것이다. 모른다는 것을 아는 것이다. 모른다는 것을 아는 사람은 묻는다. 묻는다는 것은 나를 내려놓는 일이다. 내가 알고 있다고 생각하면 물을 수 없다. 내가 옳다고 생각하면 물을 수 없다. 내가 알고 있다고 생각하던 것, 내가 옳다고 생각하던 것을 내려놓아야 물을 수 있다. 묻는다는 것은 나를 낮추는 것이다. 내가 모자라다는 것을 상대에게 내보이는 것이다. 내가 모르는 것을 그가 알고 있다는 것을 인정하는 것이다. 묻는 사람은 오만할 수 없다. 묻는다는 것은 듣는 것이다. 묻는 사람은 말하지 않는다. 내가 말하면 들을 수 없다. 듣는다는 것은 나를 바꿔 가는 일이다. 내가 들은 그것을 거울삼아 내려놓은 내 생각을 성찰하는 것이다. 묻고 듣는다는 것은 그와의 관계를 새롭게 만드는 일이다. 서로가 서로에게 묻고 들을 때 서로를 이해하고, 서로 유대가 맺어지고, 서로의 차이가 좁혀진다. 조화로운 전체가 만들어진다. 무엇보다도 서로의 차이로 인해서 함께 성장하게 된다. 그것이 바로 학문學問하는 삶이다. 학문의 정수는 결과로서의 지식에 있는 것이 아니라 과정으로서의 방법에 있다. 아는 사람은 묻지 않는다. 타자를 판단하고, 평가하고, 비판한다. 지금의 나처럼. 아는 사람은 자신을 낮추지 않

작은 학교 행복한 아이들

는다. 타자의 위에 서서 말한다. 지금의 나처럼. 아는 사람, 안다고 생각하는 사람, 나를 내려놓지 못하는 사람은 서로 갈등할 수밖에 없다.

우리는 묻고 듣는 방법을 익히고 있는가? 불행히도 우리는 묻고 듣는 방법을 익히지 못했다. 초등학교 시절부터 대학교에 이르기까지, 심지어는 대학원에서도 선생님으로부터 정답만을 배운다. 그러다 보니 질문하는 법을 모른다. 질문하는 법을 모르니 듣는 법도 모른다. 내가 질문하고 내가 듣고 내가 찾지 않았으니 내가 알고 있는 그 정답이 내 대답이 아니다. 내 앎과 내 삶이 분리되어 있다. 그럼에도 불구하고 자신의 머릿속에 머물러 있다는 이유로 자기 것이라고 착각한다. 누군가가 정답을 알고 있는 자신에게 물어 주기를 바란다. 묻지 않으면 자신이 스스로 말한다. 자신이 찾아낸 대답이 아님에도 마치 자기 것인 양 말한다. 남의 꿈을 내 꿈인 양 착각한다. 현실은 살피지 않고 그 꿈을 실현하려고만 한다. 서로가 서로에게. 그래서 갈등이 더욱 커진다. 꿈도 실현하지 못한다.

교사가 스스로 질문하고 스스로 대답하지 못하면서 아이들이 스스로 질문하고 스스로 대답하기를 바랄 수 없다. 그것은 모순이다. 새끼 게가 옆으로 걷는 것은 어미 게가 옆으로 걷기 때문이다. 교사가 먼저 지금 자신이 놓여 있는 이 현실에 대해서 스스로 묻고 듣고 대답을 찾아갈 수 있을 때, 교사가 아이에게 그 방법을 안내할 수 있다. 학교에서 아무리 많은 체험 활동을 해도, 그것이 아이들의 질문과 대답으로 갈무리되지 않는다면 막연한 경험이나 추억으로만 자리 잡을 뿐이다. 아이에게 의미 있는 햇볕과 바람과 물과 자양분이 되지 못한다. 그것은 오히려 나무를 말라 죽게 하거나 썩어 죽게 하는 일이 될 수도 있다.

이제부터라도 묻고 듣는 연습을 해야 한다. 아이뿐만 아니라 교사도. 교사와 아이가 스스로 묻고 대답할 수 있다면 체험학습은 교실에서도 얼마든지 가능하다. 체험학습이란 다른 것이 아니다. 나와 외부의 사물이나 현상을 나의 삶 속에 의미 있게 통합하는 것이다. 한 사람으로서 스스로 더불어 자라 가게 하는 것이다. 그 체험학습은 반드시 교실 밖으로 나가야만 가능한 것이 아니다. 교실 안에서도 얼마든지 가능하다. 남한산초등학교의 프로그램을 그대로 따라야만 하는 것도 아니다. 일상의 교육과정에서도 얼마든지 가능하다. 일상의 교육과정 속에서는 아이들이 스스로 묻고 대답할 수 있게 하지 못하면서, 들로 산으로 나가기만 한다면 그것은 놀이체험은 될 수 있지만 체험학습은 되기 어렵다. 따라서 희망의 학교는 시골에서만 가능한 것도 아니다. 도심지의 학교에서도 얼마든지 가능하다. 각자의 현실에 대하여 스스로 묻고 듣고 대답을 찾아갈 수만 있다면.

우리 땅에게 묻고 듣는 법을 익히려면 어떻게 해야 하는가? 나는 교사가 현실에 대하여 스스로 묻고 대답하는 방법을 익히도록 하기 위해서 최근에 연구 방법을 개발했다. 그것이 "아이의 눈으로 아이의 수업 보기"이다.[3] 이 방법은 아이에게만 적용되는 것도 아니고, 수업에만 적용되는 것도 아니다. '아이의 눈으로 아이의 놀이 보기'에 적용할 수도 있고, '교장 선생님의 눈으로 교장 선생님의 운동장 보기'에 적용할 수

---

3 _ 좀 더 구체적인 내용은 《수업에서의 소외와 실존》(교육과학사, 2009)을 참고하기 바란다.

도 있다. 한마디로 말하면 '타자의 눈으로 타자의 세상 보기'이다. 내 눈이 아닌 타자의 눈으로, 내 세상이 아닌 타자의 세상을 보는 일이다. 그 과정에서 나를 성찰하고, 내가 다시 태어나고, 그와 내가 하나가 되어 가는 과정이다. 여기서 '아이의 눈으로 아이의 수업 보기'를 전면에 내세운 것은 그것이 교육에서 가장 중요하고 핵심에 해당되기 때문이다. 이 보기는 교사로 하여금 수업을 아이의 눈으로 바라볼 수 있게 되고, 아이의 눈에 비친 수업을 통해서 교사 자신의 수업을 성찰하도록 한다. 그런 성찰을 토대로 아이가 스스로 질문하고 대답해 가도록 할 수 있게 하기 위해서는 수업과, 교육과정과, 학교가 어떻게 구성되는 것이 적절한지를 스스로 모색하고 실천해 가도록 한다. 더 나아가서 그 과정을 통해서 모든 주변의 타자를 이해하고, 그들과 조화롭게 살아가는 삶의 방식을 터득하도록 하고 있다.

남한산초등학교와 남한산초등학교를 닮은 여러 학교에서 살았거나 살아가는 사람들은 비슷한 시행착오를 겪고, 비슷한 갈등을 겪고, 비슷한 깨달음을 얻는다. 어느 면에서 보면 희망의 학교를 만들어 가는 과정은 그들 자신의 체험학습의 과정이기도 하다.

어려운 일도 많았다. 기존의 주입식, 암기식 교육을 넘어 노작과 체험학습, 인성교육 위주로 교육과정을 만들어 가야 한다는 데 서로 공감대를 형성했지만 학력도 중요하다는 의견도 만만치 않았다. 체험 위주도 좋지만 학력을 중시하는 한국 교육 현실을 무시해서는 안 된다는 주장이었다. 교사와 학부모 관계가 삐거덕거리기도 했다. 일부 교사들은 학부모들이 교사가 결정해야 할 일까지 참견한다며 불편해하기도 했다.

이렇게 가끔 다투기도 하고 의견의 차이도 많았지만, 이런 과정 속에서 '사람'을 잃어서는 안 된다는 것과 서로의 다름을 인정하고 존중해 주어야 한다는 소중한 배움을 얻었다. 의견이 다르더라도 사람은 미워하지 말자고 다짐했다. 그렇게 1년의 시간이 지난 후에 정년을 2년 앞둔 선생님께서 "이 학교에서 정년을 맞고 싶네"라고 말씀하실 때 그동안의 고생은 다 날아가 버렸다. 많은 부담감을 안고 본교에서 전입한 선생님께서도 "가르친다는 일이, 그리고 아이들이 행복하게 배운다는 것이 이런 것이었구나!"를 깨달았다고 말씀하셨다.

별량초 송산분교장, 본문 256~258쪽

어쩌면 이러한 긴장 관계와 대립은 꼭 필요한 통과의례였는지도 모르겠다. 이런 갈등을 겪으며 우리는 서로를 존중하고 신뢰하는 방법을 배웠다. 학교 구성원 간에 서로 이해하고 배려하는 것이 학교를 지키는 일임을 알게 되었고 그러면서 학교 공동체는 더 단단하게 여물었다. 행복한 학교를 만드는 일은 아이들뿐만 아니라 학교 구성원 모두가 교육적인 삶의 태도를 배우고 건강하고 행복한 삶을 가꾸기 위해 함께 노력하는 일인지도 모른다.

작은학교운동이 걸어온 길, 본문 289쪽

어른들의 눈으로만 보면 아름다운 과거다. 그렇지만, 과연 아이들에게도 그럴까? 그것이 아이들 자신의 체험학습이었을까? 아이들도 어른들처럼, 어른들만큼 깨달음을 얻었을까? 결국, 아이들은 어른들의 시행착오 속에서 살아가고 자라는 셈이 아닌가? 어쩌면 아이들은 항상

작은 학교 행복한 아이들

어른들의 시행착오 속에서 자라 왔는지도 모르겠다. 내가 그랬듯이 우리 아이들도. 그렇지만, 그 시행착오와 갈등이 불가피하다고 해도 우리는 그 여지를 조금이라도 줄일 수 있는 길을 찾아야 하지 않을까? 그래야 더 많은 사람들, 더 많은 학교들이 함께 꿈을 꾸고, 꿈을 실현해 가고, 더 많은 아이들이 넓고 깊은 마음을 가진 둥근 어른으로 자랄 수 있을 테니까. 무엇보다도 아이들은 어른들의 깨달음을 위한 도구가 아니다. 그 점에서 우리는 더욱 아이의 세상을 아이의 눈으로 보고, 묻고, 듣고, 대답을 찾아가는 훈련을 치열하게 할 필요가 있다. 그 과정에서 미리 나를 갈고 다듬고 깨달을 필요가 있다. 미리 나를 갈고 다듬고 깨닫는 만큼 그 시행착오와 갈등은 줄어들 것이다. 아이에게 죄를 덜 짓게 될 것이다.

공허한 꿈만 꿀 일이 아니다. 꿈을 꾸었다면 실현할 수 있어야 한다. 꿈을 실현하고자 한다면 현실을 살필 수 있어야 한다. 현실을 살필 수 있도록 나를 단련하고 가다듬어야 한다. 그것이 곧 꿈을 실현하는 일이다. 민들레에게 땅을 살피는 일이 곧 꽃을 피우는 일이 되듯이. 꿈을 실현하는 길meta hodus은 저 멀리 있지 않다. 지금 내 안에 있다.